■2025年度中学受

武蔵野大学中学校

3年間スーパー過去問

入試問題と解説・解答の収録内容

2024年度　１回	算数・国語 （解答のみ）
2024年度　２回	算数・社会・理科・英語・国語 （英語は解答のみ）
2023年度　１回	算数・国語 （解答のみ）
2023年度　２回	算数・社会・理科・英語・国語 （英語は解答のみ）
2022年度　１回	算数・国語 （解答のみ）
2022年度　２回	算数・社会・理科・英語・国語 （英語は解答のみ）

※2024年度１回の社会・理科は掲載しておりません。

～本書ご利用上の注意～　以下の点について，あらかじめご了承ください。

★別冊解答用紙は巻末にございます。本書に収録している試験の実物解答用紙は，弊社サイトの各校商品情報ページより，一部または全部をダウンロードできます。

★編集の都合上，学校実施のすべての試験を掲載していない場合がございます。

★当問題集のバックナンバーは，弊社には在庫がございません（ネット書店などに一部在庫あり）。

合格を勝ち取るための
『スーパー過去問』の使い方

本書に掲載されている過去問をご覧になって，「難しそう」と感じたかもしれません。でも，多くの受験生が同じように感じているはずです。なぜなら，中学入試で出題される問題は，小学校で習う内容よりも高度なものが多く，たくさんの知識や解き方のコツを身につけることも必要だからです。ですから，初めて本書に取り組むさいには，点数を気にしすぎないようにしましょう。本番でしっかり点数を取れることが大事なのです。

過去問で重要なのは「まちがえること」です。自分の弱点を知るために，過去問に取り組むのです。当然，まちがえた問題をそのままにしておいては意味がありません。

本書には，長年にわたって中学入試にたずさわっているスタッフによるていねいな解説がついています。まちがえた問題はしっかりと解説を読み，できるようになるまで何度も解き直しをしてください。理解できていないと感じた分野については，参考書や資料集などを活用し，改めて整理しておきましょう。

このページも参考にしてみましょう！

◆どの年度から解こうかな　「入試問題と解説・解答の収録内容一覧」

本書のはじめには収録内容が掲載されていますので，収録年度や収録されている入試回などを確認できます。

※著作権上の都合によって掲載できない問題が収録されている場合は，最新年度の問題の前に，ピンク色の紙を差しこんでご案内しています。

◆学校の情報を知ろう‼「学校紹介ページ」

このページのあとに，各学校の基本情報などを掲載しています。問題を解くのに疲れたら息ぬきに読んで，志望校合格への気持ちを新たにし，再び過去問に挑戦してみるのもよいでしょう。なお，最新の情報につきましては，学校のホームページなどでご確認ください。

◆入試に向けてどんな対策をしよう？「出題傾向＆対策」

「学校紹介ページ」に続いて，「出題傾向＆対策」ページがあります。過去にどのような分野の問題が出題され，どのように対策すればよいかをアドバイスしていますので，参考にしてください。

◇別冊「入試問題解答用紙編」

本書の巻末には，ぬき取って使える別冊の解答用紙が収録してあります。解答用紙が非公表の場合などを除き，（注）が記載されたページの指定倍率にしたがって拡大コピーをとれば，実際の入試問題とほぼ同じ解答欄の大きさで，何度でも過去問に取り組むことができます。このように，入試本番に近い条件で練習できるのも，本書の強みです。また，データが公表されている学校は別冊の１ページ目に過去の「入試結果表」を掲載しています。合格に必要な得点の目安として活用してください。

本書がみなさんの志望校合格の助けとなることを，心より願っています。

株式会社　声の教育社　編集部

武蔵野大学中学校

所在地　〒202-8585 東京都西東京市新町1-1-20
電　話　042-468-3256
ホームページ　https://www.musashino-u.ed.jp/
交通案内　西武新宿線「田無駅」より徒歩15分　西武池袋線「ひばりケ丘駅」・「東伏見駅」よりバス　JR中央線「吉祥寺駅」・「三鷹駅」・「武蔵境駅」よりバス

くわしい情報はホームページへ

トピックス
★武蔵野大学との連携で，将来を見据えた進路指導の強化。
★2019年より「グローバル&サイエンス」コースを設置。

創立年 昭和22年　男女共学　高校募集あり

2024年度応募状況

募集数		応募者	受験数	合格数	倍率
1回	70名	181名	151名	110名	1.4倍
2回	40名	293名	262名	180名	1.5倍
3回	30名	250名	73名	47名	1.6倍
4回	15名	227名	64名	42名	1.5倍
適性Ⅰ・Ⅱ	15名	38名	38名	37名	1.0倍
適性Ⅰ～Ⅲ		28名	28名	25名	1.1倍
アドベンチャー	10名	38名	23名	7名	3.3倍

入試情報（参考：昨年度）

第1回入試　2024年2月1日午前
試験科目：国・算の2科または国・算・社・理の4科

第2回入試　2024年2月1日午後
試験科目：国・算・社・理・英から2科目選択

第3回入試　2024年2月2日午前
試験科目：国・算の2科または国・算・社・理の4科

第4回入試　2024年2月2日午後
試験科目：算・英から1科目選択

アドベンチャー入試　2024年2月4日午後
試験科目：基礎学力試験・スカベンジャーハント

適性検査型入試　2024年2月1日午前
試験科目：適性検査Ⅰ・Ⅱまたは
適性検査Ⅰ～Ⅲ

教育指針

人格の向上は，成績の向上である

「基礎なくして応用なし」という言葉は，行動にも勉強にも同じように当てはまります。

当たり前のことを自然体でこなしていく生徒を育成し，今後も時代に対応する新たな学びを通した学力の向上に挑戦し続けていく学校を目指していきます。

ミッション
全人格的な成長を促す教育機関として，未来の日本に貢献します。

ビジョン
何事にも真摯に取り組み，社会の幸せを希求する教養溢れる自律した生徒の育成を行います。

バリュー
学びのパーパスを土台に，成長に向けての努力を積み重ねます。

教育の3つの柱

マインド
多様な在り方を受け入れ，他者と協調して，よいものを作り上げます。

スキル
自分から発信する技術，課題解決に資する論理的思考を身につけます。

リーダーシップ
生徒が主体となり学校活動を行い，自分が動き，世界に貢献できる志を目指します。

編集部注一本書の内容は2024年4月現在のものであり，変更されている場合があります。正式な情報は，学校のホームページ等で必ずご確認ください。

算数　出題傾向＆対策

◆基本データ(2024年度第２回)

試験時間／満点	45分／100点
問題構成	・大問数…４題 計算１題(４問)／応用小問１題(12問)／応用問題２題 ・小問数…20問
解答形式	解答のみを記入する問題のほかに，考え方を書くものも見られる。
実際の問題用紙	Ａ４サイズ，小冊子形式
実際の解答用紙	Ｂ４サイズ

◆出題傾向と内容

▶過去３年の出題率トップ３
１位：四則計算・逆算21％　２位：角度・面積・長さ７％　３位：表とグラフなど５％
▶今年の出題率トップ３
１位：四則計算・逆算20％　２位：角度・面積・長さ８％　３位：表とグラフなど５％

試験時間に対して標準的な問題量となっているので，時間内に解き終えることができるでしょう。

本校の算数の特ちょうは，小問集合題が多いことです。比，食塩水の濃度など割合に関するもの，単位の計算，つるかめ算，相当算，平均，速さなどがはば広く出題されるほかに，面積や角度といった図形の基本的な問いが毎年のように出されています。

応用問題では，グラフをからめたものがひんぱんに見られます。ろうそくの長さとグラフ，速さとグラフなどは十分な対策が必要です。

◆対策～合格点を取るには？～

ここ数年の出題傾向は一定しているようですが，だからといって，かたよった学習をしていては対応しきれません。まず，小学算数の全分野の基本事項をむらなく身につけることです。そのなかで，不得意な分野をなくすよう努力することによってはじめて，算数の基礎学力が生まれます。

また，算数のすべての問題の土台となる計算力については，“考える計算”を日々の練習で心がけましょう。ミスを少なくするための計算の順番やくふうを考えながら，毎日の練習を積み重ねていってください。

分野＼年度		2024		2023		2022	
		1回	2回	1回	2回	1回	2回
計算	四則計算・逆算	●	●	●	●	●	●
	計算のくふう	○		○			○
	単位の計算	○					
和と差	和差算・分配算					○	○
	消去算						
	つるかめ算	○		○	○		◎
	平均とのべ	○				○	
	過不足算・差集め算		○		◎		
	集まり		○				
	年齢算			○			○
割合と比	割合と比			◎		○	
	正比例と反比例						
	還元算・相当算			○			
	比の性質		○		○		
	倍数算						
	売買損益		○			○	
	濃度	○	○	○	○	○	○
	仕事算	○					
	ニュートン算						
速さ	速さ	○		○			○
	旅人算			○	◎	◎	
	通過算						○
	流水算		○	○		○	○
	時計算	○	○	○			
	速さと比						
図形	角度・面積・長さ	◎	○	◎	◎	○	○
	辺の比と面積の比・相似						
	体積・表面積	○	○			○	○
	水の深さと体積						
	展開図						
	構成・分割						
	図形・点の移動	○	○				
表とグラフ		○	○	○	○	○	○
数の性質	約数と倍数	○					
	N進数						
	約束記号・文字式					○	○
	整数・小数・分数の性質	○	○	◎	◎		
規則性	植木算						
	周期算		○	○		○	○
	数列	○			○	○	
	方陣算						○
	図形と規則				○		
場合の数		○	○	○	○	○	
調べ・推理・条件の整理							
その他							

※　○印はその分野の問題が１題，◎印は２題，●印は３題以上出題されたことをしめします。

社会 出題傾向＆対策

◆基本データ（2024年度第２回）

試験時間／満点	45分／100点
問題構成	・大問数…３題 ・小問数…24問
解答形式	記号選択と用語の記入が大半をしめるが，字数制限のない記述問題もある。
実際の問題用紙	A４サイズ，小冊子形式
実際の解答用紙	B４サイズ

◆出題傾向と内容

地理・歴史・政治の分野からまんべんなく出題されています。

●地理…中部地方について，地図や資料から自然をはじめ，はば広く出題されています。グラフから読みとる問題など，資料の読解力も必要です。さらに，海外の農産物についての問題も出されています。

●歴史…各時代の有名な人物について述べた文章から，その人物に関係するできごとが出されています。政治や文化の知識が問われるだけでなく，歴史的に重要な場所を地図から選ばせる問題も出題されています。また，はば広い年代にわたって出題されているので，歴史の流れをおさえておく必要があるでしょう。

●政治…前年の広島サミットについての会話文から，おもに時事や国際連合に関する問いが出されています。また，最近のできごとに関する問題もあり，時事的な内容もふくめて，現代社会についての総合問題が出題されているのが特ちょうといえるでしょう。

分野＼年度			2024	2023	2022
日本の地理		地図の見方			
		国土・自然・気候	○	○	○
		資源			
		農林水産業	○	○	○
		工業			
		交通・通信・貿易	○		
		人口・生活・文化	○	○	○
		各地方の特色	★	★	★
		地理総合			
世界の地理			○	○	○
日本の歴史	時代	原始～古代	○	○	○
		中世～近世	○	○	○
		近代～現代	○	○	○
	テーマ	政治・法律史	○	★	
		産業・経済史			○
		文化・宗教史	○		○
		外交・戦争史	○		
		歴史総合	★		★
世界の歴史					
政治		憲法			
		国会・内閣・裁判所		○	
		地方自治			
		経済			
		生活と福祉		○	
		国際関係・国際政治	★		
		政治総合			
環境問題					★
時事問題			○	★	○
世界遺産					○
複数分野総合					

※　原始～古代…平安時代以前，中世～近世…鎌倉時代～江戸時代，近代～現代…明治時代以降

※　★印は大問の中心となる分野をしめします。

◆対策～合格点を取るには？～

問題のレベルは標準的ですから，まず，基礎を固めることを心がけてください。教科書のほか，説明がていねいでやさしい標準的な参考書を選び，基本事項をしっかりと身につけましょう。

地理分野では，地方ごとの白地図を利用して地形や気候，都市をまとめ，さらに文化・産業のようすまで書きこんでください。完成した各地方の地図は，重要事項が記されたオリジナルの地図帳として活用できます。また，世界地理は小学校で取り上げられることが少ないため，日本とかかわりの深い国については，自分で参考書などを使ってまとめておきましょう。

歴史分野では，教科書や参考書を読むだけでなく，自分で年表をつくって覚えると歴史の流れをつかみやすく，学習効果が上がります。年表は各時代の政治・文化・経済などに分けてまとめてもよいでしょう。

政治分野では，国際政治や三権を中心に勉強してください。時事的な問題については，日ごろからニュースを確認し，国の政治や経済の動き，世界各国の情勢などについてまとめておくように心がけましょう。

理科 出題傾向＆対策

◆基本データ(2024年度第２回)

試験時間／満点	45分／100点
問題構成	・大問数…４題 ・小問数…33問
解答形式	記号選択や用語の記入が大半をしめるが，計算問題や短文記述も出されている。
実際の問題用紙	Ａ４サイズ，小冊子形式
実際の解答用紙	Ｂ４サイズ

◆出題傾向と内容

各分野からかたよりなく出題されています。時間的なよゆうがあるので，ていねいに解き進めましょう。また，環境問題が出題されることもあるので注意が必要です。

●**生命**…花のはたらき，けんび鏡，こん虫のからだのつくりと育ち方，メダカの生態と飼育，こん虫の数の減少による人間へのえいきょうなどについて出題されています。

●**物質**…気体の性質，ものの溶け方，ものの燃え方，金属の性質，水溶液の性質などが出題されています。また，実験器具の使い方について問われることもあります。

●**エネルギー**…電気回路，光の進み方の問題，てこのはたらきについての問題などが出題されています。

●**地球**…気団と季節の変化，日の出・日の入り・南中時刻，地球のまわりを回る天体についての問題，地球の自転と公転，天気と気温の問題，空気中の水蒸気についての問題などが出題されています。

分野＼年度		2024	2023	2022
生命	植物	★		
	動物		★	★
	人体			
	生物と環境			
	季節と生物			
	生命総合	○		
物質	物質のすがた			
	気体の性質	○	★	○
	水溶液の性質	○		
	ものの溶け方	★		○
	金属の性質		○	
	ものの燃え方			○
	物質総合			★
エネルギー	てこ・滑車・輪軸		★	
	ばねののび方			
	ふりこ・物体の運動			
	浮力と密度・圧力			
	光の進み方			★
	ものの温まり方			
	音の伝わり方			
	電気回路	★		
	磁石・電磁石			
	エネルギー総合			
地球	地球・月・太陽系		○	
	星と星座			
	風・雲と天候	○	★	★
	気温・地温・湿度			○
	流水のはたらき・地層と岩石			
	火山・地震			
	地球総合			
実験器具				
観察				
環境問題		★	○	
時事問題		○		
複数分野総合				

※　★印は大問の中心となる分野をしめします。

◆対策～合格点を取るには？～

本校の理科は，「生命」「物質」「エネルギー」「地球」の各分野から，まんべんなく出題されます。また，実験・観察・観測をもとに基本的なことがらを問うものが大部分です。したがって，日ごろの学習の中でそれらを着実におさえ，かたよりのない勉強を心がける必要があります。

そのためには，教科書や受験参考書の内容を最初からよく読んで，理解したことをノートにまとめる方法が効果的です。そのさい，知識事項は正確に覚えるように心がけ，実験・観察・観測の手順や結果，実験器具などのあつかい方についてまとめておくことも忘れてはなりません。

そして，基礎固めができたら，知識や理解の確認のために，あまり難しくない入試問題集を解いてみることです。80～90％解けるようならば自信をもってよいでしょう。解けなかった部分は，もう一度教科書などを読みなおし，基本的なことがらをあらためて整理・確認することが大切です。

また，限られた時間に一定の問題を解かなければなりませんから，スピードと正確さをつけることが必要となります。同じ問題でもかまいませんから，何度もくり返し解いてみましょう。問題に必要な知識がすぐに頭に浮かぶように，日ごろから練習を積んでおきたいものです。

国語 出題傾向＆対策

◆基本データ（2024年度第２回）

試験時間／満点	45分／100点
問題構成	・大問数…３題 文章読解題２題／知識問題１題 ・小問数…16問
解答形式	記号選択と文中からのことばの書きぬきのほかに，80字程度で書かせる記述問題も数問出題されている。
実際の問題用紙	Ａ４サイズ，小冊子形式
実際の解答用紙	Ｂ４サイズ

◆出題傾向と内容

▶近年の出典情報（著者名）
説明文：藤田正勝　齋藤　孝　山口真美
小　説：あさのあつこ　天沢夏月　瀬尾まいこ

●読解問題…全体としては，文章の主題や要旨のはあくに重点がおかれた出題といえます。内容はバラエティーに富み，ぼう線部の具体的な意味や理由の説明や，本文の内容をふまえて，具体的な提案を考えるなど，記述解答を求めるものが出題されています。また，本文中の語句の意味を問うものもよく出されます。

●知識問題…漢字の読み書きは，ときおり，読み・書き取りともに小学校での学習漢字の範囲外からの出題も見られますので，しっかりとした勉強が必要です。なお，四字熟語や文の組み立てが出されることもあります。

◆対策～合格点を取るには？～

試験では文脈をきちんととらえ，ことばの意味を正確に理解しているかがためされます。したがって，正しい答えを出せるようにするためには，多くの読解問題にあたり，出題内容や形式に慣れることが大切です。接続語の使い方や指示語の内容など，試験に必ず出される問題に習熟し，本文の内容を自分のことばできちんと説明できるように練習してください。

知識問題対策としては，漢字の問題集を一冊仕上げるほか，慣用句・ことわざ，四字熟語などについても少しずつ覚えていきましょう。覚えたものは，実際に文章の中でどのように使われるのか，必ず確認するようにしましょう。

分野		年度	2024		2023		2022	
			1回	2回	1回	3回	1回	2回
読解	文章の種類	説明文・論説文	★	★	★	★	★	★
		小説・物語・伝記	★	★	★	★	★	★
		随筆・紀行・日記						
		会話・戯曲						
		詩						
		短歌・俳句						
	内容の分類	主題・要旨	○		○	○		○
		内容理解	○	○	○		○	○
		文脈・段落構成					○	
		指示語・接続語				○	○	○
		その他	○	○	○	○	○	○
知識	漢字	漢字の読み	○	○	○	○	○	○
		漢字の書き取り	○	○	○	○	○	○
		部首・画数・筆順						
	語句	語句の意味	○	○	○	○	○	○
		かなづかい						
		熟語	○					○
		慣用句・ことわざ			○	○	○	
	文法	文の組み立て			○			
		品詞・用法						
		敬語						
	形式・技法		○					
	文学作品の知識							
	その他							
	知識総合							
表現	作文							
	短文記述							
	その他							
放送問題								

※　★印は大問の中心となる分野をしめします。

2024年度 武蔵野大学中学校

【算　数】〈第１回試験〉(45分)〈満点：100点〉

1　次の□にあてはまる数を求めなさい。

(1) $18\times\left(\frac{1}{2}-\frac{1}{3}\right)+60\times\left(\frac{1}{4}-\frac{1}{5}\right)=\square$

(2) $8.2-\left(6.5-\square\right)-1.2=4.8$

(3) $\left(0.75+1.5\div\frac{9}{4}\right)\div0.25=\square$

(4) $\left(\square+\frac{1}{7}\right)\times\left(\frac{7}{20}-0.15\right)=0.2$

(5) $202.4\times2+404.8\times2+101.2\times8=\square$

(6) 3時間33分の$\frac{1}{10}$の時間は，□分□秒です。

2　次の問いに答えなさい。

(1) ある整数Aと72の最大公約数は18であり，最小公倍数は360になります。このとき，整数Aはいくつですか。

(2) 1個200円のカステラと1個250円のどら焼きを合わせて30個買ったところ，代金は6600円になりました。このとき，カステラは何個買いましたか。

(3) 青組と白組の２クラスで算数のテストを行ったところ，青組の平均点は70点，白組の平均点は83点，全体の平均点は76点でした。青組の生徒が28人のとき，白組の生徒は何人ですか。

(4) 5％の食塩水400ｇに水を加えて，４％の食塩水をつくったとき，加えた水は何ｇですか。

(5) ある仕事をするのに，Ａさんは1人で12日，Ｂさんは1人で15日，Ｃさんは1人で20日かかります。この仕事を３人ですると，何日かかりますか。

(6) 12時から13時の間で，時計の長針と短針の角度が180度になるのは12時何分ですか。

(7) 次の数字は，ある規則にしたがって並べられています。

1, 5 , 9 , 13 , 17 , ・・・・・・

15番目にある数字はいくつですか。

(8) 次の図のように，長方形ABCDの頂点Ｃが辺AB上にくるように折り返します。このとき，角アの大きさは何度ですか。

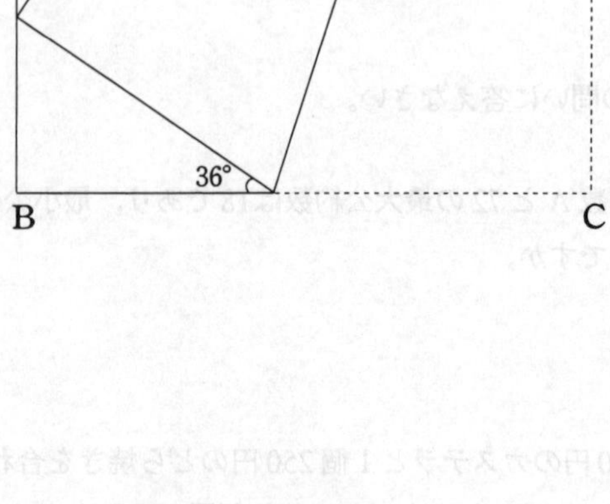

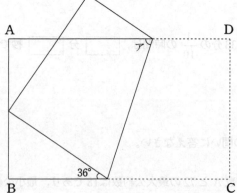

(9) Ａさん，Ｂさん，Ｃさん，Ｄさん，Ｅさんの５人の生徒から図書係を２人選びます。このとき，選び方は全部で何通りですか。

(10) Ａさんは家から公園の間を，行きは時速6 km で走り，帰りは時速10km で走ったところ，往復で1時間20分かかりました。家から公園までの距離《きょり》は何 km ですか。

(11) 1から100までの整数のうち，3でも8でも割り切れない数は全部で何個ですか。

(12) 次の図の斜線《しゃせん》部分を直線 ℓ を軸《じく》として，1回転させてできる立体の体積は何 cm^3 ですか。ただし，円周率は3.14とします。

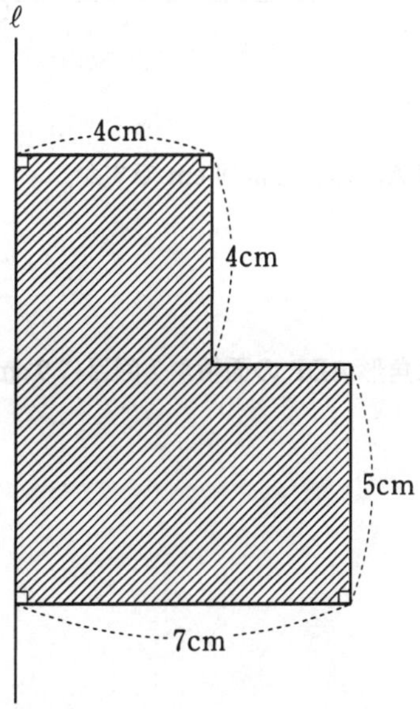

3 次の<図１>のような台形 ABCD の辺上を点 P が頂点 A を出発して，頂点 B，C を通り，頂点 D まで一定の速さで進みます。<図２>のグラフは，三角形 ADP の面積の変化の様子《ようす》を表したものです。このとき，次の問いに答えなさい。

<図１>

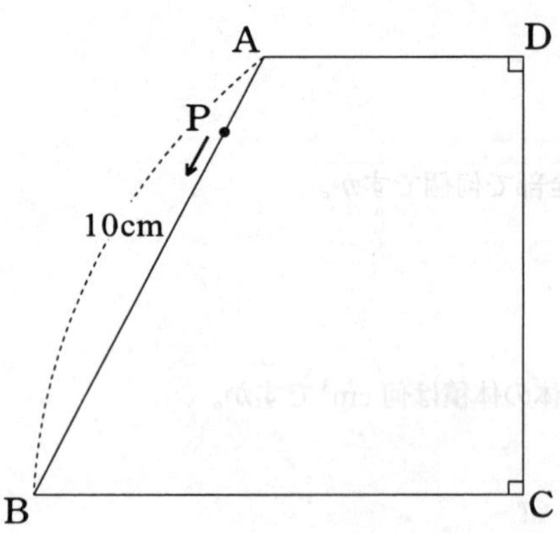

<図２>

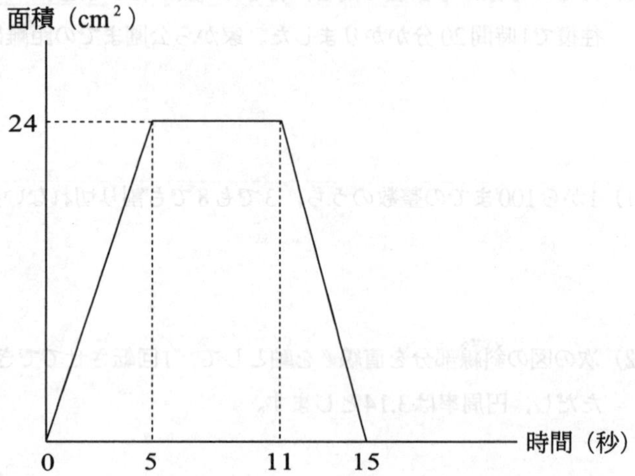

(1) 辺 AD の長さは何 cm ですか。

(2) 三角形 ADP の面積が２回目に９cm^2 となるのは，点 P が出発してから何秒後ですか。

【国　語】〈第一回試験〉

（四五分）〈満点：一〇〇点〉

一　次の問いに答えなさい。

問一、――線の漢字の読み方をひらがなで答えなさい。

①　夏至とは一年の中で最も昼の時間が長い日だ。

②　この計画の発起人は誰ですか。

③　神社の祭礼に多くの人が集まった。

④　彼の努力を労うために食事会をした。

⑤　彼の主張を退ける。

問二、――線のカタカナを漢字に直しなさい。

①　ソクリョウ技術の進歩により、詳しい調査が可能となった。

②　カブシキ会社と有限会社の違いを説明する。

③　運命に身をユダねる。

④　ジュウオウ無尽に走り回る。

⑤　フウフで旅行に行く。

二　次の文章を読んで、後の問いに答えなさい。（設問の都合上、本文を改めた部分があります。）

街は夕暮れの光の中で、淡《あわ》い金色に輝いていた。その光を浴びながらコンビニエンスストアの前を過ぎまっすぐに歩く。

ふっといい匂《にお》いがした。焼きたてのパンの匂いだ。

「あら、千穂《ちほ》ちゃん、お久しぶり」

『ベーカリーＹＡＭＡＮＯ』のドアが開いて、白いエプロン姿の女の人が出てきた。丸い顔がにこにこ笑っている。優しげな笑顔だ。同級生の山野《やまの》真奈《まな》の母親だった。笑った目もとが真奈とよく似ている。小学生の時から真奈とは仲よしで、この店でよく焼きたてのパンやクッキーをごちそうになった。千穂は特に食パンが好きだった。窯《かま》から出されたばかりのほかほかの食パンは、バターもジャムも必要ないぐらいおいしいのだ。しかし、

「他人《ひと》さまのおうちで、たびたびごちそうになるなんて、Ａはしたないわよ。もう、やめなさい。欲しいなら買ってあげるから」

母の美千恵《みちえ》にそう言われてから、『ベーカリーＹＡＭＡＮＯ』に寄るのをやめた。

美千恵はときどき、食パンやケーキを買ってきてくれる。有名な店の高価なケーキをおやつに出してくれたりもする。けれど、①そんなにおいしいとは思えない。どんな有名店のケーキより、真奈たちとくすくす笑ったり、おしゃべりしたりしながら、口いっぱいに頰張《ほおば》ったパンのほうがずっとおいしい。

もう一度、ほかほかの食パンにかじりつきたい。

そんなことを考えたせいだろうか、キュルキュルとおなかが音をたてる。頰がほてった。

やだ、恥ずかしい。

しかし、山野のおばさんは気がつかなかったようだ。千穂の提《さ》げている布製のバッグを［　Ａ　］見やり、尋《たず》ねてきた。

「これから、塾？」

「はい」と答えた。バッグの中には塾で使う問題集とノートが入っている。

「千穂ちゃん、偉《えら》いわねえ。真面目に勉強して。それに比べて、うちの真奈ったら、受験なんてまだまだ先のことだって涼《すず》しい顔してるのよ。塾にも通ってないし。ほんと、千穂ちゃんをちょっとでも見習って、しっかりしてほしいわ」

そんなこと、ありません。

千穂は胸の内で、かぶりを振った。

真奈は偉いと思います。しっかり、自分の将来を考えてます。あたしなんかより、ずっと……。

「千穂、これ、まだ誰にも言ってないんだけど……あたし、お父さんみたいになりたいなって思ってるんだ。パン職人」

今日のお昼、一緒にお弁当を食べていた時、真奈が［B］つぶやいた。昼食の前、四時限めに、来年にひかえた受験に向けて志望校をどう決定していくか、どう絞《しぼ》っていくか、担任の教師から説明を受けたばかりだった。

「……高校受験というのは、ただの試験じゃない。きみたちの将来につながる選択をするということなんだ。具体的な職業までは無理としても、自分は将来、何がしたいのか、あるいはどんな人間になりたいのか、そういうことをじっくり考えて進路を選択してもらいたい。自分の意志が必要なんだ。自分の将来を自分自身で選択するという意志をもってもらいたい」

いつもはのんびりした口調の担任が、生徒一人一人の顔を見やりながら、［C］言いきった。

意志をもってもらいたい。

その一言を千穂が心の中で反芻《はんすう》していた時、「パン職人」という言葉が耳に届いたのだった。

「なんかさ、うちのお父さん、普通のおじさんなんだけど、パンを作ってる時だけは、どうしてだかかっこよく見えるんだよね。作ったパンもおいしいしさ。お客さん、すごく嬉《うれ》しそうな顔して買いに来てくれるんだよね。なんか、そういうの見てるといいかなって、すごくいいなって。もちろん、大変なのもわかってる。朝なんてめちゃくちゃ早いしさ、うちみたいに全部手作りだと、ほんと忙しいもの。嫌だなあって思ってた時もあったんだけど……実はね、千穂」

「うん」

「この前、お父さんと一緒にパン、作ってみたの」

「へえ、真奈が？」

「うん。もちろん、売り物じゃなくて自分のおやつ用なんだけど、すごく楽しくて……あたし、パン作るの好きなんだって、本気で思った。だからね、高校卒業したらパンの専門学校に行きたいなって……思ってんだ」

少し照れているのか、頬を赤くして真奈がしゃべる。そこには確かな自分の意志があった。

真奈って、すごい。

心底《しんそこ》から感心してしまう。すごいよ、真奈。

真奈が顔を覗《のぞ》き込んでくる。

「千穂は画家志望だよね。だったら、やっぱり芸術系の高校に行くの？」

「え……あ、それはわかんない」

「だって、千穂、昔から言ってたじゃない。絵《え》描《か》きさんになりたいって。あれ、本気だったでしょ？」

「②……まあ。でも、それは……」

夢だから。口の中で呟《つぶや》き、目を伏せる。うつむいて、そっと唇を噛《か》んだ。

　山野のおばさんに頭を下げて、また、歩きだす。さっきより少し足早になっていた。

　花屋、喫茶店《きっさてん》、スーパーマーケット、ファストフードの店、写真館……見慣れた街の風景が千穂の傍《かたわ》らを過ぎていく。

　足が止まった。

　香りがした。とてもいい香りだ。焼きたてのパンとはまた違った芳《かんば》しい匂い。

　立ち止まったまま視線を辺りに巡らせた。写真館と小さなレストランの間に細い道がのびている。アスファルトで固められていない土の道は緩《ゆる》やかな傾斜《けいしゃ》の上り坂になっていた。この坂の上には小さな公園がある。そして、そこには……。

　大きな樹。

　枝を四方に伸ばし、緑の葉を茂《しげ》らせた大きな樹がある。小学校の三、四年生まで真奈たちとよく公園に遊びに行った。みんな、大樹がお気に入りで、競って登ったものだ。

　あれは、今と同じ夏の初めだった。幹のまん中あたりまで登っていた千穂は足を踏み外し、枝から落ちたことがある。かなりの高さだったけれど奇跡的に無傷ですんだ。しかし、その後、大樹の周りには高い柵《さく》が作られ簡単に近づくことができなくなった。木登りができなくなると、公園はＢにわかに退屈なつまらない場所となり、しだいに足が遠のいてしまった。中学生になってからは公園のことも、大樹のことも思い出すことなどほとんどなかった。

　それなのに、今、よみがえる。

　大きな樹。卵形の葉は、風が吹くとサワサワと優しい音を奏《かな》でる。息を吸い込むと、緑の香りが胸いっぱいに満ちてくる。

　千穂は足の向きを変え、細い道を上る。どうしても、あの樹が見たくなったのだ。塾の時間が迫《せま》っていたけれど、我慢《がまん》できなかった。ふいに鼻腔《びこう》をくすぐった緑の香りが自分を誘っているように感じる。③大樹が呼んでいるような気がする。

　だけど、まだ、あるだろうか。とっくに切られちゃったかもしれない。切られてしまって、何もないかもしれない。

　心が揺《ゆ》れる。ドキドキする。

「あっ！」

　叫んでいた。大樹はあった。四方に枝を伸ばし、緑の葉を茂らせて立っていた。昔と同じだった。何も変わっていない。周りに設けられた囲いはぼろぼろになって、地面に倒れている。だけど、大樹はそのままだ。

　千穂はカバンを放り出し、スニーカーを脱ぐと、太い幹に手をかけた。あちこちに小さな洞《ほら》やコブがある。登るのは簡単だった。

　まん中あたり、千穂の腕ぐらいの太さの枝がにゅっと伸びている。足を滑《すべ》らせた枝だろうか。よくわからない。枝に腰かけると、眼下に街が見渡せた。金色の風景だ。光で織った薄い布を街全部にふわりとかぶせたような金色の風景。そして、緑の香り。

　そうだ、そうだ、こんな風景を眺《なが》めるたびに、胸がドキドキした。この香りを嗅《か》ぐたびに幸せな気持ちになった。そして思ったのだ。

　あたし、絵を描く人になりたい。

　理屈じゃなかった。描きたいという気持ちが突き上げてきて、千穂の胸を強く叩いたのだ。そして今も思った。

描きたいなあ。

今、見ている美しい風景をカンバスに写し取りたい。

画家なんて大仰《おおぎょう》なものでなくていい。絵を描くことに関わる仕事がしたかった。芸術科のある高校に行きたい。けれど④母の美千恵には言い出せなかった。母からは、開業医の父の跡を継ぐために、医系コースのある進学校を受験するように言われていた。祖父も曽《そう》祖父も医者だったから、一人娘の千穂が医者を目ざすのは当然だと考えているのだ。芸術科なんてとんでもない話だろう。

絵描きになりたい？ 千穂、あなた、何を考えてるの。絵を描くのなら趣味程度にしときなさい。夢みたいなこと言わないの。

そう、一笑《いっしょう》に付《ふ》されるにちがいない。大きく、深く、ため息をつく。

お母さんはわたしの気持ちなんかわからない。わかろうとしない。なんでもかんでも押しつけて……わたし、ロボットじゃないのに。

ざわざわと葉が揺れた。

そうかな。

かすかな声が聞こえた。聞こえたような気がした。耳を澄《す》ます。

そうかな、そうかな、本当にそうかな。

そうよ。お母さんは、わたしのことなんかこれっぽっちも考えてくれなくて、命令ばかりするの。

そうかな、そうかな、よく思い出してごらん。

緑の香りが強くなる。頭の中に記憶がきらめく。

千穂が枝から落ちたと聞いて美千恵は、血相《けっそう》をかえてとんできた。そして、泣きながら千穂を抱きしめたのだ。

「千穂、千穂、無事だったのね。よかった、よかった。生きていてよかった」

美千恵はぼろぼろと涙をこぼし、「よかったよかった」と何度も繰り返した。

「だいじな、だいじな私の千穂」そうも言った。母の胸に抱かれ、その温かさを感じながら、千穂も「ごめんなさい」を繰り返した。ごめんなさい、お母さん。ありがとう、お母さん。

思い出したかい？

うん、思い出した。

そうだった。この樹の下で、わたしはお母さんに抱きしめられたんだ。しっかりと抱きしめられた。

緑の香りを吸い込む。

これから家に帰り、ちゃんと話そう。わたしはどう生きたいのか、お母さんに伝えよう。ちゃんと伝えられる自信がなくて、ぶつかるのが怖くて、お母さんのせいにして逃げていた。そんなこと、もうやめよう。お母さんに、わたしの夢を聞いてもらうんだ。わたしの意志でわたしの未来を決めるんだ。

大樹の幹をそっとなでる。

ありがとう。思い出させてくれてありがとう。

樹はもう何も言わなかった。

風が吹き、緑の香りがひときわ、濃くなった。

千穂はもう一度、深くその香りを吸い込んでみた。

（あさのあつこ『1日10分のぜいたく NHK国際放送が選んだ日本の名作』「みどり色の記憶」双葉社）

問一、━━線A・Bの語句の文中での意味として、最も適切なものを次のア～エの中から選び、それぞれ記号で答えなさい。

A　はしたない

ア、ろくでもない　　イ、ぱっとしない

ウ、いけすかない　　エ、みっともない

B　にわかに

ア、非常に　　イ、次第に

ウ、急に　　エ、遂《つい》に

問二、――線①「そんなにおいしいとは思えない」とありますが、それはなぜですか。その理由をわかりやすく説明しなさい。

問三、［Ａ］～［Ｃ］にはどのような言葉が入りますか。その組み合わせとして、最も適切なものを次のア～エの中から選び、記号で答えなさい。

ア、A…ちらりと　B…ぼそりと　C…きっぱりと

イ、A…ぼそりと　B…きっぱりと　C…ちらりと

ウ、A…きっぱりと　B…ちらりと　C…ぼそりと

エ、A…ちらりと　B…きっぱりと　C…ぼそりと

問四、――線②「……まあ。でも、それは……」の表現上の説明として、最も適切なものを次のア～エの中から選び、記号で答えなさい。

ア、「…」は、「パン屋」という確実にお金を稼《かせ》ぐ手段を目標に掲《かか》げている真奈に対して、「絵描き」という金銭面に不安定な職業をめざす夢見がちなところを表現している。

イ、「…」は、将来の志望について自分の意志をもって語れる真奈に対して、はっきりと意志をもって将来を語ることができない情けなさや自信のない気持ちを表現している。

ウ、「…」は、父親のような生き方を自分の意志で望んでいる真奈に対して、将来についてさえ母親と話すことができない親子関係への寂しさを表現している。

エ、「…」は、具体的な将来の志望を決める方法についてアドバイスをくれる真奈に対して、何も決めていない自分をバカにされているようで腹立たしい気持ちを表現している。

問五、――線③「大樹が呼んでいるような気がする」の表現技法として、最も適切なものを次のア～エの中から選び、記号で答えなさい。

ア、擬人《ぎじん》法

イ、対句《ついく》法

ウ、倒置《とうち》法

エ、体言《たいげん》止め

問六、――線④「母の美千恵には言い出せなかった」とありますが、それはなぜですか。その理由の説明として、最も適切なものを次のア～エの中から選び、記号で答えなさい。

ア、安定した職業に就くことを期待している母に、絵描きになりたいと言っても、不安定で高収入の見込みもない職業だと軽く見られて傷つくのが怖かったから。

イ、父の跡を継いで医者を目指すことが当たり前だと思っている母に、芸術科のある高校に進学したいと言っても、バカにされて相手にしてくれないと思ったから。

ウ、先祖代々医師として社会に貢献《こうけん》してきた家系であることを誇《ほこ》りに思う母に、医師以外の夢の話を言っても、伝統から逃げた卑怯《ひきょう》者だと怒られると思ったから。

エ、塾で勉強をがんばる娘を応援してくれている母に、絵に関わる仕事をしたいと言っても、真奈に合わせて嘘をついていると勘違《かんちが》いされると思ったから。

問七、本文の内容を説明したものとして、適切なものを次のア～エの中からすべて選び、記号で答えなさい。

ア、千穂は母が自分の気持ちを理解しようとしていないと思い込んで真正面から向き合うことを避けていたが、自分の方が母を理解しようとしていなかったことに気がついた。

イ、千穂自身の気持ちを尊重せずになんでも押しつけてくる母への反抗の気持ちが絵描きを志すきっかけであり、母との和解こそが千穂らしく生きるための第一歩である。

ウ、自分の意志で自分の将来を切り開こうとする真奈に対して、千穂は自分の才能を信じ切ることができず、絵描きになりたいと言うことはみっともないことだと思っていた。

エ、小学校三、四年生の頃よく遊びに行っていた公園で、母が自分のことを大切に思っていることに気づき、母に自分の意志を伝えて理解してもらおうと決心した。

三　次の文章を読んで、後の問いに答えなさい。

吉野源三郎《よしのげんざぶろう》という名前をご存知でしょうか。戦後、雑誌編集者・評論家として活躍し、平和運動にも力を尽くした人ですが、その吉野が一九三七年に少年少女向けに『君たちはどう生きるか』という本を発表しています。この本は当時から、そしていまに至るまでたいへんよく読まれており、手にされた方も多いのではないでしょうか。

これはコペル君というあだ名の中学生の物語です。この本のなかで作者がとくに問題にしたのは、自分を中心にしてものごとを考えたり、判断したりする自己中心的なものの見方です。わたしたちはふだん、たとえばお肉は好物で毎日でも食べたいが、野菜は口にしたくないとか、いつも楽しく話しかけてくれるあのクラスメートは好きだが、わたしのやることにいつも文句を言ってくるあの子とはもう顔もあわせたくないし、口もききたくないとか、自分を中心にすべてのことを見ています。地理にしても、わたしたちは自分の家を中心に、身近な周りの家々、住んでいる町や市などを同心円的に配置し、学校などの自分にとって必要な場所を結びつけた地図を頭のなかに入れています。

この小説に登場するコペル君の叔父《おじ》さんは、コペル君があるときデパートの屋上から霧雨《きりさめ》の降る町並み、道路の上を走る車や歩行者を眺《なが》めながら、世の中を大きな海に喩《たと》えれば、人間というのは一つの「水の分子」かもしれない、と語ったことをたいへん大切なことだと考え、ノートにコペル君へのメッセージを書き記します。Aかいつまんで言うと、自分を中心にして、自分の目に映るものだけを見ていては、ものごとの本質が見えなくなってしまう、大きな真理はそういう人の目には決して映らない、というのがそのメッセージです。

コペル君の経験に即《そく》して言えば、大きな海から自分を（一つの水の分子として）見つめ直すと、自分のいままで見えていなかった面が見えてくるということでしょう。それができたコペル君に、叔父さんはその大切さを強調したかったのだと思います。自分の思っていることや考えていること、あるいは自分の存在そのものを自分の視点からだけではなく、①大きな視点から見ることがわたしたちにとって何より大切なのだというのは、作者である吉野自身の考えであったとも言えます。

その「大きな視点から見る」というのは、具体的に言うと、どういうことを指すのでしょうか。おそらくそれは、単により多くのことを知るということではないと思います。また、ただ詳しく知ればよいということでもないと思います。他の人の立場に立って考えるということでもありますし、人間全体のことを（場合によっては地球全体のことを）考えて、どういう未来を作っていったらよいかを考えることでもあると思われます。したがってそれは知識の問題でもありますが、それにとどまらず、自分の生き方そのものにも関わっています。よりよい生き方や、よりよい社会のあり方について深く考え、その実現をめざして努力するということも含めて、吉野は「君たちはどう生きるか」と問いかけたのだと思います。

この「どのように生きるか」という問いは、哲学にとっても非常に大きな問題の一つです。そしてむずかしい問題です。簡単に答《こたえ》には行きあたりません。

先ほど、自分を中心にしてものごとを見ているだけでは、その本質が見えなくなってしまうと言いましたが、もちろん、自分を中心にしてものごとを見ること自体が悪いわけではありません。それは②非常に大切なことです。動物の子であれ、人間の子であれ、赤ん坊は生まれてすぐに母親のお乳を求めます。生きようとする意欲に満ちています。この自分のなかからわきあがってくる意欲がわたしたちの成長を支えています。少し大きくなれば、子どもは言葉を覚えることにとても大きな興味を示します。小学校に入学したときのことを覚えているでしょうか。子どもはそこで学ぶものに大きな関心を示し、次々に吸収し、自分の世界を広げていきます。やがてスポーツでも音楽でも、少しでもうまくなりたい、少しでも力をつけたいと考えるようになります。このよりよいものをめざす向上心がわたしたちを支えています。

　わたしたちはわたしたちのなかにある生きる意欲に衝《つ》き動かされ、さまざまなことに取り組みます。さまざまなことにチャレンジし、自分の可能性を実現し、自分の世界を広げていきます。それは社会に出てからも変わりません。芸術の道に進んだ人は、自分の作品を通して、できるだけ多くの人に感動を与えたいと思うでしょう。農業に携《たずさ》わる人は、より品質の高いものを③消費者に届けたいと努力しますし、会社に入って営業に携わる人はより多くの製品を販売して成績をあげたいと考えます。このようにして自分自身が、そして家族が豊かな生活を送れるようにがんばります。また自分の作品や仕事を通して社会に貢献したいと考えます。

　このように日々努力することはとても尊いことです。しかしここに一つの大きな④落とし穴が待ちうけています。わたしたちの生きる意欲が、欲望に変わってしまう可能性があるのです。生きる上でBさしあたって必要でないものでも、目の前にあればそれを手に入れたい、それだけでなく、できるだけ多くのものを手に入れたいと思うようになっていきます。欲望の特徴は、いったんその対象になっているものを手に入れても、すぐにより多くのものを、より大きなものを追い求めようとする点にあります。欲望はいったん刺激されると、かぎりなく大きくなっていきます。わたしたちは欲望の連鎖のなかに簡単にはまり込んでしまうのです。

欲望の連鎖のなかにはまり込んでしまうと、頭のなかが欲望追求のことでいっぱいになって、自分自身の中身が空っぽになってしまいますし、他の人を顧《かえり》みる余裕もなくなってしまいます。要するに欲望の奴隷《どれい》になってしまうのです。自分を（あるいは自分だけを）中心にしてものごとを見ることの負の面がここに現れてきます。

　それはわたし一人だけの問題ではありません。現代はグローバル化の時代です。欲望の追求が世界規模でなされています。なりふりかまわない利益追求で富を得る人とそうでない人のあいだに格差が生まれています。あるいは利益の獲得をめぐって対立するグループのあいだに争いが生まれたりしています。自分の利益を守るために、自分のグループ以外の人たちを非難したり、排斥《はいせき》したり、あるいは攻撃したりすることも多くなっています。そのような対立や争いの結果、世界のあちこちで貧困や飢餓《きが》、迫害《はくがい》などで苦しむ人が増えています。

いま世界ではそういったことが大きな問題になっています。わたしたちはここで立ちどまって考えなければならないと思います。

　先ほど『君たちはどう生きるか』という本との関わりで、大きな視点から見ることが大切なのだということを言いましたが、たとえば欲望に振りまわされている自分を見つめ直すこともその一つだと言えるでしょう。差別や偏見で苦しむ人々や、内戦などのために生きる術《すべ》を失ったり、命を落としたりした人々のことを考えることもとても大切なことです。それも大きな視点から見ることの一例になるでしょう。

このような問題について考えるときに浮かびあがってくるのは、そもそもわたしたちは何のために生きているのか、という根本の問いです。わたしたちは何をめざして生きているのでしょうか。あるいは何をめざして生きていけばよいのでしょうか。

かなり以前、わたしがまだ大学に籍《せき》を置いていた頃でしたが、おもしろい話を耳にしたことがあります。出所《でどころ》は不明ですが、かなり広く知られていた話でした。ある日本の商社員が、どこか遠い南の国に行って、けんめいに働いていたら、現地の人から「なぜ毎日そんなにあくせくと働くのか」と尋ねられたという話です。それに対して、「よい成績を残し、昇進して、お金を貯めるためだ」と答えると、「お金を貯めてどうするのか」と尋ねられます。「退職後、どこか風景の美しいところに土地を買って、別荘でも建てる」と答えますと、さらに「そうしてどうするのか」と問われます。「そこでハンモックでもつってゆっくり昼寝をする」と答えると、現地の人が、「われわれは最初からそうしている」と答えたという笑い話です。

わたしたちであれば、⑤「何のために働くのか」という問いを出されたとき、どう答えるでしょうか。みなさんもぜひ自分自身の問題として考えてみてください。

この問いや、「何をめざして生きていけばよいのか」という問いは、あらためて考えてみると、なかなかむずかしい問いで簡単には答えを見つけることができません。ただ、誰であれ、自分の人生が意味のあるものであることを願うのではないでしょうか。人生を終えるときに、自分の人生は生きるかいのあったものだと言えたら、どんなによいでしょう。それは容易ではないかもしれませんが、できればそういう人生を歩んでみたいと思います。

生きるかいがあったと言える人生とはどのようなものでしょうか。そもそも⑥「生きがい」とは何でしょうか。そのことをまず考えてみましょう。

かつて精神科医の神谷美恵子《かみやみえこ》さんが『生きがいについて』（一九六六年）という本を出し、この「生きがいとは何か」という問題をめぐって、とても意義深い文章を残してくれました。長く岡山県のハンセン病療養施設「長島愛生園《ながしまあいせいえん》」で医療活動に従事し、そこでハンセン病の患者さんたちがもちつづけていた希望や尊厳に触れたことがこの本に結晶しています。この本のなかで神谷さんが「生きがい」について述べていることを手がかりにして、わたしなりに「生きがいとは何か」ということについて少し考えてみたいと思います。

「生きがい」とは、何と言ってもまず、自分の生が充実しているという感覚であると言うことができるでしょう。一時的な快さや満足というよりも、長い目で見たときに感じる満足であり、当の人が生きていく上での支えになるようなものです。自分の能力や可能性が豊かに発揮され、それが誰かのために役立っていると感じられるとき、そしてとくに自分でなければそれを果たすことができないと感じられるときに、強くこの感覚をもつことができるように思います。

そのとき重要なのは、自分の人生の目標を明確にもっていることです。神谷さんは、「自己の生存目標をはっきりと自覚し、……その目標にむかって全力をそそいで歩いている」ときに、人はもっとも生きがいを感じると述べています。もちろんそれがすぐに実現できれば、それにこしたことはありませんが、たとえそれを阻《はば》むものがあって苦労を強いられるとしても、努力の結果、それを手にしたときに感じられる充足感が、この「生きがい」の大切な部分になっています。しかも、目標を実現し終えたときだけではなく、その途上にあるときであっても、それが未来につながっている、つまり目標に向かってその道程を歩んでいるという意識があるときに、わたしたちは「生きがい」を感じます。「生きがい」は希望とも深く関わっていると言えそうです。

（藤田正勝『はじめての哲学』岩波書店）

問一、——線Ａ・Ｂの語句の文中での意味として、最も適切なものを次のア～エの中から選び、それぞれ記号で答えなさい。

Ａ　かいつまんで
ア、補足説明を加えて
イ、大まかにまとめて
ウ、自分の意見を除いて
エ、具体的な例をあげて

Ｂ　さしあたって
ア、おおよそ予想して
イ、ひとまず無視して
ウ、いったん考えないで
エ、とりあえず今のところ

問二、——線①「大きな視点」として、適切でないものを次のア～エの中からすべて選び、記号で答えなさい。

ア、今よりもっと多くの知識を蓄《たくわ》えること。
イ、すでに知っていることをより詳しく知ること。
ウ、他の人の立場になって物事を考えるようにすること。
エ、全体や地球のことをふまえて未来について考えること。

問三、——線②「非常に大切なこと」とありますが、それはなぜですか。その理由の説明として、最も適切なものを次のア～エの中から選び、記号で答えなさい。

ア、芸術家は自分の作品を通して多くの人に感動を与えたいと考えており、より多くの人に注目してもらうためにＳＮＳに投稿《とうこう》したり他人の作品を批判したりして、作品の価値を高められるから。
イ、人間は自分の中からわきあがってくる生きようとする意欲によって成長するものであり、よりよいものを求める向上心が自分の可能性を実現したり世界を広げたりすることにつながるから。
ウ、すべての生き物の赤ん坊は生まれてすぐに生きていくためにすべきことを理解しており、自分にとってよりよい環境を整えるために泣いたり笑ったりすることで大人からの助けを得られるから。

エ、農家は農作物のおいしさを知ってほしいと思っており、見た目のかわいらしさを見てもらったり調理方法を知ってもらったりすることがきっかけで、本来のおいしさを理解してもらえるから。

問四、――線③「消費者」の対義語として、最も適切なものを次のア～エの中から選び、記号で答えなさい。

ア、案内者

イ、管理《かんり》者

ウ、生産者

エ、開拓《かいたく》者

問五、――線④「落とし穴」とありますが、ここでいう「落とし穴」とは何ですか。文中より探し、五字で抜き出しなさい。(句読点や記号を含む場合は、一字に数えます)

問六、――線⑤「『何のために働くのか』という問いを出されたとき、どう答えるでしょうか」とありますが、あなたが「何のために勉強するのか」という問いを出されたら、どのように答えますか。八十字以内で考えて答えなさい。(句読点や記号を含む場合は、一字に数えます)

問七、――線⑥「『生きがい』」とありますが、筆者の考える「生きがい」の例として、最も適切なものを次のア～エの中から選び、記号で答えなさい。

ア、私の生きがいは、武蔵野大学中学校の合格を目指して努力することだ。合格したら好きなゲームを買ってくれると祖母が約束してくれた。好きなゲームのためなら勉強もがんばることができるようになって、少しずつ成績も上がってきた。

イ、私の生きがいは、看護師になるための努力をすることだ。人のために働くことができる看護師は、自分に適した仕事だと思っている。簡単な道のりではないが、まずは武蔵野大学中学校に合格することから始まると思って必死に勉強している。

ウ、私の生きがいは、息子のお弁当を作ることだ。息子が武蔵野大学中学校を目指して塾に通い出した日から、土日はお弁当を持たせている。栄養価だけでなく見た目にもこだわったお弁当をSNSに投稿して「いいね」をもらうのが最高の喜びだ。

エ、私の生きがいは、娘の笑顔を見ることだ。スマートフォンがなければ勉強できないと言っている娘の喜ぶ顔が見たいので、スマートフォンに加えてスマートウォッチも買ってあげた。一瞬《いっしゅん》でも娘の笑みを見ることができて私も幸せだ。

2024年度
武蔵野大学中学校 ▶解　答

※　編集上の都合により，第１回試験の解説は省略させていただきました。

算　数　＜第１回試験＞（45分）＜満点：100点＞

解　答

1 (1)　6　　(2)　4.3　　(3)　$5\frac{2}{3}$　　(4)　$\frac{6}{7}$　　(5)　2024　　(6)　21分18秒　　2 (1)　90　(2)　18個　　(3)　24人　　(4)　100g　　(5)　5日　　(6)　12時$32\frac{8}{11}$分　　(7)　57　　(8)　72度　(9)　10通り　　(10)　5km　　(11)　59個　　(12)　970.26cm^3　　3 (1)　6cm　　(2)　13.5秒後

国　語　＜第１回試験＞（45分）＜満点：100点＞

解　答

一 **問1**　①　げし　②　ほっき　③　さいれい　④　ねぎら(う)　⑤　しりぞ(ける)　**問2**　下記を参照のこと。　二 **問1**　A　エ　B　ウ　**問2**　（例）　有名な店のケーキかどうかではなく，友だちと楽しく食べるということが味の感じ方に関係すると思っているから。　**問3**　ア　**問4**　イ　**問5**　ア　**問6**　イ　**問7**　ア，エ　三 **問1**　A　イ　B　エ　**問2**　ア，イ　**問3**　イ　**問4**　ウ　**問5**　欲望の連鎖　**問6**　（例）　自分の知識を深め，それを受験や試験のためだけでなく，大人になってからもいろいろな場面で役立てることができると信じているので，さまざまな分野の勉強をしている。　**問7**　イ

●漢字の書き取り

一 **問2**　①　測量　②　株式　③　委(ねる)　④　縦横　⑤　夫婦

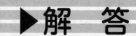

2024年度　武蔵野大学中学校

〈編集部注：この試験は，算数・社会・理科・英語・国語より２科目を選択します。算数・国語はいずれかを１科目以上選択します。〉

【算　数】〈第２回試験〉(45分)〈満点：100点〉

1　次の$\square$にあてはまる数を求めなさい。

(1) $\left(18\div7+45\div7\right)\div3\times5-9=\square$

(2) $7\frac{3}{4}-\left(2\frac{3}{8}-\frac{1}{2}\right)-3\frac{1}{2}=\square$

(3) $\left(1\frac{1}{2}+\frac{2}{3}\right)\div\square-1=1$

(4) $37.54\div2.38=15$ あまり $\square$

2　次の問いに答えなさい。

(1) 5%の食塩水に食塩40gを入れると，15%の食塩水になりました。
このとき，5%の食塩水は何gありましたか。

(2) 自宅からバス停まで分速60mで行くと分速80mで行くより４分遅《おそ》く着きます。自宅からバス停までの道のりは何mですか。

(3) Aさんが長さ176mの動く歩道の上を進行方向と同じ方向に歩くと，1分20秒で終点に着きました。この歩道の動く速さが秒速1.1mのとき，Aさんの歩く速さは分速何mですか。

(4)　3 を2024個かけあわせてできる数の一の位はいくつですか。

(5)　8の約数を1回ずつ使って4桁《けた》の数をつくるとき，全部で何個できますか。

(6)　次の図はある立体の展開図です。この立体の体積は何cm^3ですか。ただし，円周率は3.14とします。

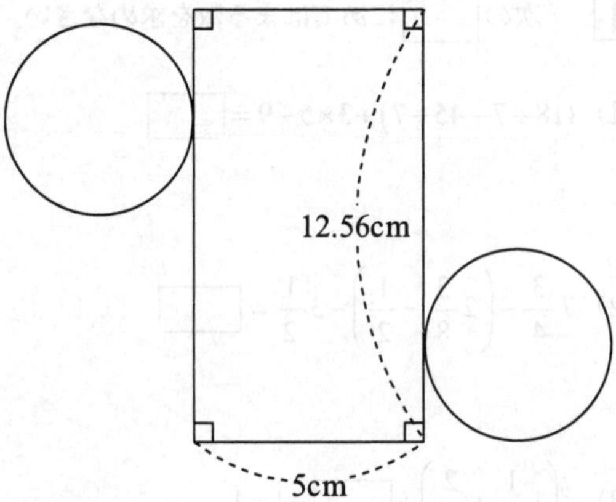

(7)　ある会場に長椅《い》子《す》が並んでいます。5人ずつ座ると10脚《きゃく》不足し，8人ずつ座っても2人が座れません。長椅子は全部で何脚ありますか。

(8)　原価の3割の利益を見込んで定価を決めましたが，売れなかったので，定価の8割で売ったところ50円の利益が出ました。この品物の原価は何円ですか。

(9)　9時以降で，長針がはじめて短針と重なるのは，9時何分ですか。

(10)　Aさん，Bさん，Cさんの所持金の合計は4060円です。同じノートを，Aさんは所持金の$\frac{1}{2}$で2冊，Bさんは所持金の$\frac{1}{3}$で3冊，Cさんは所持金の$\frac{1}{4}$で4冊買いました。ノート1冊は何円ですか。

(11) 30人のクラスで算数の小テストを行いました。問題は全部で２題あり，問1が正解の人は12人，問２が正解の人は15人，どちらの問題も正解の人は8人でした。どちらも正解でない人は何人ですか。

(12) 次の図のような長方形の中に斜線《しゃせん》をひいた三角形があります。斜線部分の面積は何 cm^2 ですか。

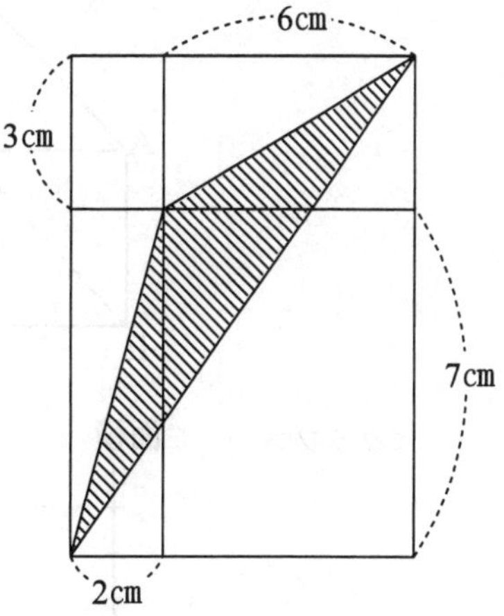

3 次の図は，入口 のところに数字を入れて規則にしたがって矢印の方向に進み，出口 にその結果を出すようになっています。入口 のところに入れる数字は２桁《けた》の整数とします。このとき，次の問いに答えなさい。

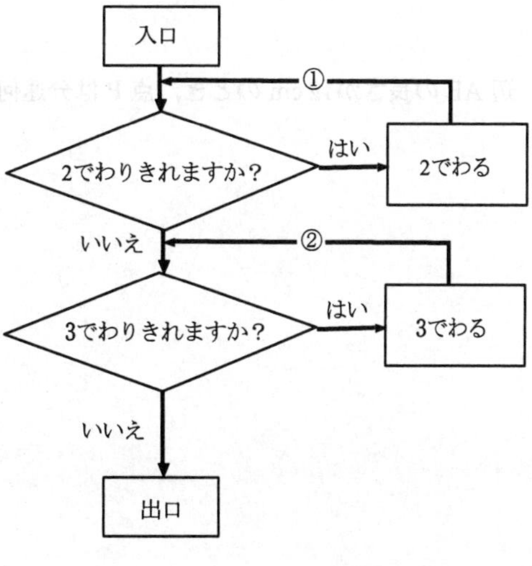

(1) 入口 に24を入れたとき，出口 に出てくる数字はいくつですか。

(2) ②を最《もっと》も多く通過《つうか》するのは，入口 のところに入れる数字がいくつのときですか。ただし，考え方も式や言葉で説明しなさい。

4 次の図のような直方体があります。点Pは頂点Bを出発してB→C→D→A→E→F→Bの順で辺上を一定の速さで動き，80秒後に頂点Bに戻りました。グラフは，三角形ABPの面積の変化の様子を途中《とちゅう》まで表しています。このとき，次の問いに答えなさい。

<図>

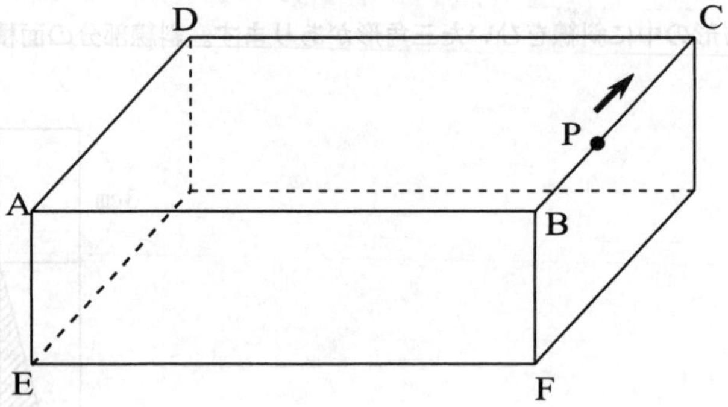

<グラフ>

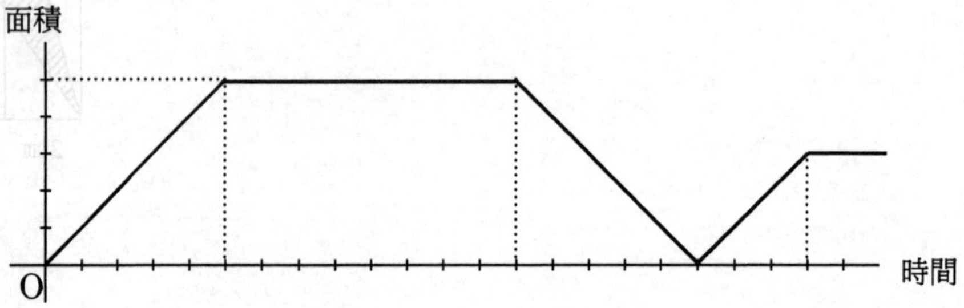

(1) 頂点Dから頂点Eまで何秒かかりましたか。

(2) 辺AEの長さが12cmのとき，点Pは分速何cmですか。ただし，考え方も式や言葉で説明しなさい。

【社　会】〈第２回試験〉（45分）〈満点：100点〉

※解答は、特別の指示がない限り漢字で記入すること

1　地図１を見て，問いに答えなさい。

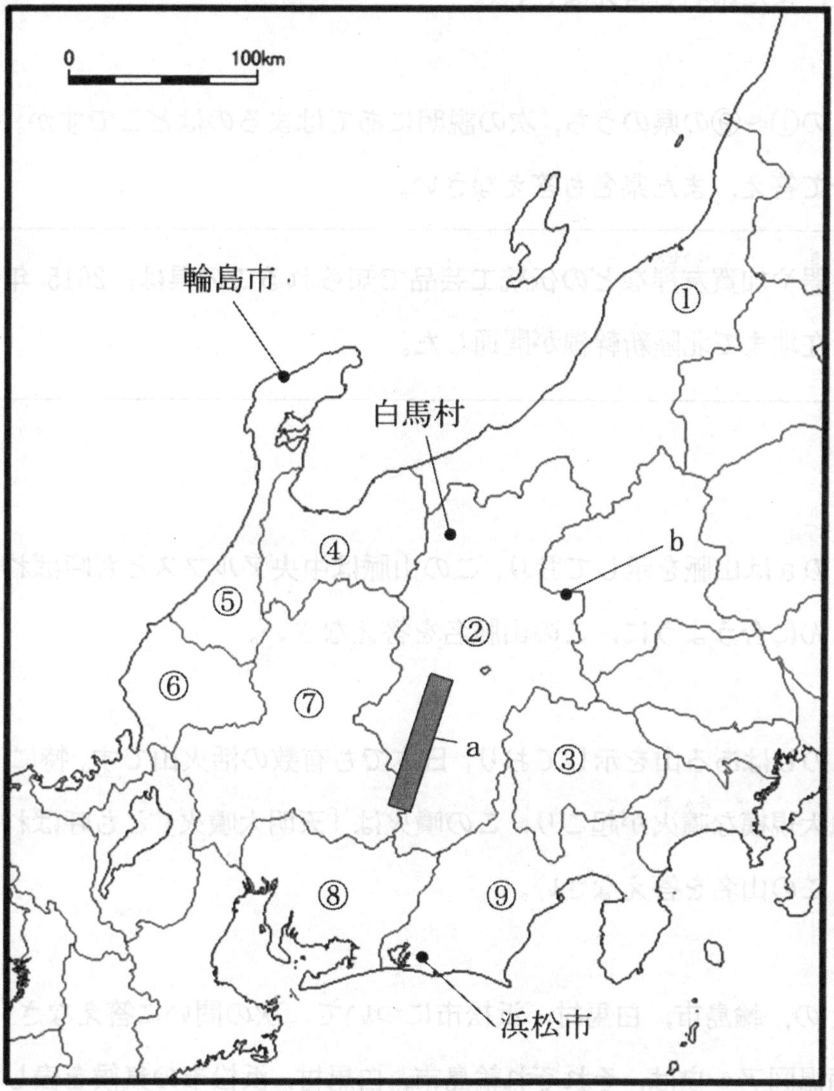

地図１

問１．地図１の①～⑨の県名のうち，県庁所在地名が県名と一致《いっち》している県はいくつありますか，算用数字で答えなさい。またその県の番号を全て答えなさい。

問２．

（１）地図１の①～⑨の県のうち，最も人口が多いのはどこですか。位置を番号で答え，また県名も答えなさい。

（２）地図１の①～⑨の県のうち，次の説明にあてはまるのはどこですか。位置を番号で答え，また県名も答えなさい。

山中漆器《しっき》や加賀友禅《ゆうぜん》などの伝統工芸品で知られるこの県は，2015 年に県庁所在地まで北陸新幹線が開通した。

問３．

（１）地図１のａは山脈を示しており，この山脈は中央アルプスとも呼ばれます。解答らんに合うように，この山脈名を答えなさい。

（２）地図１のｂはある山を示しており，日本でも有数の活火山です。特に 1783 年には大規模な噴火《ふんか》が起こり，この噴火は「天明大噴火」とも呼ばれています。この山名を答えなさい。

問４．地図１の，輪島市，白馬村，浜松市について，次の問いに答えなさい。

（１）次の雨温図ア～ウは，それぞれ輪島市，白馬村，浜松市の気候を表しています。輪島市の気候を表す雨温図はどれですか。次から選び，記号で答えなさい。

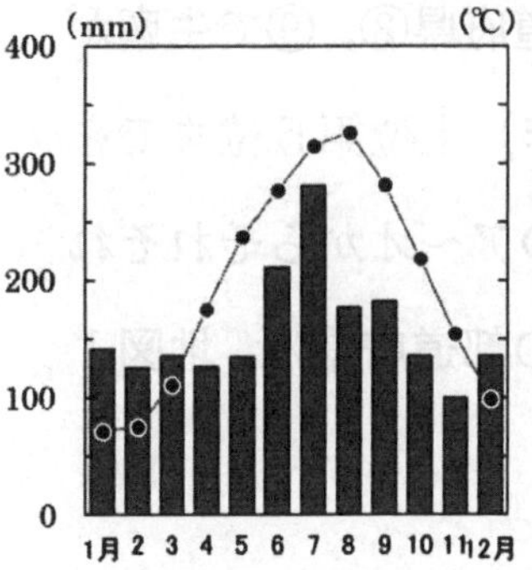

ア

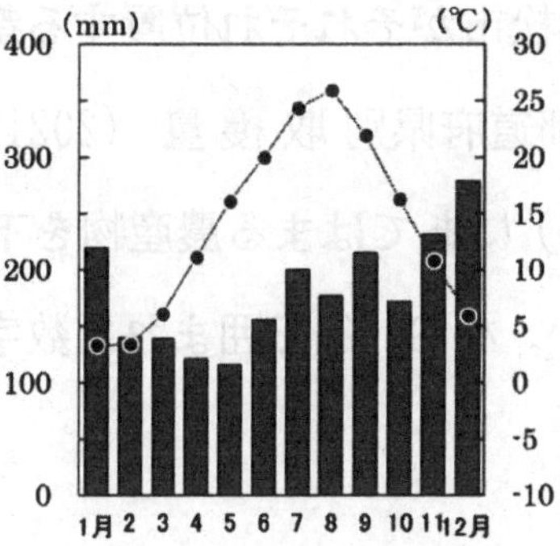

イ

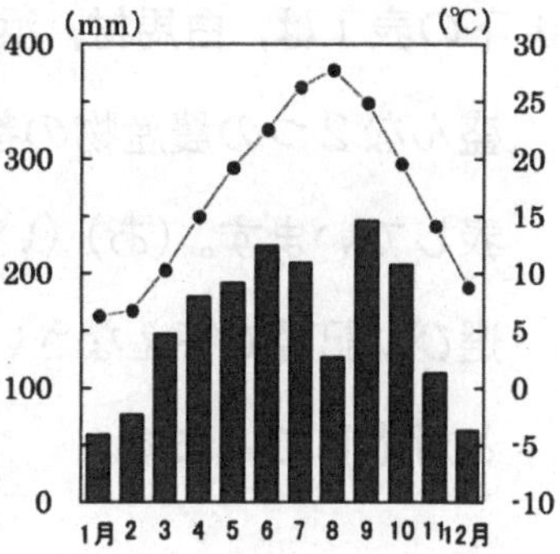

ウ

（2）次のア～エの文は，日本国内で2010年から2023年末までに発生した地《じ》震《しん》に関連する災害について述べています。輪島市周辺で発生した地震について述べたものとして最も適切なものはどれですか。次から選び，記号で答えなさい。

ア．2020年以降にこの周辺で発生している群発地震であり，特に2023年の5月には震度6強を観測する地震があった。

イ．2018年9月に発生した地震であり，最大震度7を観測した。地震の影響《えいきょう》で複数の発電所が停止したことにより，震源のある都道府県全域で大規模な停電が発生した。

ウ．2016年4月に発生した地震であり，最大震度7を観測した。震源のあった都道府県の県庁所在地にある城にも大きな被害《ひがい》があった。避難《ひなん》者数は18万人にも上った。

エ．2011年3月に発生した日本周辺における観測史上最大の地震であり，震源域は広大だった。発生した津波《つなみ》に伴《ともな》い多くの死者・行方不明者を出したとともに，原子力発電所においてメルトダウンが発生した。

（３）下の表１は，白馬村，浜松市がそれぞれ位置する都道府県②，⑨で生産が盛んな２つの農産物の都道府県別収穫量《しゅうかくりょう》（2021 年）上位第５位までを表しています。（あ）（い）にあてはまる農産物を下のア～オからそれぞれ選び，記号で答えなさい。なお，○で囲まれた数字の都道府県は，地図１と対応しています。

	（あ）	（い）
第１位	和歌山県	③
第２位	⑨	②
第３位	愛媛県	山形県
第４位	熊本県	岡山県
第５位	長崎県	北海道

表１

＜『データブック　オブ・ザ・ワールド 2023』より作成＞

ア．メロン　イ．みかん　ウ．ぶどう　エ．もも　オ．さくらんぼ

（４）次の資料１は，輪島市，白馬村，浜松市の人口についての説明です。またＸ～Ｚはそれぞれの市町村の人口ピラミッドを表しています。輪島市，白馬村，浜松市の人口ピラミッドはそれぞれどれですか。正しい組み合わせを次のア～カから選び，記号で答えなさい。

輪島市は，この三つの市町村の中で最も少子高齢《こうれい》化《か》が進んでおり，65 歳以上である高齢者の割合は 46％に達する。浜松市は 15 歳未満である若年人口の割合が全国の値を上回っており，高齢者の割合は全国の値を下回っていることから，この三つの市町村の中では最も少子高齢化が進んでいないといえる。

資料１

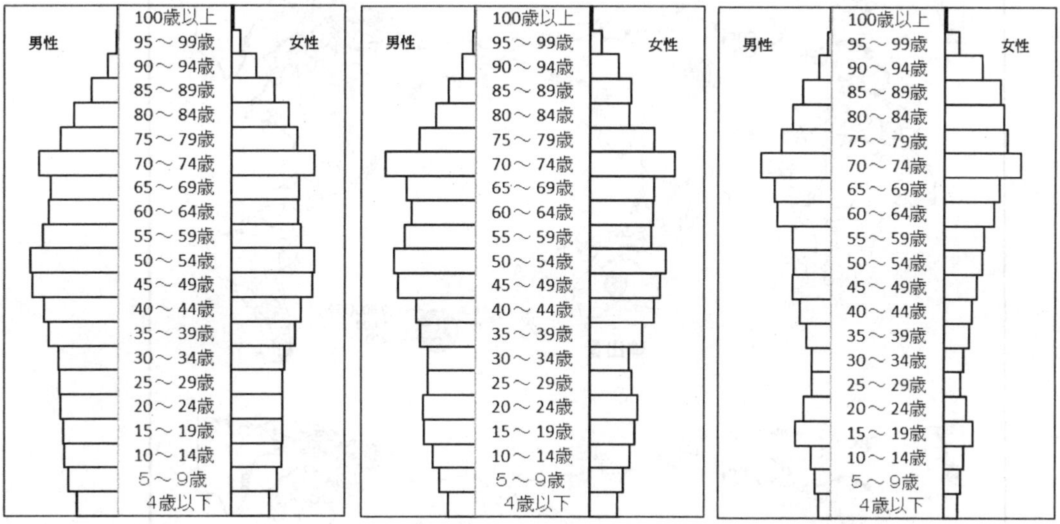

X　　　　Y　　　　Z

＜【総計】令和５年住民基本台帳年齢階級別人口（都道府県別）より作成＞

	ア	イ	ウ	エ	オ	カ
輪島市	X	X	Y	Y	Z	Z
白馬村	Y	Z	X	Z	X	Y
浜松市	Z	Y	Z	X	Y	X

問５．地図１の⑧の県では小麦の生産が盛んですが，図１は，世界の小麦生産国，小麦輸出国，小麦輸入国の上位７ヵ国を，生産量，輸出量，輸入量とともに表したものです。次の問いに答えなさい。

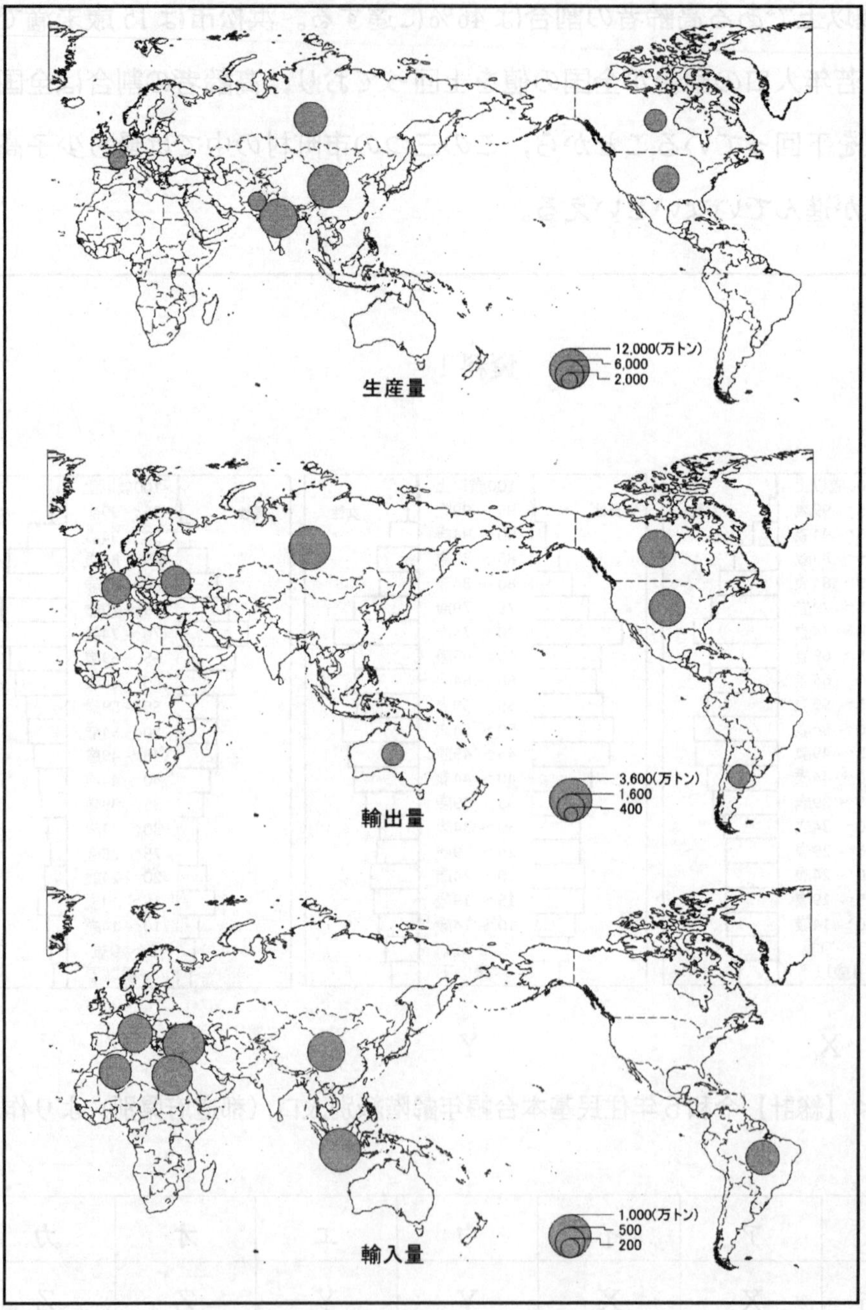

図１

＜『データブック　オブ・ザ・ワールド 2023』より作成＞

(１) 次の文章は，図１のある国の小麦生産・輸出・輸入について述べています。

この国名を答えなさい。

この国は現在世界第４位の人口規模を誇《ほこ》る国である。小麦の輸入国の上位７ヵ国には入っているが，小麦生産国および小麦輸出国の上位７ヵ国には入っていない。また，世界で最もイスラム教徒の人口が多い国でもある。

(２) 中国の小麦の生産，輸出，輸入について，図１から読み取れることを全て述べなさい。また，その背景を人口に着目して答えなさい。

2 次の文章を読んで，問いに答えなさい。

あるクラスの歴史の授業で，歴代の大河ドラマの主人公や時代背景について調べ学習を行っています。

Ａさん：「まず初めに，歴代の大河ドラマでどのような人物が主人公となっているのかを，表２を見て確認をしよう。」

年	時代	主人公
1969	戦国	上杉謙信《うえすぎけんしん》
1979	鎌倉《かまくら》	源《みなもとの》　頼朝《よりとも》
1990	幕末～明治	西郷隆盛《さいごうたかもり》
1991	室町	足利尊氏《あしかがたかうじ》
2011	江《え》戸《と》	江《ごう》
2019	昭和	金栗四三《かなくりしそう》・田畑政治《たばたまさじ》
2024（予定）	平安	紫《むらさき》　式部《しきぶ》

表２

Ｂさん：「私たちが生まれた年は『江』が主人公だったんだね。」

Ｃさん：「授業で聞いたことがある人物が多いね。」

Ｄさん：「1969年と1991年，1990年と2019年の作品はまとめて調べてみようよ。」

Ｅさん：「そうだね。それじゃあ，分担して資料を作ろう。」

Ａさん－紫式部（予定）の作品－

794年に（　あ　）天皇により，平安京に都が移された。ここから鎌倉幕府が成立するまでを平安時代という。

平安時代では，朝廷《ちょうてい》の政治は一部の有力な貴族が動かすようになった。なかでも（ａ）藤原《ふじわら》氏が大きな力を持っていた。

藤原道長《ふじわらのみちなが》は大きな権力をふるい，世の中すべてが思い通りになっているという意味の歌をよんだ。道長の娘《むすめ》に仕えていた人物こそが，大河ドラマの主人公になる（ｂ）紫式部である。

問１．文章中の（　あ　）にあてはまる語句を答えなさい。

問２．下線（ａ）について，この理由は何ですか。「娘」「后《きさき》」「天皇」の語句を必ず使って答えなさい。

問３．下線（ｂ）について，①仕えていたとされる道長の娘，②代表的な作品の組合せとして正しいものを選び，記号で答えなさい。

	①	②
ア	彰子《しょうし》	『枕草子《まくらのそうし》』
イ	定子《ていし》	『源氏物語』
ウ	定子	『枕草子』
エ	彰子	『源氏物語』

Ｂさん－源頼朝の作品－

> 源頼朝は鎌倉幕府を開き，征夷大将軍《せいいたいしょうぐん》として力をふるっていた。将軍と配下の武士（御家人《ごけにん》）は主従関係によって結ばれ，将軍は，武士に対して，領地を与えた。これを（　い　）という。それに対して御家人は，戦いが起こった時には命をかけて戦った。これを（　う　）という。
>
> （ｃ）頼朝の死後，幕府の実権は北条《ほうじょう》氏がにぎった。北条氏は将軍の力を弱めて執権《しっけん》という地位に就き，代々その地位を独占《どくせん》した。
>
> こうして武士による政治が行われたことで，朝廷の勢力を回復しようと後鳥羽上皇《ごとばじょうこう》が反乱を起こした。

問４．文章中の（　い　）・（　う　）にあてはまる語句をそれぞれ答えなさい。

問５．下線（ｃ）について，頼朝の死後に実権をにぎった人物は，頼朝の妻，北《ほう》条政子《じょうまさこ》の父親にあたる人物です。この人物を次から選び，記号で答えなさい。

ア．北条泰時《ほうじょうやすとき》	イ．北条貞時《ほうじょうさだとき》	ウ．北条時政《ほうじょうときまさ》	エ．北条時宗《ほうじょうときむね》

Ｃさん－上杉謙信と足利尊氏の作品－

足利尊氏は，1338年に征夷大将軍に任命され，京都に室町幕府を開いた。

尊氏の孫の（ｄ）足利義満《あしかがよしみつ》が３代将軍になり，足利氏の力はますます強まっていった。

８代将軍の時に，応仁の乱が起こった。乱後，（ｅ）家来が主人を力で倒すことが起こった。さらには各地で戦国大名と呼ばれる者たちが現れ活躍《かつやく》していった。この時代を戦国時代という。有名な戦国大名の一人が上杉謙信である。彼《かれ》はライバルであった（ｆ）武田信玄《たけだしんげん》と何度も戦った。

問６．下線（ｄ）について，この人物が建てたといわれている建物を，次から選び，記号で答えなさい。

ア

イ

ウ

エ

問７．下線（ｅ）について，これを何といいますか，答えなさい。

問８．下線（ｆ）について，この戦いを何といいますか，答えなさい。

Ｄさん－江の作品－

1600 年の関ヶ原の戦いを経て，江戸幕府は開かれた。徳川家康《とくがわいえやす》が征夷大将軍となり，全国を支配していった。

家康の後を継《つ》いだのが，徳川秀忠《とくがわひでただ》である。彼の正室こそが江であり，３代将軍（ｇ）徳川家光《とくがわいえみつ》の母となった。

この時代は，全国に大名が配置され，大名の領地とそれを支配する組織のことを藩《はん》と呼んだ。

江戸時代の外交政策は，鎖国《さこく》と呼ばれている。しかし，完全に国を閉ざしたというわけではない。（　え　）とは交易が続いていた。

鎖国は 200 年ほど続いたが，（ｈ）黒船に乗ったペリーが来たことにより終了《しゅうりょう》した。

問９．下線（ｇ）について，徳川家光が行ったこととして正しいものを，次から選び，記号で答えなさい。

ア．参勤交代を制度化した。　　イ．キリスト教を布教した。
ウ．刀狩《かたながり》を行った。　　エ．楽市・楽座を行った。

問 10．文章中の（　え　）にあてはまる国を，次から２つ選び，記号で答えなさい。

ア．アメリカ　　イ．オランダ　　ウ．イギリス
エ．ポルトガル　オ．中国

問11．下線（h）について，ペリーがやってきた場所を地図中の①～④から選び，番号で答えなさい。

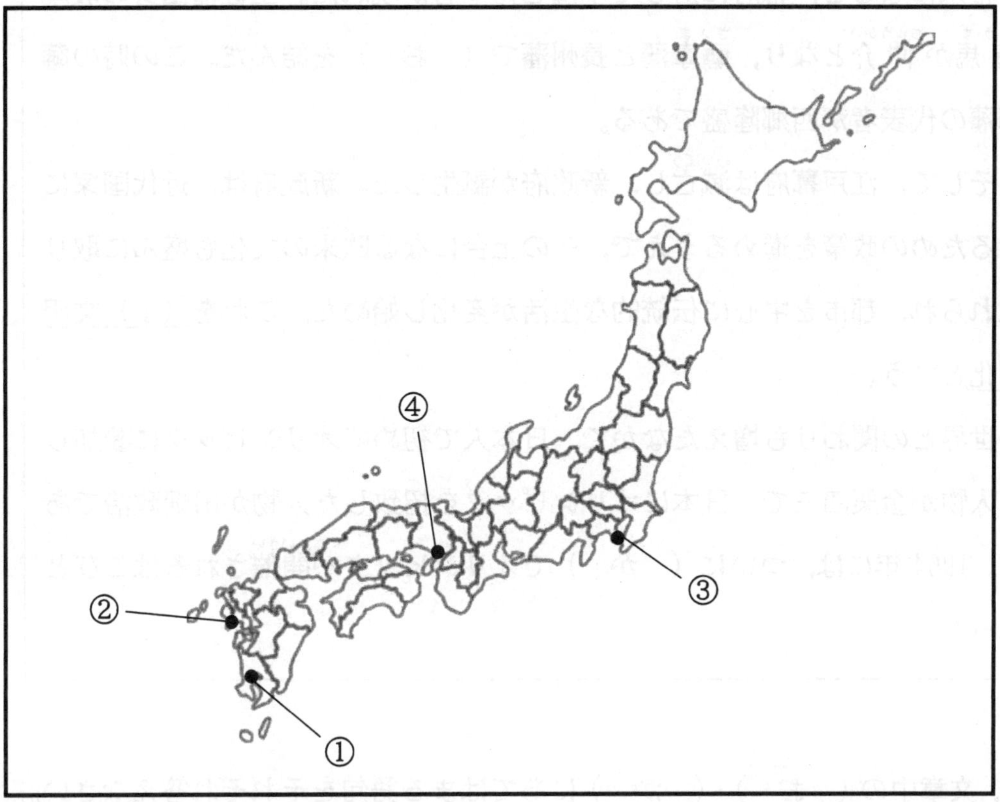

Eさん－西郷隆盛と金栗四三，田畑政治の作品－

幕末になると，幕府に対して不満を持つ者が現れた。土佐藩出身の坂本《さかもと》龍《りょう》馬《ま》が仲《ちゅう》介《かい》となり，薩摩《さつま》藩と長州藩で（　お　）を結んだ。この時の薩摩藩の代表者が西郷隆盛である。

そして，江戸幕府は滅亡《めつぼう》し，新政府が誕生した。新政府は，近代国家になるための政策を進めるうえで，その土台になる欧米《おうべい》の文化も盛んに取り入れられ，都市を中心に伝統的な生活が変化し始めた。これを（ｉ）文明開化という。

世界との関わりも増えたなかで，日本人で初めてオリンピックに参加した人物が金栗四三で，日本にオリンピックを招致した人物が田畑政治である。1964年には，ついに（　か　）でオリンピックが開催《かいさい》されるはこびとなった。

問12. 文章中の（　お　）・（　か　）にあてはまる語句をそれぞれ答えなさい。

問13. 下線（ｉ）について，文明開化と関係のないものを，次から選び，記号で答えなさい。

ア．ガス灯　　イ．馬車　　ウ．レンガ造り　　エ．ラジオ放送

3 次の会話文を読んで，問いに答えなさい。

先　　生：「2023年は外交の年でしたね。」

タ ダ シ：「そうですね。なんといっても，日本はＧ７サミットの議長国。テレビでもよく見る国のリーダーたちが広島に勢ぞろいしたのはすごかったな。」

ヨ シ コ：「この時のＧ７のリーダーは，（ａ）日本の岸田《きしだ》首相に，アメリカのバイデン大統領，（　あ　）のスナク首相，ドイツのシュルツ首相，（　い　）のマクロン大統領，それから，イタリアのメローニ首相，カナダのトルドー首相の７人です。」

先　　生：「正解です。」

ヨ シ コ：「それから，〔注〕グローバルサウスの代表国である（　う　）のモディ首相に，予定になかったウクライナのゼレンスキー大統領も来たから，世界からも注目されたよね。」

先　　生：「（ｂ）核兵器《かくへいき》をめぐる情勢は深刻になるばかりです。そうしたなか，（ｃ）被爆地《ひばくち》の広島で，しかも，核保有国のリーダーたちも広島の平和祈念《きねん》資料館を訪れたことは意義があることです。」

ヨ シ コ：「ゼレンスキー大統領は，『世界中のどの国も，このような苦痛と破《は》壊《かい》を経験してはならない』と記帳したそうです。」

タ ダ シ：「核兵器のない世界になるといいのになあ。」

先　　生：「そうですね。さらに，日本は，2023年から（　え　）年まで国連の（　お　）の非常任理事国を務めるから，世界の平和について積極的に関われる立場です。」

ヨ シ コ：「日本は原子爆弾《ばくだん》の被害を受けた世界でただ一つの国として，核軍縮に向けて果たすべき役割は大きいですよね。」

〔注〕発展《はってん》途《と》上国《じょうこく》や新興国の総称《そうしょう》。

問１．文章中の（　あ　）～（　う　）に入る国について，次のヒントを参考にそれぞれ答えなさい。

- ●（　あ　）の国は，2023年にＴＰＰに加盟することが決まった。
- ●（　い　）の国は，2024年のオリンピック・パラリンピックの開催国である。
- ●（　う　）の国は，2023年に人口が世界一となった。

問２．文章中の（　え　）に入る年を西暦《せいれき》で答えなさい。

問３．文章中の（　お　）に入る国連の機関名を漢字７字で答えなさい。

問４．下線（ａ）について，日本の首相とアメリカの大統領の選ばれ方の違《ちが》いを説明しなさい。

問５．下線（ｂ）について，核兵器使用を防ぐための国連傘下の機関を次から選び，記号で答えなさい。

ア．NATO　　イ．WTO　　ウ．ＩAEA　　エ．WWF

問６．下線（ｃ）について，広島に原爆が投下されたのはいつですか，解答らんに合うように答えなさい。

【理　科】〈第２回試験〉（45分）〈満点：100点〉

1 電気について＜実験 1＞＜実験 2＞を行いました。以下の各問いに答えなさい。ただし，電池，導線，豆電球，電流計，電圧計，モーターは次のような記号で表すこととします。

電池　導線　豆電球　電流計　電圧計　モーター

＜実験 1＞

電池，導線，電流計を用いて回路を作りました。

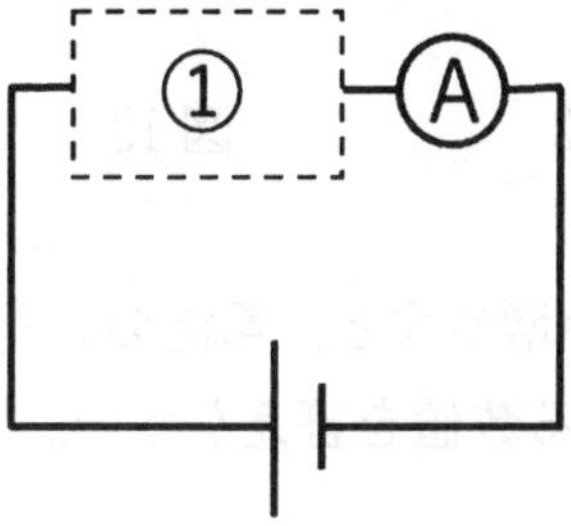

図 1

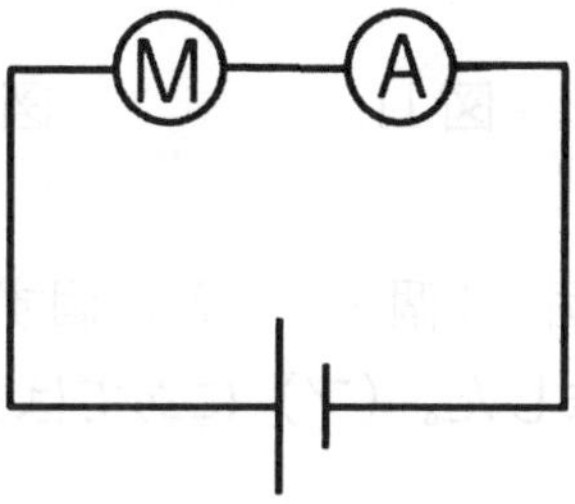

図 2

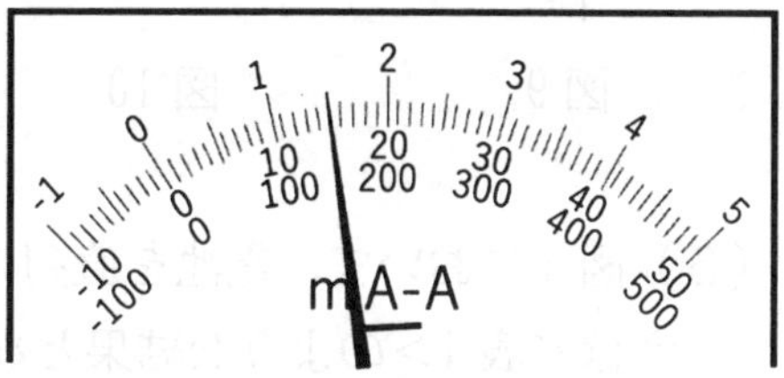

図 3

（1）電流の大きさが予想できないとき，電流計の 50mA，500mA，5A の－端子《たんし》のうち，最初につなぐものはどれですか。次の（ア）～（ウ）から 1 つ選び，記号で答えなさい。

（ア）50mA　　（イ）500mA　　（ウ）5A

（2）図 1 で①の部分にガラス，シャープペンシルのしん，金属のフォーク，ペットボトルを接続しました。このとき，電流が流れたものをすべて答えなさい。

（3）図 1 で①の部分にモーターを入れ，図 2 のような回路を作り，電流を流したところ，電流計の指針は図 3 のようになりました。このときの電流の大きさはいくらですか。ただし，電流計の－端子は 500mA を使用したものとします。

（4）図 2 の回路で電池を逆にすると，モーターの回転はどのようになりますか。次の（ア）～（ウ）から 1 つ選び，記号で答えなさい。

（ア）変わらない　　（イ）逆回転になる　　（ウ）止まる

＜実験2＞

電池，豆電球，電流計を導線でつなぎ，図4～13のような回路を作りました。

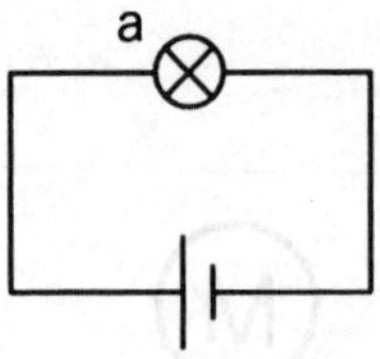

図4

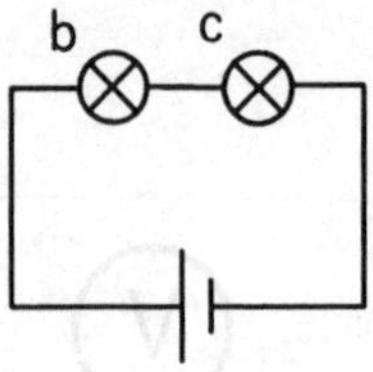

図5

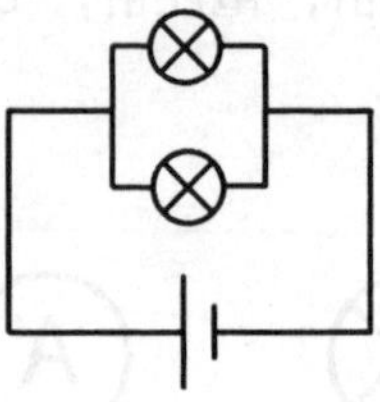
図6

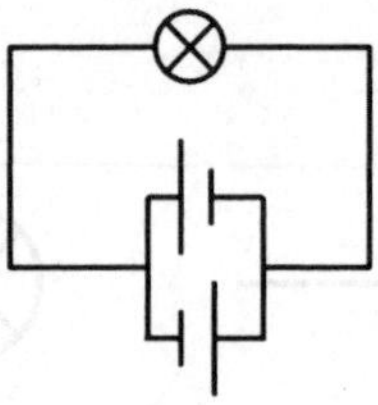
図7

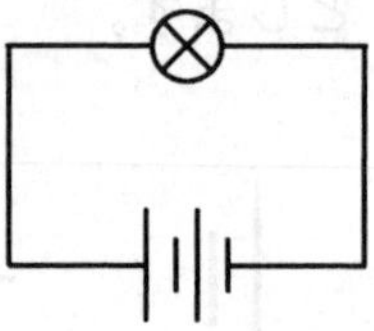
図8

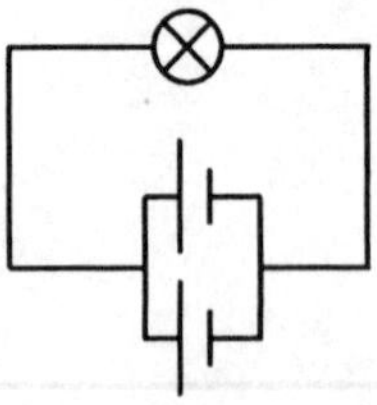
図9

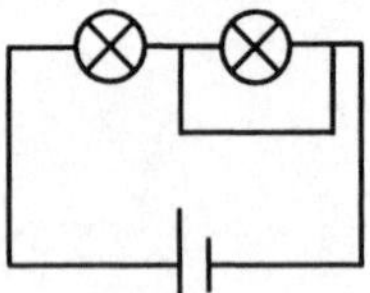
図10

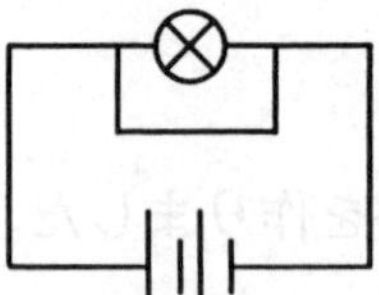
図11

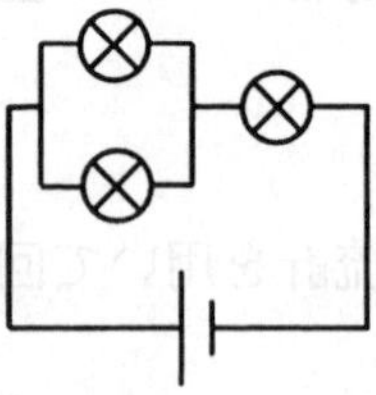
図12

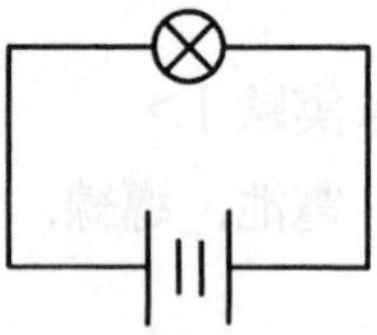
図13

(5) 図4において，電池を直列に2個，3個・・・と1個ずつ増やすと，電流の大きさは＜表1＞のような結果となりました。(ア) にあてはまる数値を答えなさい。

＜表1＞

電池の数〔個〕	1	2	3	4
電流の大きさ〔A〕	0.4	(ア)	1.2	1.6

(6) 図4において，豆電球を直列に2個，3個・・・と1個ずつ増やすと，電流の大きさは＜表2＞のような結果となりました。(イ) にあてはまる数値を答えなさい。割り切れない場合は小数第三位を四捨五入して答えなさい。

＜表2＞

豆電球の数〔個〕	1	2	3	4
電流の大きさ〔A〕	0.4	0.2	(イ)	0.1

(7) 図14のような回路を作りました。このとき，豆電球に流れる電流の大きさを答えなさい。

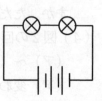

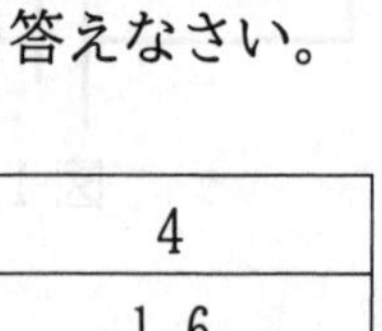
図14

(8) 図5のbの豆電球に加わる電圧を測定するとき，どのように電圧計をつなげればよいですか。回路図をかきなさい。

(9) 安全ではない回路はどれですか。図6～13の中からすべて選び，番号で答えなさい。

2 食塩・ホウ酸・水酸化ナトリウムについて次の＜実験＞を行いました。以下の各問いに答えなさい。ただし，それぞれの物質が 100g の水にとける量は＜表＞に示すとおりとします。

＜表＞水 100g にとける物質の量

温度	20 ℃	60 ℃
食塩	36g	37.5g
ホウ酸	4.7g	13g
水酸化ナトリウム	109g	174g

＜実験＞
①食塩を 30g はかり取り，20℃の水 100g に入れてよくかき混ぜた。
②ホウ酸を 20g はかり取り，20℃の水 200g に入れてよくかき混ぜた。
③水酸化ナトリウムを 50g はかり取り，20℃の水 300g に入れてよくかき混ぜた。

（1）＜実験＞を行ったとき，物質がすべてとけたものはどれですか。＜実験＞の①～③からすべて選び，番号で答えなさい。

（2）（1）で答えた液体のこさはどのようになっていますか。次の（ア）～（ウ）から1つ選び，記号で答えなさい。
　（ア）上の方がこくなっている。
　（イ）下の方がこくなっている。
　（ウ）どこをとってもこさは変わらない。

（3）＜実験＞を行ったとき，物質がすべてとけなかったものは，何 g とけ残っていると考えられますか。小数第一位までの数値で答えなさい。

（4）①～③の液体の上ずみを少量取り，緑色の BTB 液を加えたときのそれぞれの色を答えなさい。

（5）①～③の液体と同じ性質の水よう液の例を 1 つずつ書きなさい。

（6）食塩を 25g はかり取り，20℃の水 100g にとかした水よう液のこさは何％ですか。整数で答えなさい。

（7）60℃の水 200g に，ある量のホウ酸をとかしました。その水よう液を 20℃まで冷やしたところ，5.6g のホウ酸がとけきれずに出てきました。ある量のホウ酸は何 g だと考えられますか。整数で答えなさい。

3 カボチャを育て，＜観察＞を行いました。植物のからだのつくりやはたらきに関して，以下の各問いに答えなさい。

（1）カボチャの種をまく時期として，最も適切なものを，次の（ア）～（エ）から1つ選び，記号で答えなさい。

（ア）1月下じゅん　　（イ）4月中じゅん

（ウ）7月中じゅん　　（エ）9月はじめ

（2）カボチャの花にはめばなとおばながあります。カボチャのようにめばなとおばなをもつ植物を，次の（ア）～（カ）から2つ選び，記号で答えなさい。

（ア）アサガオ　　（イ）キュウリ　　（ウ）インゲンマメ

（エ）ジャガイモ　　（オ）ヘチマ　　（カ）トマト

（3）カボチャなどの作物をさいばいする農家では，ミツバチを飼っていることがあります。作物をさいばいする農家にとって，ミツバチはどのような役割を果たしているか，簡単に説明しなさい。

＜観察＞

写真のように，カボチャの花粉をけんび鏡で観察することにしました。おしべの先にセロハンテープをそっとつけ，スライドガラスの上に軽くはりつけ（①）を作成しました。

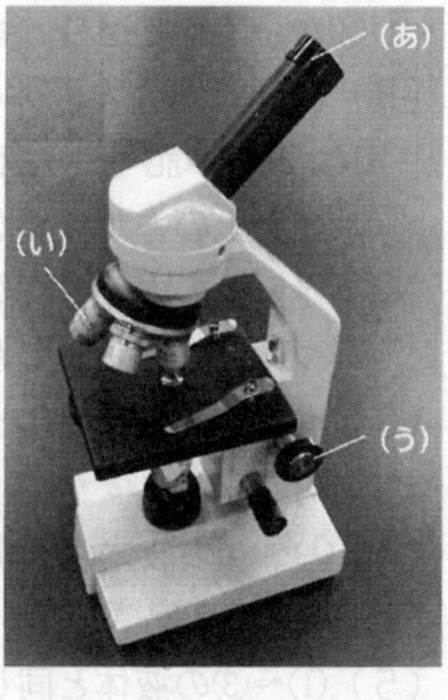

（4）文中の（①）にあてはまる適切な語句を答えなさい。

（5）右の写真に示したけんび鏡の各部（あ）～（う）の名前を答えなさい。

（6）けんび鏡でピント合わせをする際，観察したい（①）から（い）のレンズをはなすようにピント合わせをする理由を簡単に説明しなさい。

（7）カボチャの花粉の特ちょうを，次の（ア）～（エ）から2つ選び，記号で答えなさい。

（ア）表面にとげがある。　　（イ）表面はべたべたしている。

（ウ）表面はさらさらしている。　　（エ）空気のふくろをもっている。

4 地球とその環境に関する次の文章を読み，以下の各問いに答えなさい。

私たちが生活する地球は大気におおわれ，大気は生物にとって非常に重要なものである。地表から10〜16kmくらいの高さまでは，①雲ができたり風がふいたりする。その上にある成層圏《せいそうけん》は地表から50km程度の高さまでを指し，オゾンが多くふくまれているところをオゾン層という。

地表付近の大気で，②水蒸気や（A）などの気体は，太陽の光は通すが地表から外に出ていこうとする熱を吸収し，地表に向けてそれを放出するはたらきをもっている。このえいきょうで③地球の気温が少しずつ高くなってきている。成層圏にあるオゾンは太陽からの④ある光の一部を吸収する性質がある。しかし，最近ではオゾン層の一部がうすくなり⑤穴があいてしまい，人にとって大きな問題を引き起こす原因となっている。

生物にとって非常に重要な大気が少しずつ変化し，それにともなって世界の気候が大きく変わってきているといわれている。実際，世界各地で異常気象と呼ばれる現象が起こり，いろいろな災害を引き起こしている。これらの問題について世界全体でさまざまな対策をとって対応しているが，残された時間は限られている。

（1）地表付近の大気にふくまれる気体を，ふくまれる割合の多い順に2つ書きなさい。

（2）下線部①の「雲」において，そのできかたについて述べた文のうち，最も適切なものはどれですか。次の（ア）〜（エ）から1つ選び，記号で答えなさい。

（ア）上しょうした空気の中にふくまれている空気のつぶが大きくふくらんで雲になった。

（イ）上しょうした空気の中にふくまれている水のつぶがガスになり雲になった。

（ウ）上しょうした空気の中にふくまれている水蒸気が水のつぶになり雲になった。

（エ）上しょうした空気の中にふくまれるガスがあつまって大きくなり雲になった。

（3）下線部②のはたらきを何といいますか。

（4）（A）の気体は何ですか。

（5）水蒸気や（A）以外で，気温上しょうに関係する代表的な気体を1つ答えなさい。

（6）下線部④の光とは何ですか。

（7）下線部③のような現象が起こると，地球の食りょう問題に関してどのようなえいきょうが出てきますか。簡単に説明しなさい。

（8）下線部⑤の「穴があいた部分」を何といいますか。

（9）下線部⑤の「穴があいた部分」が大きくなることで，人の健康にどのようなえいきょうが出てきますか。簡単に説明しなさい。

（10）2023年11月に，ドバイで開かれた「国連気候変動枠組条約締約国会議」を何といいますか。アルファベット3文字で答えなさい。

【英　語(筆記)】〈第２回試験〉(35分)〈満点：リスニングと合わせて100点〉

〈編集部注：この試験は筆記のほかに10分のリスニングがあります。リスニングの問題は未公表につき掲載しておりません。〉

Ⅰ 各文の(　　)に入れるのに最も適切なものを，ＡからＤの中から１つ選び，記号を書きなさい。

1. Samuel is going on a (　　) to Australia with his family this winter.

A. step　**B.** trip　**C.** meeting　**D.** company

2. I have to write a (　　) about Abraham Lincoln for history class.

A. library　**B.** place　**C.** report　**D.** present

3. Lee: How was the concert last night?

Jen: It was really (　　). I enjoyed it a lot.

A. boring　**B.** fun　**C.** poor　**D.** favorite

4. I was able to get three (　　) for the baseball game. They're very good seats.

A. tickets　**B.** numbers　**C.** programs　**D.** pictures

5. Shinji studies art because he wants to be an artist in the (　　).

A. past　**B.** year　**C.** future　**D.** time

6. The teacher asked us to (　　) the following passage and answer the questions.

A. forget　**B.** imagine　**C.** read　**D.** sleep

7. I (　　) a strange noise last night.

A. touched　**B.** heard　**C.** hear　**D.** caught

8. Ken: Jane really (　　) like Kate. Are they sisters?

Tom: Yes. Kate is three years older than Jane.

A. comes　**B.** takes　**C.** gets　**D.** looks

9. The train will (　　) for Osaka at one o'clock this afternoon.

A. go　**B.** leave　**C.** become　**D.** keep

10. Please don't forget to (　　) your shoes before entering the house.

A. take off　**B.** take over　**C.** take out　**D.** take up

11. Mr. Stevens asked the students to (　　　) their essays by the end of the week.

A. look into　　**B.** turn over　　**C.** get off　　**D.** hand in

12. Andy enjoys (　　　) his uncle in the garden on Sundays.

A. help　　**B.** helped　　**C.** helping　　**D.** helps

13. Ray: When did you go to Hiroshima, Meg?

Meg: I went there six months (　　　).

A. ago　　**B.** before　　**C.** around　　**D.** late

14. What time (　　　) to bed last night?

A. you go　　**B.** did you go　　**C.** you went　　**D.** went you

15. Wine is made (　　　) grapes.

A. of　　**B.** at　　**C.** from　　**D.** in

II　各文の(　　　)に入れるのに最も適切なものを，A から D の中から１つ選び，記号を書きなさい。

1. Joy: I forgot my pencil. (　　　)

Kim: Sure. Here you are.

A. You don't have pencils.
B. Do you know where my pencil is?
C. Can I borrow yours?
D. I cannot believe that.

2. Josh: What does your father do?

Mary: (　　　)

A. He is washing some dishes.
B. He was born in America.
C. He is a doctor.
D. He isn't at home now.

3. Ms.Smith: Why are you late to school today?

John: I missed the bus. So, (　　)

A. I had to walk.
B. I cannot go to school today.
C. I don't know the reason.
D. I live in Tokyo.

4. Ken: How often do you go to the gym?

Lucy: (　　)

A. I'm ready to go.
B. I'm happy to go there with you.
C. I go three times a week.
D. I think the gym is so nice.

5. Sam: I'm going to the store. (　　)

Mom: Yes, can you buy some apples?

A. Will you come with me?
B. Do you know where the store is?
C. Do you need anything?
D. Can you make a cake?

6. Pat: Excuse me, what time is it?

Ian: (　　)

Pat: Thank you. I forgot to bring my watch.

A. It's 2 kilometers away.
B. It's around the corner.
C. It's 2 o'clock.
D. It's a blue shirt.

7. Cal: What's your favorite sport?
Abe: (　　　)
Cal: I have never played it. Can you teach me?

A. Yes, but I'm not very good.
B. I play tennis.
C. I play every Tuesday.
D. I don't know how to play it.

8. Joy: Can you recommend a good restaurant in this area?
Sam: (　　　)
Joy: Thank you! I'll go there.

A. Mexican or Chinese?
B. Yes, I can. There's a nice Italian restaurant on Main Street.
C. I love French food.
D. For here, or to go?

9. Tim: How was the movie last night?
Mac: (　　　)
Tim: Really? I will definitely watch it!

A. I love popcorn!
B. It was great! I really enjoyed it.
C. Tickets were sold out.
D. I didn't watch it.

10. Wes: Are you busy this weekend?
Pam: (　　　)
Wes: We are going to go to Tokyo Magic Land. Do you want to join?

A. Next Thursday at 5 PM.
B. No, I have no plans. What's up?
C. No, sorry. I can't.
D. I watched a movie last night.

III 次の各問の答えとして最も適切なものを，AからDの中から1つ選び，記号を書きなさい。

以下は動物園のチケットについての掲示です。

Welcome to Musashino City Zoo!

Opening hours: 9:00 AM - 6:00 PM

(Ticket office closes at 5:30 PM)

Admission

	Single	Group (10 tickets or more)
Under 5 years old	Free	Free
6 - 14 years old	$5.00	$4.50
15 - 64 years old	$6.00	$5.50
Over 65 years old	$7.00	$6.50

*Contact (000)-981-999 if you have any questions.

1. How much is the fee for a fourteen-year-old boy that's in a group of 10?

A. Three dollars.
B. Four dollars and fifty cents.
C. Five dollars.
D. Six dollars.

2. People have to buy tickets (　　　)

A. online.
B. by 5:30 PM.
C. at 9:00 AM.
D. by 6:00 PM.

以下はKentaとHarryのメールのやり取りです。

From: Kenta Omori

To: Harry Stevens

Date: 13:25, August 12, 2023

Subject: Sharing a Delicious Treat

Hi Harry,

I hope you're well. I have some good news! During my summer vacation, I bought this amazing custard pudding in Kanagawa. The store's name is "MELLOW", and it's famous on social media! I wanted you to try some, so I bought an extra pudding for you. I'm a little worried about taking them on the train with me because the shop keeper said to keep it chilled, but it should be okay.

Please tell me a good time for me to visit you. Looking forward to catching up!

Take care,

Kenta

From: Harry Stevens

To: Kenta Omori

Date: 13:48, August 12, 2023

Subject: Re: Sharing a Delicious Treat

Hey Kenta,

I'm excited to hear about the custard puddings. Actually, I have always wanted to try it because I know the shop, but I have never been there. Tuesday afternoon works well for me. However, it's quite a long train ride and the weather will be hot that day. Do you think the pudding will be okay? If you think it's fine, how about you come over around 4 PM on Tuesday?

Looking forward to seeing you and enjoying the pudding together!

Best regards,

Harry

From: Kenta Omori

To: Harry Stevens

Date: 14:10, August 12, 2023

Subject: Re:Re: Sharing a Delicious Treat

Hi Harry,

Thanks for your message. Don't worry about that. I will bring my cooler bag and keep them in it. Also, I can't see you at 4 PM because I have tennis practice on Tuesday and Friday. But, after my club activity finishes, I will go to your house. I may keep you waiting for one hour. I'm sorry.

See you soon,

Kenta

3. Why does Kenta want to meet Harry?

A. Because he has club activities.

B. Because he went to Kanagawa.

C. Because he wants to give him sweets.

D. Because he wants to eat sweets by himself.

4. What is Kenta worried about?

A. The pudding might freeze.

B. The pudding may get warm.

C. He can't go to the pudding shop.

D. Harry doesn't like pudding.

5. What time will they meet?

A. Tuesday at 2 PM.

B. Tuesday at 3 PM.

C. Tuesday at 4 PM.

D. Tuesday at 5 PM.

以下は引っ越したばかりの少年についての文章です。

A New Beginning

There was a boy from Japan who moved to Canada. He went to a new school there. On his first day, he felt excited and a little nervous. The teacher introduced him to his classmates. He said hello with a bow, like they do in Japan. Some classmates smiled back at him.

In class, he tried his best even though English was hard. His teacher and classmates were nice and helped him. At lunch, he opened his lunch box filled with Japanese food. Some friends asked about it, and he told them. They tried some, and they all laughed and talked.

When the school day ended, the boy felt happy. He knew he could do well in his new school. He was excited to start his new life in Canada and make new friends.

6. Where did the boy move from, and where did he move to?

A. He moved from Canada to Japan.
B. He moved from Japan to Australia.
C. He moved from Japan to Canada.
D. He moved from Australia to Japan.

7. What did the boy do when his teacher introduced him to his classmates?

A. He said hello with a bow.
B. He shared his lunch.
C. He ran away from the classroom.
D. He started crying loudly.

8. How did his classmates react to his introduction?

A. They laughed at him.
B. They smiled at him.
C. They had no reaction.
D. They started clapping.

9. **Why did the boy's classmates gather around him during lunchtime?**

A. **They wanted to take his lunchbox.**
B. **They wanted to tell him to go away.**
C. **They were interested in his Japanese food.**
D. **They wanted to play a game.**

10. **How did the boy feel at the end of his first day at the new school?**

A. **He felt angry and frustrated.**
B. **He felt sad and lonely.**
C. **He felt tired and sleepy.**
D. **He felt happy and excited.**

【国　語】〈第二回試験〉

（四五分）　〈満点：一〇〇点〉

一　次の問いに答えなさい。

問一、——線の漢字の読み方をひらがなで答えなさい。

① いわれなき迫害に対して激しい憎悪を燃やす。
② 煮物の味付けは塩梅が難しい。
③ 青春は束の間に過ぎる。
④ 昨今の健康志向の高まりにより、スポーツジムがにぎわう。
⑤ 今日は運動するのに相応しい気候だ。

問二、——線のカタカナを漢字に直しなさい。

① 鼻水は風邪のテンケイ的な症状だ。
② 海上ではセンシュに立つと危険である。
③ 研究開発のコウセキをたたえる。
④ ヒタイから汗が流れ落ちる。
⑤ キャプテンとしてチームをヒキいて戦った。

二　次の文章は天沢夏月《あまさわなつき》の小説『ヨンケイ!!』の一節である。「俺」は同じ高校出身で、リレーの二走を走っていた「兄」に憧《あこが》れていた。「俺」はリレーの二走を走れない不満を他の部員にぶつけ、二週間、部活動に出入り禁止（出禁）になる。出禁中に女子部員の酒井から「兄」を追い続けていて自分の成長に気づいていないといった指摘を受ける。その後、「俺」は東京から帰省してきた兄と星を見に行く。以下はそれに続く場面である。これを読んで、後の問いに答えなさい。

　星を見に行こう、と兄が言った。翌日に出禁が解除される、二月中旬の日曜日のことだった。

「星なんか見飽きてるよ」

「まあそう言うなよ。俺は久々なの」

　兄はニコニコしている。

「ここ二週間毎日眺めてたじゃん」

「外で見たくてさ。赤禿《あかっぱげ》まで行こう」

　気乗りしなかったけど、兄がニコニコ顔を崩さないので、俺は仕方なく重い腰を上げた。

「走るか」

　チャリもあるけど、兄がそう言うんで走ることになった。少し寒いけど、走ってればすぐ暑くなるだろうし、ジャージは羽織《はお》らずにランニングシューズだけつっかけて外に出る。

「最近走ってんの？」

　俺が訊《たず》ねると、屈伸《くっしん》していた兄は「あんまり」とかぶりを振った。

「こう見えて大学生って忙しくてね。そろそろ進路も考えなきゃだし」

　兄は大学三年生だ。春には四年になる。

「どうすんの？　就職？」

「どうだろうなあ。研究続けるなら院だけど、また試験勉強しなきゃだし」

　兄は笑いながら靴紐《くつひも》を締め直して、立ち上がった。

「行くか」

　兄が俺を促《うなが》す。兄は前を走らないのだと突然思い出し、俺はゆっくり走り出した。

　うちは元町という、大島で一番にぎやかな界隈《かいわい》にある。大島の人口の三割はそこに集中していて、渚台《なぎさだい》高校の生徒も概《おおむ》ね元町在住だ。そこから島北端の野田浜《のだはま》へ向かう海沿いの道は〝サンセットパームライン〟と呼ばれていて、サイクリングロードとして有名な一方で、昔から俺のランニングコースにもなっている。距離にして五キロほど、ちょうど大島空港の西側を走る形になり、たまにヘリや飛行機の離着陸が見えたりもする。さすがに毎回野田浜までは行かないけど、高低差が大きい赤禿あたりで折り返して戻ると往復で五キロくらいになる。ほとんど人とすれ違わないし、信号や車も気にせず走れて気持ちのいい道だ。

その名を表すかのように、申し訳程度にぽつぽつとヤシの木が植わった道は、日暮れ時には茜《あかね》色に染まる。夏だと、空と海に挟まれた青い水平線上に、真っ白な雲が浮かんで、それを見ているだけでなんだか胸がむくむくと膨らんでいくような、大きな気持ちになる。この季節は空気が冷たくて、澄《す》んでいて、空が高い分、自分が小さくなったように感じる。

ペースはあまり加減しなかったが、兄の足音は一定の間隔を空けてずっとついてきた。

風と、二人分の足音と息遣《づか》い。

昔はよくこの道を兄と一緒に走ったっけ。

俺は兄の背中をあまり覚えていない。

小さい頃はそうでもなかったけど、いつしか俺の方が速くなった。兄は、持久力がなかった。短距離じゃ敵わないけど、長距離ランニングすると先にバテるのはいつも兄だった。だから兄は、常に俺の後ろを走っていた……。

無意識に、いつもよりハイペースだったようだ。

少しずつ息が上がってくる。それでも俺は意地になってそのスピードを維持する。

都心よりは暖かいと兄は言うけど、二月の風は肌をきりきりと刺《さ》す。

人気《ひとけ》のないサンセットパームラインはほとんど街灯もなく、真っ暗だ。ネックライトの明かりは少し頼りない。

ただ、その分星空は綺麗《きれい》だ。

俺はこの星空しか知らない。

大島の空、ってわけじゃないんだ。池袋から見たって、空は空だ。池袋では見えないものが、ここでは見えるというだけ。

だけどきっと、俺が見ている空と、兄が見ている空は違う。

①俺は兄とはチガウ。

海の向こうに陸地の影が見える。大島は、伊豆半島から三十キロも離れていない。だけど遠い。俺にとっては、夏の蒼空《あおぞら》みたいに遠い場所だ。不意にどす黒い思いが胸のあたりからドロドロとあふれ出して、足に絡《から》まって、苦しくなる。

赤禿が近づいてきた。はっきりは見えないけど、距離感でわかる。注スコリアの影でわかる。水平線には伊豆半島の明かりが見えている。展望台で立ち止まると、少しして兄も追いついてきて、止まった。肩で息をしている。汗だくだ。「兄への A労りが足りねえ……」とかぼやいているけど、無視。

「ああ。すげえ」

兄がつぶやくように言った。

その感慨《かんがい》に満ちた言葉は、ここ以外の星空を知っている人間のものだ。俺にはその「すげえ」はよくわからない。俺はこの空しか知らない。

「星を勉強したいって島出たのにさ、島の方がよっぽど星に近いんだから皮肉だよな」

「都心の空って、そんなに暗いの？」

「おお、オリオン座がかろうじて見えるくらいだよ」

ここだって、星の数が多過ぎて逆にオリオン座なんかわからない。俺が星に興味なさ過ぎるだけかもしれないけど。
　夏になると、天の川が見えることがあるんだ。それだけはなんかすげえって思う。なんだかすごいものを見てるんだ、って思う。でも普段の星空は、遠くに見える伊豆半島の、無数の光とあんまり変わらない。少なくとも、俺にとっては……。
「おまえさ、リレーどうなの」
　急にきたな、と思った。
　朝月《あさつき》先輩と会ったのかもしれない。あるいはメールか。電話か。なんだって同じだ。何も言ってないけど、部活に出てないことはバレてるはずだ。
「別にどうでもいいよ、リレーなんか。俺の専門は200だし」
②また言ってる……と自分で嫌になる。
「二走は雨夜《あまや》くんでしょ。彼、速いよね。ちゃんと渡ってる?」
「渡ってるよ。ちゃんと渡してる」
　俺はいらいらと答える。兄が雨夜の名前を出すことにいらいらする。やはり朝月先輩と話したな。俺は自分が一走であることは言ったが、それ以外の走順については伝えていない。
「昔さ、俺、金守《かなもり》と仲悪かったのよ。なのに一走と二走になっちまってさ」
　突然なんだよ、と思う。金守さん……兄の現役時代、リレーで一走を走っていた人だ。何度も会ったことがあるわけじゃないけど、兄と仲がいいのは知っている。確か宇宙工学とか、そっち系で、将来はNASAだかJAXAだかを目指してるって。ロケットが好きなんだ。星好きの兄の同類。元々仲が悪かったなんて話は、初めて聞いたけど。
「でもあるときふっと、パズルのピースみたいに綺麗にハマった瞬間があったんだよね」
「ハマった瞬間?」
　脳裏《のうり》を雨夜の顔がよぎる。俺は頭を振ってそれを追い出す。
「一走のおもしろさは、ロケットを飛ばすことだなんて言ってたな」
　兄は懐かしそうに笑ってるけど、俺はまったく意味がわからない。
「つまり、あいつにとっては二走がロケットだったわけよ。俺に初めて綺麗にバトンが渡ったとき、あ打ち上げ成功だって思ったらしい。あいつがロケット馬鹿だってことも、そのとき初めて知った。そこからぐんぐんタイムが伸びたんだから、それこそ馬鹿みたいな話だけど」
「……一走はブースターだって言いたいわけ?」
　ロケットの打ち上げ《ブラスト・オフ》に際し、カウントダウン・ゼロの瞬間に派手に火を噴くブースターは、ロケットという特大質量を遥か宇宙へ飛ばすために必要となる莫大《ばくだい》な推進力を補助するための装置——以前金守さんが言っていたっけな。その多くは燃料を使い果たした後、本体から切り離され投棄《とうき》される。どこまでも本命の前座ってワケだ。
「リレーってさ、③不思議な競技だよな」
　人の話を聞いているのか聞いていないのか、兄はのんきな口調で話を続けた。
「四人のベストタイムの合計より、リレーのタイムの方がよかったりする。つまり、バトンで縮んでるわけだ。個人競技が多い陸上の中でさ、そういうチームワークが結果に直結する競技は珍《めずら》しいよな」
　俺はB鼻を鳴らす。
「純粋な走力の勝負じゃないって意味じゃ、邪道《じゃどう》でしよ」

「まあ、陸上ってそういうとこあるからな。己の身一つ、その力を限界まで振り絞って戦うだけに、一切言い訳がきかない。注サーフェスのコンディションとか、風とかはあるだろうけど」

「でもリレーは、バトンっていう言い訳が入る余地がある。それがつまんねえ」

俺は吐き捨てるように言う。なんでこんなにリレーをけなしたいんだろうな。

「かもな。でもさ、俺はサトセンが④今のおまえらにリレーやらせたい気持ち、なんとなくわかるよ」

と、兄は笑った。サトセンが、リレーをやらせたい理由？

「ただバトンを繋《つな》げばいいだけじゃないんだ」

真っ暗だけど、兄の目はうっすら見える。大島の星空が映り込んで、兄の目の中にプラネタリウムがあるみたいだ。ずっと星を追いかけている兄の目だから、そう見えるのだろうか。俺の目には兄が映っている。今も昔も……。酒井に言われたことをふっと思い出し、頭を振る。

「綺麗に、スムーズに、無駄なく渡そうと思ったら、結局お互《たが》いのことちゃんと知るしかない。そいつのくせとか、性格とか、その日の調子とか……そういうの全部わかってて、初めて完璧なバトンパスができるんだ。そいつのこと、なんも知らなくて、本気のバトンなんか渡せねえよ。チームメイトのこと知らずに、本物のリレーなんかできねえよ」

穏やかだけど、強い調子だった。あの頃を思い出したように、遠くを見ている目だった。だけど、俺を見ている目だ。俺の中の、何かを見透かしている目だ。

⑤エースの前座。そんな気持ちで一走を走ってたら、きっと雨夜というロケットは飛ばない。頭のどこかじゃわかってる。けど、それがなんだって言うんだ。

「いいよ別に。本物のリレーなんか……」

「そうか？」

⑥なぜか兄はニコニコして言った。顔は見えなかっただけど、ニコニコしていると思った。

海から夜風が吹いてくる。「あー、やっぱ気持ちいいな」と、兄が笑い出す。

「この島にいるとき、無性に走りてえって思うんだ。なんでだろうね？」

「さあ……」

と言ったけど、それは、少しわかる。

いや、かなり、わかる。

兄の背を追ってこの道を走り続けた幼き日の気持ちを、俺はもうよく思い出せない。

だけど、わかるような気がする。

わかるから今日、俺はここまで走ってきたのだと思う。

今日までずっと、走ってきたのだと思う。

（天沢夏月『ヨンケイ!!』ポプラ社）

※スコリア…火山砕屑《さいせつ》物（火砕《かさい》物）。噴火により火口から噴出された溶岩流を除く噴出物の総称《そうしょう》。

※サーフェス…地表。

問一、━━線A・Bの語句の文中での意味として、最も適切なものを次のア～オの中から選び、それぞれ記号で答えなさい。

A　労《いたわ》り

ア、はげますこと

イ、ほめること
ウ、感謝すること
エ、なぐさめること
オ、思いやること

B　鼻を鳴らす
ア、不満に思っている
イ、得意になっている
ウ、ねだっている
エ、甘えている
オ、すねている

問二、――線①「俺は兄とはチガウ」とありますが、その表現上の説明として、最も適切なものを次のア～オの中から選び、記号で答えなさい。

ア、「俺」は「兄」が卒業した陸上部で活動しているが、「チガウ」とカタカナで表すことで、「兄」とは将来の進路が違うことを強調している。
イ、「俺」は「兄」と同じ大島で生まれたが、「チガウ」とカタカナで表すことで、「兄」とは育った環境が違うことを強調している。
ウ、「俺」は「兄」と同じ大島で生まれたが、「チガウ」とカタカナで表すことで、「兄」とは現在住んでいる場所が違うことを強調している。
エ、「俺」は「兄」が卒業した陸上部で活動しているが、「チガウ」とカタカナで表すことで、「兄」とは物事の見方が違うことを強調している。
オ、「俺」は「兄」が卒業した陸上部で活動しているが、「チガウ」とカタカナで表すことで、「兄」とは性格が違うことを強調している。

問三、――線②「また言ってる……と自分で嫌になる」とありますが、この時の「俺」にとって嫌なことは何ですか。最も適切なものを次のア～オの中から選び、記号で答えなさい。

ア、リレーの知識が全くなく、その上部活動に出禁なのにリレーの状況を聞いてくる「兄」に嫌気がさしている自分。
イ、エースであるリレーの二走を走りたいが、自分にはその実力がないことを十分に理解してひかえめな態度をとっている自分。
ウ、リレーの二走を走れないのは自分の実力不足ではなく、普段《ふだん》専門にしている距離が違うから仕方がないと言い訳している自分。
エ、部活動に出禁になった身ではあるが、優しい「兄」にそのことで心配をかけないための嘘《うそ》をとっさについてしまう自分。
オ、「兄」に憧れて陸上にはげんでいたが、そのような「俺」のことよりもチームの方を気にかける「兄」に腹を立てている自分。

問四、――線③「不思議な競技」とありますが、なぜ「不思議」なのですか。その理由を説明した次の文の A 、 B の解答欄《らん》に合う言葉を文中より探し、それぞれ指定された字数で抜き出しなさい。（句読点や記号を含む場合は、一字に数えます）

A（八字） ではなく、 B（十六字） だから。

問五、――線④「今のおまえら」とありますが、「俺」のチームはどのような様子ですか。七十字以内でわかりやすく説明しなさい。（句読点や記号を含む場合は、一字に数えます）

問六、――線⑤「エースの前座」とありますが、「俺」はリレーの一走を走ることを、どのように考えていますか。その説明として、最も適切なものを次のア～オの中から選び、記号で答えなさい。

ア、憧れていた「兄」のようなエースにはなれないが、そんな「兄」がかつて走っていた一走の前を走ることができることに不思議と興奮している。

イ、自分がエースを引き立てるために走るようでは納得はいかないが、自分が真剣に走らないとエースを活かすことができないことも理解している。

ウ、リレーのエースである一走を走りたいという思いは強く、自分がよいバトンを渡したところで、憧れである「兄」のようにはなれないとあきらめている。

エ、一走を走る雨夜を活かすためには自分の走りやバトン渡しが重要なことを理解し、練習で実践するために早く部活の出禁を解除してほしいと願っている。

オ、リレーの一走が大切な役割を担っていることは理解したが、普段専門としている種目が200なので自分にその役割が全うできるか不安を感じている。

問七、――線⑥「なぜか兄はニコニコして言った」とありますが、それはなぜですか。その理由の説明として、最も適切なものを次のア～オの中から選び、記号で答えなさい。

ア、弟である「俺」が自分のことを尊敬し、ここまで陸上をがんばってきたことを知り微笑《ほほえ》ましかったから。

イ、久々に帰省をし、自分と同じ陸上部に入部してくれた「俺」と一緒に走ることができたから。

ウ、池袋からでは見ることのできない星空を久しぶりに見ることができ、懐かしい気持ちになったから。

エ、リレーで学んだ大事なことを弟である「俺」も気づき始めたことを察し、うれしかったから。

オ、最近は研究が忙しくて全然運動していなかったが、何とか走り切ることができてほっとしているから。

三　次の文章を読んで、後の問いに答えなさい。

常に、①具体的なものを提案するということを、自分のミッションとして生活していると、思考力が深まっていくという利点があります。

議論をすることも大切ですが、具体的なものが何か提案されなければ、話し合いは深まっていきません。やはり、提案する力、具体化する力こそが、話を深くしていく原動力なのです。

会議の場はもちろん、ちょっとした雑談や相談事においても、何かの案が求められるような場面では、常に、「具体的にはどうしたらいいの?」「何か具案を出してください」、「具体的なエピソードはないですか？」と自分が問われているつもりで過ごしてみてください。

すると、まず、本質をつかむ能力が鍛《きた》えられてきます。第2章でも述べましたが、本質をつかむということは深い話をする大事な条件でした。その本質把握《はあく》力が向上していきます。

たとえば、何かのトラブルについて相談されたとしましょう。その話を、

「それはたいへんだったね」

とA傾聴することも、話し手に寄り添《そ》うという意味ではとても意味のあることだと思います。

話している人は、困難な状況を聞いてもらうだけでも気持ちが楽になるということがあるはずです。

ただ、相手が聞いてもらいたいだけではなく、なんらかの解決策も必要としているような場合は、話に耳を傾けるだけではなく、具体的な対処案を提示しようと努力することにも意味があります。

常に具体的なものを提示しようと自分に課していれば、そのようなときに、「たいへんだったね」と慰《なぐさ》めるだけで会話は終わりません。なんらかのアドバイスを提示するために、頭はフル回転で思考することになります。

的確なアドバイスをするためには、まず、そのトラブルの本質をつかまなければなりません。いろいろな要素がからみ合うなかで、解決すべき本質がなんなのか。そしてそのために、どこから優先的に対処するべきなのか。

そこがわかってこそ、具体的に、「このようにしたらどうでしょう」と解決策を明示できるのです。

つまり、具体案を出そうとすれば、自然と事の本質をつかまなければならず、その把握力が鍛えられるのです。

これはトラブル解決の場合だけではなく、一般的な何かのアイデアを求められる場でも同じです。そのアイデアが求められている理由や本質がつかめないと、ピントはずれの提案になってしまいます。

業務改善案、売り上げ倍増案、コストカット案など、その目的に合わせて、背景にある本質の部分までつかんでいないと、B的を射た提案にはならないはずです。

②雑談においても、「具体的」を心がけることは重要です。

よく、久しぶりに会った知り合いから、

「最近どうですか？」

という問いかけがありますが、このようなときも、常に具体的なものを提示しようと自分に課していると、

「はい、元気にやってますよ」

などという[X]とした答えでは終わらないでしょう。

「最近どうですか？」という問いの本質は、「あなたの近況を説明する何か面白いエピソードはないですか？」という意味でもあります。

その本質の部分をくみ取って、相手が興味をもってくれそうな近況エピソードを頭をフルに使って用意できればコミュニケーションとしては大成功です。

「元気にやってますよ。今年の春から○○をやっていて、最近では……」

などと相手が食いつくようなエピソードを話せれば、会話は深くなり、互いの距離も近くなります。

このように常に、具体的に提示する、具体

すということを自分に課していると、本質をつかまなければならず、自然と本質把握力が上がっていきます。

また、本質を把握し、それに対応して具体案をつくるという作業は、あなたの思考自体もどんどん深くしていくことになります。

みなさんも常に、提案すること、具体化することを自分に課して生活をしてみてください。それが習慣化されると、あなたの思考は深まり、話も自然に上っ面だけのものではなく、深いものになっていくはずです。

私たち教育関係者が使う言葉に、「発問」という言葉があります。これは、授業で重要になる問いかけ、授業を進行するうえで柱になるような問いかけのことを意味しています。

一方、質問とは、「この本をどこで買いましたか？」「コロンブスが新大陸を発見したのは西暦《せいれき》何年ですか？」といったようなもので、明確なひとつの答えがある問いかけになります。たとえば、本を買ったのは「駅前の書店」、コロンブスの新大陸発見は「１４９２年」と知っている人なら即答《そくとう》できます。

しかし、発問とは、この章の前半で述べた「『で、どうしたでしょう？』という問題をつくるとしたら、思い出す経験はなんですか？」といったような問いかけになります。

つまり、すぐに答えられるようなものではなく、相手に頭をフル稼働《かどう》させるような問いかけになります。

「自分にもそんな経験がなかったかなあ」と、一生懸命、記憶《きおく》をたどったり、思考をしないと答えられないような問いかけです。

この発問を上手に使えるようになると、思考をより深めていくことができるようになります。

たとえば、アイデアを出すための会議などで、なかなか新しい案が出ず、行き詰まってしまうことがあります。

そのようなときに、

「思い切ってここからは、ターゲットを60代の人に絞《しぼ》って考えてみませんか？」

といったふうな問いかけをしたとしましょう。

すると、ちょっと目先が変わることで、それまで停滞《ていたい》していたアイデア出しが再スタートして、新たな発想が生まれるということがあるものです。

このような問いかけは、③まさに発問といえます。

私はＮＨＫ　Ｅテレの番組『にほんごであそぼ』の総合指導として制作にかかわっていますが、そこでも企画《きかく》を出すための会議があります。そのような場で、

「一度、日本を外して考えてみませんか？」

などと言われたら、

「それなら思いきって宇宙を舞台《ぶたい》にしましょう」

といった意外性のある案も出るかもしれません。

このように、聞き手に対して思考を促し、発想の転換《てんかん》をもたらすのが、発問になります。

「なんでもいいから案を考えてください」「とにかくいいアイデアを出してください」と言われても、なかなか考えづらいという面があります。

しかし、「ターゲットを絞って考えてみる」「とにかく人手のかからない方法を考えてみる」……などのように、なんらかの条件設定をして「縛《しば》りをかける」と思考が深まっていきやすいのです。

このような思考のきっかけとなるような発問がうまく使えると、話し合いの場などでも、出席している人たちの思考を深い方向へと導いていくことができます。

組織の管理者であれば、ミーティングや日ごろのコミュニケーションなどでも発問力を駆使《くし》して、個々のメンバーの思考力を引き出し、チーム力を最大に伸《の》ばすことができるはずです。

また、自分自身の意見を深めたいという場合でも、もちろん発問は使えます。

アイデアを考えていて行き詰まってしまったら、「ここからは売り上げアップという点に絞って考えてみよう」「もう少し長い３年スパンで利益を考えてみよう」などと、新たな思考を促す発問を考えて、自問すればいいのです。

ただ、いい発問をつくることも練習をしないとなかなか難しいものです。④思考を促し、考えを深くしていく発問には条件があります。

そういった問いかけには、これまでの発想の転換となるような切り口があるものです。いままでの前提となっているものを洗い出し、それらをあえて外すような問いかけをつくるようにしてください。

新たな視点から考えられたアイデアは、そのままでは使えないこともありますが、そこから得たヒントは、現実のアイデアに生かせることが多いものです。

新たな思考のきっかけとなるような発問を考えられるようになると、自分や、まわりの人の考えを深めていくことができます。

（齋藤孝『いつも「話が浅い」人、なぜか「話が深い」人』　詩想社）

問一、――線Ａ・Ｂの語句の文中での意味として、最も適切なものを次のア～オの中から選び、記号で答えなさい。

Ａ　傾聴《けいちょう》

ア、注意深く熱心に聞くこと
イ、リラックスして聞くこと
ウ、自分の経験と重ねて聞くこと
エ、相手の目を見ずに聞くこと
オ、素直な気持ちで聞くこと

Ｂ　的を射た

ア、珍しいアイデアである
イ、複雑な思考で組み立てられた
ウ、聞き手の好みに合わせた
エ、実現することが期待できる
オ、物事の要点を正確に捉えた

問二、――線①「具体的なものを提案する」とありますが、そのために必要なことは何ですか。最も適切なものを次のア～オの中から選び、記号で答えなさい。

ア、話し手が聞いてもらいたいだけなのか、解決策を必要としているのか見分けること。
イ、日常会話の中で常に自分が問われているつもりで過ごし、相手に寄り添《そ》うこと。
ウ、からみ合う要素のなかで解決すべき本質をつかみ、対処する順番を見極めること。
エ、話し手の困難な状況を聞き、頭をフル回転で思考してアドバイスを与えること。
オ、目的に合わせてどこから対処するべきかを考え、納得がいくまで議論をすること。

問三、――線②「雑談においても、『具体的』を心がけることは重要です」とありますが、それはなぜですか。その理由の説明として、最も適切なものを次のア～オの中から選び、記号で答えなさい。

ア、具体的な話題を提供することで、話の本質となる部分に迫ることにつながり、相手の悩みを解決することができるから。
イ、具体的な話題を提供することで、相手の興味を知ることができるため、会話がはずんで相手に良い印象を与えることができるから。
ウ、具体的な話題を提供することで、本質把握力が鍛えられるだけでなく、会話が進展して相手との親交を深めることにもつながるから。
エ、具体的な話題を提供することで、自らの近況を相手に積極的に明かすので、表面上の会話をする必要がなくなるから。
オ、具体的な話題を提供することで、相手の経験と照らし合わせて思考の整理をうながすため、頭の回転が速くなるから。

問四、［X］にはどのような言葉が入りますか。最も適切なものを次のア～オの中から選び、記号で答えなさい。

ア、歴然　イ、呆然《ぼうぜん》　ウ、平然
エ、漠然《ばくぜん》　オ、偶然《ぐうぜん》

問五、――線③「まさに発問といえます」とありますが、発問とは具体的にどのようなものですか。「～もの。」に続く形で二十三字で探し、その初めと終わりの五字を抜き出しなさい。（句読点や記号を含む場合は、一字に数えます）

問六、――線④「思考を促し、考えを深くしていく発問には条件があります」とありますが、その「条件」とは何ですか。最も適切なものを次のア～オの中から選び、記号で答えなさい。

ア、議題の本質をつかむこと
イ、固定観念をなくすこと
ウ、考える期間を延ばすこと
エ、自分と向き合うこと
オ、ターゲットをしぼること

問七、次の会話は、市民A～Dによる会議の場面です。本文の内容をふまえて、後の会話に続いてあなたが「思考を深める」提案をしなさい。

市民A　今年も、八月に西東京市内でスポーツ大会を開催《かいさい》する予定です。ですが、現在市民体育館が工事をしており、使用できません。
市民B　他の場所を探さなくてはいけませんね。学生が夏休み期間ですので、中学校の体育館を借りましょうか。
市民C　冷房《れいぼう》設備のある体育館を使いたいです。昨年はかなり気温が高く、参加者が辛そうでした。
市民D　調べてみましたが、冷房設備のある体育館はないようですよ。困りましたね。どうしましょうか。
あなた　［　　　　　　　　］

2024年度

武蔵野大学中学校　▶解説と解答

算　数　＜第２回試験＞（45分）＜満点：100点＞

解　答

1 (1)　6　(2)　$2\frac{3}{8}$　(3)　$1\frac{1}{12}$　(4)　1.84　**2** (1)　340g　(2)　960m　(3)　分速66m　(4)　1　(5)　24個　(6)　62.8cm^3　(7)　16脚　(8)　1250円　(9)　9時$49\frac{1}{11}$分　(10)　140円　(11)　11人　(12)　18cm^2　**3** (1)　1　(2)　81　**4** (1)　20秒　(2)　分速96cm

解　説

1　四則計算，逆算

(1)　$(18\div7+45\div7)\div3\times5-9=\left(\frac{18}{7}+\frac{45}{7}\right)\div3\times5-9=\frac{63}{7}\div3\times5-9=9\div3\times5-9=3\times5-9=15-9=6$

(2)　$7\frac{3}{4}-\left(2\frac{3}{8}-\frac{1}{2}\right)-3\frac{1}{2}=7\frac{3}{4}-\left(1\frac{11}{8}-\frac{4}{8}\right)-3\frac{1}{2}=7\frac{6}{8}-1\frac{7}{8}-3\frac{1}{2}=6\frac{14}{8}-1\frac{7}{8}-3\frac{1}{2}=5\frac{7}{8}-3\frac{4}{8}=2\frac{3}{8}$

(3)　$\left(1\frac{1}{2}+\frac{2}{3}\right)\div□-1=1$より，$\left(1\frac{3}{6}+\frac{4}{6}\right)\div□-1=1$，$1\frac{7}{6}\div□-1=1$，$\frac{13}{6}\div□-1=1$，$\frac{13}{6}\div□=1+1=2$　よって，$□=\frac{13}{6}\div2=\frac{13}{6}\times\frac{1}{2}=\frac{13}{12}=1\frac{1}{12}$

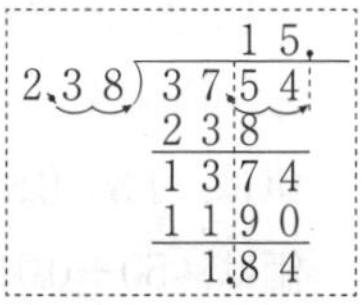

(4)　右の計算より，37.54÷2.38＝15あまり1.84となる。

2　濃度《のうど》，速さと比，流水算，周期算，場合の数，体積，過不足算，売買損益，時計算，比の性質，集まり，面積

図１

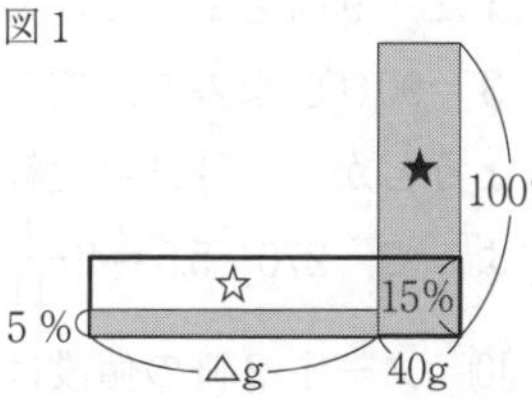

(1)　５％の食塩水の重さを△gとし，食塩40gを濃《こ》さが100％の食塩水40gとして図に表すと，右の図１となる。図１で，かげをつけた部分の面積と太線で囲んだ部分の面積は，どちらも混ぜ合わせた食塩水にふくまれる食塩の重さを表す。よって，これらの面積は等しいので，☆と★の長方形の面積も等しくなる。また，☆と★のたての長さの比は，(15－５)：(100－15)＝10：85＝２：17である。面積が等しい２つの長方形について，横の長さの比は，たての長さの逆比となるので，$\frac{1}{2}:\frac{1}{17}$＝⑰：②となる。よって，比の②にあたる重さが40gなので，⑰にあたる重さは，40÷２×17＝340(g)となり，５％の食塩水は340gあったとわかる。

(2)　分速60mで行く道のりと分速80mで行く道のりは等しいから，かかる時間の比は，速さの比の逆比となり，$\frac{1}{60}:\frac{1}{80}$＝80：60＝４：３とわかる。この比の，４－３＝１が４分なので，分速60mで行くときにかかる時間は，４×４＝16(分)となる。よって，自宅からバス停までの道のりは，60×16＝960(m)と求められる。

⑶　１分20秒＝80秒なので，Ａさんが動く歩道の上を進行方向と同じ方向に進む速さは秒速，176÷80＝2.2(m)である。よって，Ａさんが歩く速さは秒速，2.2－1.1＝1.1(m)となり，分速，1.1×60＝66(m)と求められる。

⑷　3，3×3＝9，9×3＝27，7×3＝21，1×3＝3，…より，一の位の数は，｛3，9，7，1｝の４個の数を周期としてくり返す。よって，３を2024個かけあわせてできる数の一の位は，2024÷４＝506より，周期の最後の１となる。

⑸　８の約数は，１，２，４，８の４個である。４個の数字を使って４桁《けた》の数をつくるとき，千の位には４通り，百の位には千の位の数を除く３通り，十の位には千の位と百の位の数を除く２通り，一の位には残りの１通りの数を使うことができるので，全部で，４×３×２×１＝24(個)の数ができる。

⑹　問題文中の展開図を組み立てると，右の図２の円柱となる。図２で，太線の円周の長さが12.56cmなので，(円周の長さ)＝(円の直径)×3.14より，底面の円の直径は，12.56÷3.14＝４(cm)となり，底面の円の半径は，４÷２＝２(cm)とわかる。よって，図２の円柱の体積は，２×２×3.14×５＝62.8(cm^3)となる。

図２

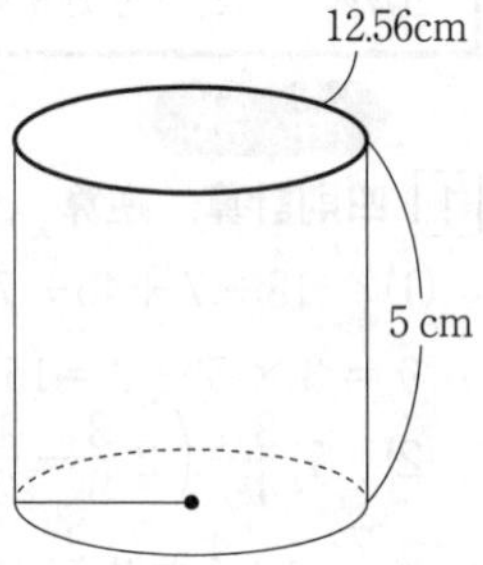

⑺　長椅《い》子《す》に５人ずつ座ると長椅子が10脚《きゃく》不足するので，座れない人数は，５×10＝50(人)である。また，長椅子に８人ずつ座ると２人座れないので，１脚の長椅子に座る人数の差が，８－５＝３(人)のとき，すべての長椅子に座っている人数の差が，50－２＝48(人)とわかる。よって，長椅子の数は，48÷３＝16(脚)と求められる。

⑻　原価を１とおくと，定価は，１＋0.3＝1.3となる。実際には，定価の８割で売ったので，売り値は，1.3×0.8＝1.04であり，利益は，1.04－１＝0.04となる。よって，この0.04が50円なので，原価は，50÷0.04＝1250(円)とわかる。

⑼　長針は１分間に，360÷60＝６(度)，短針は１分間に，30÷60＝0.5(度)動くから，長針は短針よりも１分間に，６－0.5＝5.5(度)多く動く。また，９時ちょうどに長針と短針がつくる小さい方の角の大きさは，30×３＝90(度)なので，右の図３のように，長針と短針が重なるのは，９時ちょうどから，長針が短針よりも，360－90＝270(度)多く動いたときである。よって，270÷5.5＝$49\frac{1}{11}$(分)より，９時$49\frac{1}{11}$分と求められる。

図３

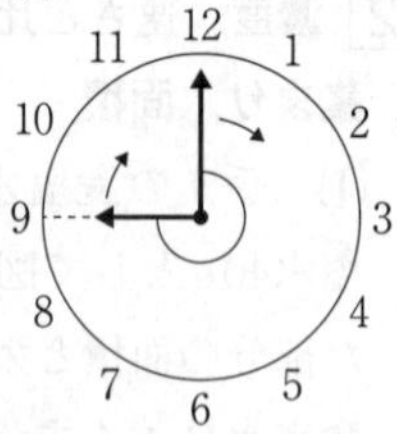

⑽　ノート２冊の値段はＡさんの所持金の$\frac{1}{2}$なので，ノート１冊の値段はＡさんの所持金の，$\frac{1}{2}\div 2=\frac{1}{4}$である。同様にして，ノート１冊の値段は，Ｂさんの所持金の，$\frac{1}{3}\div 3=\frac{1}{9}$，Ｃさんの所持金の，$\frac{1}{4}\div 4=\frac{1}{16}$となる。そこで，ノート１冊の値段を①とすると，$A\times\frac{1}{4}=B\times\frac{1}{9}=C\times\frac{1}{16}=$①より，３人の所持金の比は，$A:B:C=\left(①\div\frac{1}{4}\right):\left(①\div\frac{1}{9}\right):\left(①\div\frac{1}{16}\right)=$④：⑨：⑯とわかる。よって，ノート１冊の値段は，4060÷(４＋９＋16)＝140(円)と求められる。

⑾　下の図４で，問１だけを正解した人数は，12－８＝４(人)だから，問１か問２の少なくともどちらかを正解した人数は，４＋15＝19(人)となる。よって，どちらも正解でない人数は，30－19＝11(人)とわかる。

図４

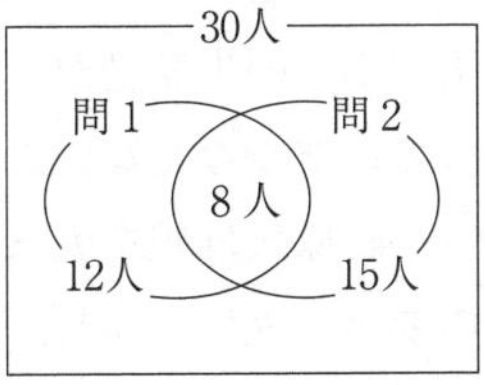

図５

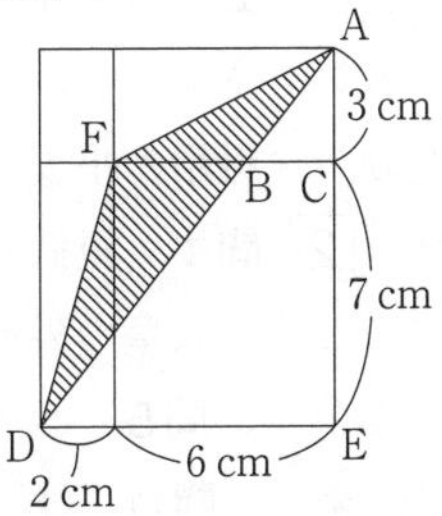

⑿　上の図５で，辺BCと辺DEは平行なので，三角形ABCと三角形ADEは相似であり，対応する辺の長さの比より，BC：DE＝AC：AE＝３：（３＋７）＝３：10である。辺DEの長さは，２＋６＝８(cm)なので，辺BCの長さは，$8\times\frac{3}{10}$＝2.4(cm)，辺FBの長さは，６－2.4＝3.6(cm)である。すると，三角形AFBの面積は，3.6×３÷２＝5.4(cm^2)，三角形FBDの面積は，3.6×７÷２＝12.6(cm^2)となる。よって，斜線《しゃせん》部分の面積は，5.4＋12.6＝18(cm^2)とわかる。

３　整数の性質

⑴　入口に24を入れると，24÷２＝12，12÷２＝６，６÷２＝３より，問題文中の図で①を３回通過し，３度目に通過する数は３である。３は２でわりきれないので，「いいえ」に進み，３÷３＝１より，②を１が通過する。よって，１は３でわりきれないので，１が出口に出てくる。

⑵　素因数分解したときに，３を最も多くふくむ２桁の数字を入口に入れると，②を最も多く通過する。よって，３×３×３×３＝81より，入口に81を入れたとき②を最も多く通過する。

４　グラフ―図形上の点の移動

⑴　下の図１のように，点ＰがB→C→D→A→E→F→Bを動くのにかかる時間は80秒である。このうち，C→D→A→Eの道のりは全体の半分なので，点ＰがC→D→A→Eを動くのにかかる時間は，80÷２＝40(秒)とわかる。また，三角形ABPの面積は，B→Cで増え，C→Dで変わらず，D→Aで減り，A→Eでまた増えるから，下の図２のようになる。C→D→A→Eの40秒は，図２で横軸《よこじく》の16めもりにあたるので，１めもりは，40÷16＝2.5(秒)となる。よって，点Ｐが頂点Dから頂点Eまで動くのにかかる時間は，図２の８めもりなので，2.5×８＝20(秒)と求められる。

⑵　⑴と同様に考えると，点Ｐが頂点Aから頂点Eまで動くのにかかる時間は，2.5×３＝7.5(秒)で，辺AEの長さは12cmなので，点Ｐの速さは秒速，12÷7.5＝1.6(cm)となり，分速，1.6×60＝96(cm)と求められる。

図１

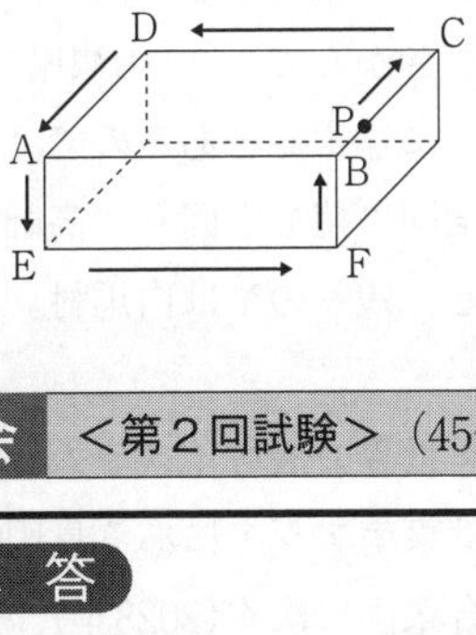

図２

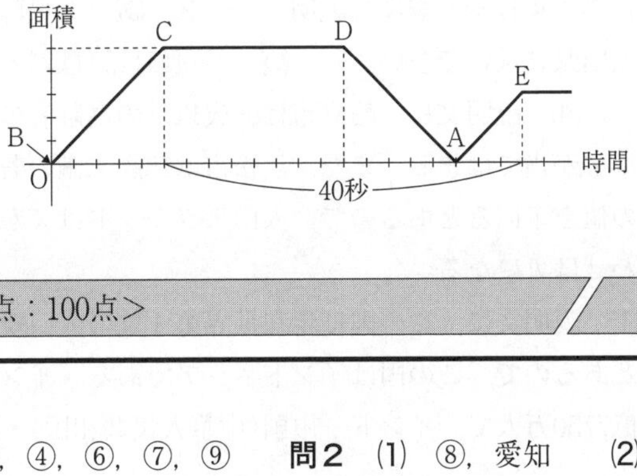

社　会　＜第２回試験＞（45分）＜満点：100点＞

解　答

１　問１　県の数…６　**番号**…①，②，④，⑥，⑦，⑨　**問２**　⑴　⑧，愛知　⑵　⑤，

石川　**問３** (1) 木曽　(2) 浅間山　**問４** (1) イ　(2) ア　(3) (あ) イ　(い) ウ　(4) カ　**問５** (1) インドネシア　(2) （例）中国は小麦の生産量が世界最大であるが，人口が14億人を超えており，食料用の小麦を国内生産だけではまかなえないため，小麦の輸入量も世界有数である。　**2** **問１** 桓武　**問２** （例）藤原氏は娘を天皇の后にして，生まれた子どもを天皇にすることで，天皇の外戚として朝廷の要職に就いたから。　**問３** エ　**問４** (い) 御恩　(う) 奉公　**問５** ウ　**問６** ア　**問７** 下剋上　**問８** 川中島の戦い　**問９** ア　**問10** イ，オ　**問11** ③　**問12** (お) 薩長同盟　(か) 東京　**問13** エ
3 **問１** (あ) イギリス　(い) フランス　(う) インド　**問２** 2024　**問３** 安全保障理事会　**問４** （例）日本は国会議員の中から国会の指名で首相を選ぶが，アメリカは国民が選挙で大統領を直接選ぶ。　**問５** ウ　**問６** 1945年８月６日

解　説

1 中部地方についての問題

問１ 中部地方には９県あり，県名と県庁所在地名が一致しているのは，地図１の①(新潟県)・②(長野県)・④(富山県)・⑥(福井県)・⑦(岐阜県)・⑨(静岡県)の６つである。なお，③(山梨県)は甲府市，⑤(石川県)は金沢市，⑧(愛知県)は名古屋市が県庁所在地。

問２ (1) ９県のうち，最も人口が多いのは⑧(愛知県)である。全国でも東京都・神奈川県・大阪府に次いで４番目に多い。　(2) 「山中漆器《しっき》」「加賀友禅《ゆうぜん》」は⑤(石川県)の伝統的工芸品で，2015年には北陸新幹線が金沢駅まで延伸された。

問３ (1) 地図１・ａの木曽山脈は「中央アルプス」とも呼ばれ，飛騨山脈(北アルプス)・赤石山脈(南アルプス)とともに「日本アルプス」を形成する。　(2) 地図１・ｂの浅間山は長野・群馬県境にある活火山で，江戸時代の1783年の「天明の大噴火」は，天明の大ききん(1782～87年)の原因の１つとなった。

問４ (1) まず，浜松市(静岡県)は太平洋側の気候で，夏の降水量が多く，冬の気温が高いウが当てはまる。輪島市(石川県)と白馬村(長野県)は日本海側の気候で，冬の積雪量(降水量)が多いアかイ。輪島市と白馬村を比べると，白馬村は山間部の高原地帯にあるので，年間を通して気温が低い。よって，輪島市の雨温図はイが当てはまる。　(2) 輪島市のある能登半島北部では，2020年以降に群発地震が続き，2023年５月には珠洲市で震度６強を記録する「令和５年奥能登地震」が発生した。よって，アが当てはまる。なお，イは2018年の北海道胆振《いぶり》東部地震，ウは2016年の熊本地震，エは2011年の東日本大震災の説明。　(3) (あ) ⑨(静岡県)はみかんの栽培がさかんで，その収穫量は和歌山県に次いで多い。　(い) ②(長野県)はぶどうの栽培がさかんで，③(山梨県)に次いで多い。　(4) 説明文に，輪島市は65歳以上の高齢者の割合が46％に達するとあるので，人口ピラミッドはＺが当てはまる。また，浜松市は15歳未満の若者人口が全国の値を上回り，高齢者の割合が全国の値を下回るとあるので，人口ピラミッドはＸが当てはまる。残りのＹは白馬村。よって，組み合わせはカになる。

問５ (1) 説明文に，この国は現在世界第４位の人口規模を誇り，世界で最もイスラム教徒の人口が多いとあるので，この国はインドネシアである。インドネシアは東南アジアにある島国で，人口が約２億7750万人で，インド・中国(中華人民共和国)・アメリカ合衆国に次ぐ(2023年)。また，国

民の約87％がイスラム教徒である(2010年)。なお，首都は現在ジャワ島のジャカルタであるが，カリマンタン島のヌサンタラに移転する予定である。　⑵　中国は図１において，小麦の「生産量」が世界一であるが，「輸入量」もインドネシアに次いで２番目に多い。これは，インドに抜かれたとはいえ，人口が14億人を超えており，食料となる小麦を国内の生産ではまかなえないため，外国から輸入しているのである。

2 **歴代の大河ドラマを題材にした問題**

問１　桓武天皇は794年に平安京遷都《せんと》を行い，律令制度の再建を進めた。また，坂上田村麻呂を征夷大将軍に任命し，朝廷に服さない東北地方の蝦夷《えみし》を征討した。

問２　平安時代，藤原氏は自分の娘を天皇の后《きさき》にして生まれた子どもを天皇とし，天皇の外戚《がいせき》として摂政《せっしょう》や関白などの要職を独占し，権勢をほしいままにした。その全盛期は，10世紀末から11世紀前半の藤原道長・頼通父子のときである。

問３　紫式部は道長の長女・彰子《しょうし》に教育係として仕え，長編小説『源氏物語』を著した。よって，組み合わせは表のエになる。なお，定子《ていし》は道長の兄である道隆《みちたか》の娘で，『枕草子』は定子に仕えた清少納言が著した随筆である。

問４　(い)　鎌倉時代，将軍と配下の武士(御家人)とは，土地を仲立ちとした主従関係を結んだ(封建制度)。将軍は御家人の領地を保障し，手柄があれば新たに領地を与えた。これを「御恩」という。　(う)　一方，御家人は「いざ鎌倉」という緊急事態に，命がけで戦った。これを「奉公」という。

問５　鎌倉幕府をひらいた源頼朝の妻は，北条時政の娘・政子で，将軍を補佐する要職である初代執権《しっけん》となった。そして，源氏の将軍が３代で途絶えると，北条氏が代々執権となって，政治の実権を握った(執権政治)。なお，アの北条泰時は３代，イの北条貞時は９代，エの北条時宗は８代執権。

問６　足利義満は室町幕府３代将軍で，南北朝合一に成功し，京都・室町に「花の御所」を造営して政治を行い，幕府の全盛期を築いた。義満はまた，京都・北山に鹿苑寺金閣(写真ア)を営んでいる。なお，写真イは平城京大極殿，ウは東大寺大仏殿，エは北野天満宮拝殿。

問７　室町幕府は応仁の乱(1467～77年)の後，衰退して全国に戦国大名が割拠する戦国時代に入るが，家来が実力で主人をしのぐ「下剋上」の風潮が広まった。

問８　上杉謙信は越後国(新潟県)の戦国大名で，甲斐国(山梨県)の戦国大名・武田信玄と信濃国(長野県)の領有権をめぐって５回にわたり，川中島の戦いを繰り返した。

問９　徳川家光は江戸幕府３代将軍で，参勤交代を制度化するなど，幕府の法や制度を整備し，幕府の基礎を築いた。よって，アが正しい。なお，イのキリスト教を布教したのは来日した宣教師たち，ウの刀狩は豊臣秀吉，エの楽市・楽座は織田信長が行った。

問10　江戸時代の鎖国中，長崎を通じて中国(清)とヨーロッパの国ではキリスト教の布教を目的としないオランダの２国と貿易を行った。それでも，中国人は唐人屋敷，オランダ人商人は出島に居住区を限定された。

問11　1853年，アメリカ合衆国の使節ペリーが浦賀(神奈川県，地図中③)に来航し，通商を求めた。翌年，再来日したペリーと江戸幕府は日米和親条約を結び，下田(静岡県)と蝦夷《えぞ》地(北海道)の箱館(函館)の２港を開き，鎖国を終わらせた。なお，地図中①は鹿児島，②は長崎，④は神戸(兵庫県)。

問12　(お)　1866年，土佐藩(高知県)の坂本龍馬の仲介で，薩摩藩《さつまはん》(鹿児島県)と長州藩(山口県)が薩長《さっちょう》同盟を結んだ。その翌年，大政奉還が行われ，江戸幕府が滅亡した。　(か)　1964年，アジアで初めての東京オリンピックが開かれ，第二次世界大戦からの日本の復興を世界に示した。

問13　文明開化は明治時代初めの西洋化の風潮で，ラジオ放送の開始は大正時代の1925年である。よって，エが正しくない。

３　「広島サミット」を題材にした問題

問１　(あ)　2023年のサミット(主要国首脳会議)は広島市で行われ，日本が議長国であった。イギリスからはスナク首相が出席した。イギリスは2023年にTPP(環太平洋経済連携協定)に加盟している。　(い)　フランスからはマクロン大統領が出席した。フランスは2024年のオリンピック・パラリンピックを首都パリで開催する予定である。　(う)　サミットの参加国はフランス・アメリカ合衆国・イギリス・ドイツ・日本・イタリア・カナダの７か国(Ｇ７)であるが，グローバルサウス(発展途上国や新興国)の代表としてインドのモディ首相，ロシア連邦の侵攻を受けているウクライナのゼレンスキー大統領も出席した。インドは，2023年に中国を抜いて人口が世界一となっている。

問２，問３　国際連合の安全保障理事会は世界の平和と安全を守る最高機関で，常任理事国５か国と総会で選出される非常任理事国10か国の合計15か国で構成される。非常任理事国は任期２年で，日本は2023～24年に非常任理事国を務めることになった。加盟国中では，最多の12回目の当選となった。なお，常任理事国はアメリカ合衆国・ロシア連邦・イギリス・フランス・中国の５か国で，常任理事国には採決を無効にする「拒否権」が認められている。

問４　日本の場合，議院内閣制にもとづき，首相(内閣総理大臣)は国会議員の中から国会の指名で選ばれることになっている。しかし，アメリカ合衆国の場合，大統領制にもとづき，大統領は国民の選挙で選ばれる(大統領選挙人を選ぶという形式をとる)。そのため，首相に比べ大統領の権限は非常に大きい。

問５　IAEA(国際原子力機関)は，原子力と放射線医学を含む核技術の平和的利用の促進や，原子力の軍事利用(核兵器開発)の防止を目的に活動している国際機関である。なお，アのNATOは北大西洋条約機構，イのWTOは世界貿易機関，エのWWFは世界自然保護基金の略称。

問６　広島には1945年８月６日，アメリカ合衆国により史上初の原子爆弾が投下された。そして，９日には長崎にも投下され，多くの命が奪われた。

理　科　<第２回試験>（45分）<満点：100点>

解　答

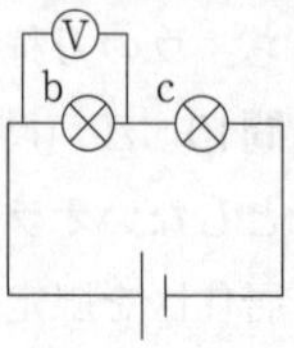

１　(1)　(ウ)　(2)　シャープペンシルのしん，金属のフォーク　(3)　150mA　(4)　(イ)　(5)　0.8　(6)　0.13　(7)　0.6A　(8)　右の図　(9)　7，11
２　(1)　①，③　(2)　(ウ)　(3)　10.6ｇ　(4)　①　緑色　②　黄色　③　青色　(5)　①　(例)　砂糖水　②　(例)　塩酸　③　(例)　アンモニア水　(6)　20%　(7)　15ｇ
３　(1)　(イ)　(2)　(イ)，(オ)　(3)　(例)　花粉を運んで受粉させる役割。　(4)　プレパラート　(5)　あ　接眼レンズ　い　対物レンズ　う　調節ねじ　(6)　(例)　対物レンズとプレパラートがぶつかり，傷がつくのを防ぐため。　(7)　(ア)，(イ)
４　(1)　一番

…ちっ素　**二番**…酸素　(2)　(ウ)　(3)　温室効果　(4)　二酸化炭素　(5)　(例)　メタン
(6)　紫外線　(7)　(例)　干ばつで農作物の収穫量が減少する。　(8)　オゾンホール　(9)
(例)　目の病気や皮ふがんが発症しやすくなる。　(10)　COP

解　説

1 電気回路についての問題

(1)　回路に流れている電流の大きさが予想できないときは，まず電流計の５Ａの－端子《たんし》につなぎ，針の振《ふ》れが小さい場合に，500mA，50mAの順につなぎかえる。これは，針が振り切れて電流計がこわれるのを防ぐためである。

(2)　シャープペンシルのしん(炭素)や金属には電気が流れるが，ガラスやペットボトルには電気が流れない。

(3)　電流計の500mAの－端子につないでいるので，問題文中の図３の一番右端《はし》の目盛りが500mAになる。よって，図３の電流計は150mAを示している。

(4)　電池を逆にすると，モーターに流れる電流の向きも逆になるので，モーターの回転も逆になる。

(5)　回路に流れる電流の大きさは，直列につなぐ電池の数に比例する。豆電球１個のとき，回路に流れる電流の大きさは0.4Aなので，２個の電池を直列につないだとき，回路に流れる電流の大きさは，0.4×２＝0.8(Ａ)である。

(6)　回路に流れる電流の大きさは，直列につなぐ豆電球の数に反比例する。豆電球１個のとき，回路に流れる電流の大きさは0.4Aなので，３個の豆電球を直列につないだとき，回路に流れる電流の大きさは，0.4÷３＝0.133…より，0.13Aである。

(7)　問題文中の図14の回路は，直列につながった３個の電池と，直列につながった２個の豆電球がつながっているので，流れる電流の大きさは，0.4×３÷２＝0.6(Ａ)である。

(8)　解答の図のように，電圧計は，電圧をはかりたい部分(ｂの豆電球)に並列につなぐ。

(9)　図７，図11の回路では，右の図のように，豆電球を通らずに電流が流れるため，非常に大きな電流が流れ，電池や導線が熱くなり危険である。

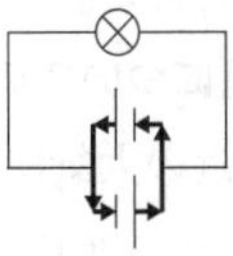
図７

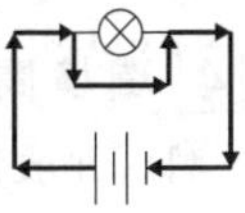
図11

2 もののとけ方についての問題

(1)～(3)　20℃の水100ｇにとかすことができる食塩の重さは36ｇなので，食塩30ｇはすべてとける。20℃の水200ｇにとかすことができるホウ酸の重さは，$4.7\times\frac{200}{100}=9.4$(ｇ)なので，20℃の水200ｇにホウ酸20ｇを入れると，20－9.4＝10.6(ｇ)がとけ残る。20℃の水300ｇにとかすことができる水酸化ナトリウムの重さは，$109\times\frac{300}{100}=327$(ｇ)なので，水酸化ナトリウム50ｇはすべてとける。また，水よう液のこさはどこも同じである。

(4)　BTB液は酸性のときに黄色，中性のときに緑色，アルカリ性のときに青色になる。食塩水は中性なので緑色のまま，ホウ酸水は酸性なので黄色，水酸化ナトリウム水よう液はアルカリ性なので青色に変化する。

(5)　中性の水よう液には食塩水や砂糖水，アルコール水よう液など，酸性の水よう液にはホウ酸水や塩酸，炭酸水，酢酸《さくさん》水よう液など，アルカリ性の水よう液には水酸化ナトリウム水よう液やアンモニア水，石灰水，重そう水などがある。

⑹　食塩25ｇを水100ｇにとかしたときにできる食塩水の重さは，100＋25＝125(ｇ)なので，この食塩水のこさは，25÷125×100＝20(％)である。

⑺　20℃の水200ｇにとかすことができるホウ酸の重さは，⑴より9.4ｇなので，はじめに用意したホウ酸の重さは，9.4＋5.6＝15(ｇ)である。

3　カボチャの成長とけんび鏡の使い方についての問題

⑴　カボチャの種を春ごろにまくと，初夏に花をさかせ，夏ごろに実が収穫《しゅうかく》できる。

⑵　カボチャやキュウリ，ヘチマといったウリ科の植物の花には，めばなとおばなの２種類の花がある。

⑶　カボチャの花のように，あざやかな色の花びらを持っている植物は，ミツバチなどのこん虫をおびき寄せ，からだに花粉をつけて運んでもらい，花が受粉するのを助けてもらっている。

⑷　スライドガラスに観察したいものをのせ，カバーガラスをつけて観察できる状態にしたものを，プレパラートという。

⑸「あ」は，目でのぞく接眼レンズ，「い」は，観察したいものの近くにある対物レンズ，「う」は，ピントを合わせるために回す調節ねじである。

⑹　けんび鏡でピントを合わせるときには，横から見ながら対物レンズとプレパラートをできるだけ近づけたあと，接眼レンズをのぞきながら調節ねじを回し，対物レンズとプレパラートを遠ざけていく。このような操作をするのは，対物レンズとプレパラートがぶつかり，傷がついてしまうのを防ぐためである。

⑺　カボチャの花粉は，こん虫のからだにつきやすくするため，表面にとげがあり，べたべたしていると考えられる。

4　環境《かんきょう》問題についての問題

⑴　地表付近の大気には，約78％のちっ素と，約21％の酸素がふくまれている。そのほかに，約１％のアルゴン，約0.04％の二酸化炭素などとなっている。

⑵　空気が上しょうすると，ぼうちょうして温度が下がる。すると，空気中にふくまれている水蒸気が冷やされて，小さな水や氷のつぶになり，これが集まって雲になる。

⑶～⑸　二酸化炭素や水蒸気，メタン，オゾンといった気体には，太陽の光(熱)を通すが，地面から外に出ていこうとする熱(放射《ほうしゃ》熱)を吸収して再び地表に向けて放出する性質がある。これにより地表付近の大気の温度が上がるしくみを温室効果といい，このような性質を持っている気体を温室効果ガスという。

⑹　成層圏《せいそうけん》にあるオゾンには，太陽から地球へ届く，生物に有害な紫外線《しがいせん》を吸収するはたらきがある。

⑺　地球の気温が上がると，干ばつが増《ふ》えたり，大雨による洪水《こうずい》が増えたりして，農作物の収穫量が減ることが考えられる。

⑻　冷蔵庫の冷媒《れいばい》やスプレーなどにかつて使われていたフロン(ガス)によってオゾンが分解され，オゾン層がうすくなり，穴があいているところが確認されている。このオゾン層にあいた穴をオゾンホールという。

(9)　オゾンの量が減ると，地表に届く有害な紫外線の量が増えて，皮ふがんや目の病気にかかりやすくなるなど，人体に悪い影響《えいきょう》をあたえるおそれがある。

(10)　国連気候変動枠組《わくぐみ》条約とは，大気中の温室効果ガスの濃度《のうど》の安定化を目的とし，地球温暖化がもたらすさまざまな悪い影響を防止するための国際的な枠組みを定めた条約である。この条約の締《てい》約国《やくこく》会議をCOPといい，1995年から毎年開催《かいさい》されている。

英　語　＜第２回試験＞（35分）＜満点：リスニングと合わせて100点＞

※　編集上の都合により，英語の解説は省略させていただきました。

解　答

Ⅰ　1 B　2 C　3 B　4 A　5 C　6 C　7 B　8 D　9 B　10 A　11 D　12 C　13 A　14 B　15 C　Ⅱ　1 C　2 C　3 A　4 C　5 C　6 C　7 B　8 B　9 B　10 B

Ⅲ　1 B　2 B　3 C　4 B　5 D　6 C　7 A　8 B　9 C　10 D

国　語　＜第２回試験＞（45分）＜満点：100点＞

解　答

一　問１　①　ぞうお　②　あんばい　③　つか　④　さっこん　⑤　ふさわ(しい)　問２　下記を参照のこと。　二　問１　A　オ　B　ア　問２　エ　問３　ウ　問４　A　純粋な走力の勝負　B　チームワークが結果に直結する競技　問５　(例)　チームメイトのくせ・性格・その日の調子などをお互いにちゃんと知らず，チームとしてばらばらで，協力し合ってチームワークを高める体制にない様子。　問６　イ　問７　エ　三　問１　A　ア　B　オ　問２　ウ　問３　ウ　問４　エ　問５　聞き手に対～ももたらす(もの。)　問６　イ　問７　(例)　開催時期は八月以外でもいいのではないでしょうか。たとえば，過ごしやすくなる秋ならば，屋外の会場でも開催できるのではありませんか。

●漢字の書き取り

一　問２　①　典型　②　船首　③　功績　④　額　⑤　率(いて)

解　説

一　漢字の読みと書き取り

問１　①　にくみきらうこと。　②　ものごとの具合。加減。ここでは，料理の味つけの加減。　③　「束の間」は，少しの時間。　④　このごろ。最近。　⑤　「相応しい」は，適当である，似合っているという意味。

問２　①　それらしい特徴《とくちょう》を最も備えているもの。　②　船の前の部分。　③　てがら。すぐれた成果。　④　音読みは「ガク」で，「全額」などの熟語がある。　⑤　音読みは「リツ」「ソツ」で，「確率」「引率」などの熟語がある。

二 **出典：天沢夏月《あまさわなつき》『ヨンケイ！！』**。リレーで兄と同じ二走を走れずに不満をかかえていた「俺《おれ》」は，帰省した兄の話を聞くうちに，リレーでの一走の役割やチームワークの大切さに気づく。

問1　**A**　気づかうこと。思いやること。　**B**　「鼻を鳴らす」は，鼻にかかった声を出すことで，甘えるようす，すねるようす，不満なようすなどを表す。少し後に，「なんでこんなにリレーをけなしたいんだろうな」とあるように，「俺」はリレーを「邪道《じゃどう》」だ，「つまんねえ」と言うことでけなしている。このようすに合うのは，「不満に思っている」である。

問2　ぼう線①は「俺が見ている空と，兄が見ている空は違《ちが》う」という内容を受けている。また，少し後では兄の「すげえ」という言葉を，「ここ以外の星空を知っている」からこそ出た言葉だと「俺」は感じている。さらに後ではリレーに対する二人の考えの違いも明らかになっており，ぼう線①は，いろいろなものを見てきた兄と「俺」とでは「物事の見方」が違うという意味だと考えられる。

問3　前書きにあるように，「俺」は自分がリレーの二走を走れないことを不満に思っている。そのため，リレーは専門ではないと言い訳をすることで，「別にどうでもいい」と思おうとしていて，そのような自分が嫌《いや》になっているのである。

問4　この後の兄と「俺」の会話に注目する。　**A**　陸上競技は個人競技が多いが，バトンがうまく渡《わた》ればタイムが縮むリレーは「純粋《じゅんすい》な走力の勝負」ではないと「俺」は言っている。　**B**　バトンでタイムが縮むリレーは「チームワークが結果に直結する競技」で，陸上のなかでは異色だと兄は言っている。

問5　兄は「本物のリレー」をやるには，チームメイトが互《たが》いに「くせとか，性格とか，その日の調子とか」を全部わかったうえでバトンパスをやる必要があると考えている。しかし，今の「俺」たちは互いを理解しようとせず，チームとしてはばらばらで，協力し合う関係が築けていないので，サトセンはリレーをやらせたがっているのだろうと，兄は推測しているのである。

問6　「前座」とは，最も実力や人気のある者の登場の前を務めること。つまり，ここでは，「俺」が二走の雨夜《あまや》の引き立て役であるということを意味する。自分がそのような役割だと思っていると，雨夜を活《い》かせないということを理解はしているが，「それがなんだって言うんだ」と思っていることからわかるとおり，いまだに一走を走ることに納得《なっとく》はいっていないのである。

問7　問6でみたように，「俺」は，自分が一走であることに納得できていないものの，「エースの前座」という気持ちでいてはいけないことも理解はしている。そして，兄がそのことを「見透《みす》かしている」と，「俺」は感じている。そのため，「いいよ別に。本物のリレーなんか……」と言いながらも，その言葉とは反対の気持ちがあることを兄はうれしく感じていると想像でき，顔が見えずとも「兄はニコニコして」いると確信しているのである。

三 **出典：齋藤 孝《さいとうたかし》『いつも「話が浅い」人，なぜか「話が深い」人』**。提案や具体化することを常に自分に課し，会議で行き詰《づ》まったときには条件設定をしたり発想の転換《てんかん》をしたりすることで，思考は深まると述べている。

問1　**A**　耳をかたむけて熱心に聞くこと。　**B**　「的を射る」は，要点を的確にとらえるという意味。

問2　「具体的なものを提案する」例として，「何かのトラブルについて相談された」ときのことをあげ，「的確なアドバイスをするために」，「いろいろな要素がからみ合うなかで，解決すべき本質がなんなのか」をつかみ，「どこから優先的に対処《たいしょ》するべきなのか」を考えるべきだと説明されている。

問３　続く部分から読み取る。「最近どうですか？」という問いかけにしても，その本質をくみ取って，相手が興味を持ちそうなエピソードを話せば，「会話は深くなり，互いの距離《きょり》も近くな」るとある。また，常に具体案を出すことを自分に課すことで「本質把握《はあく》力が上がってい」くとも述べられているのだから，ウが合う。

問４　「最近どうですか？」という問いでは近況《きんきょう》の説明が求められているのだから，「常に具体的なものを提示しようと自分に課している」人ならば「はい，元気にやってますよ」といったあいまいな返答では終わらないはずである。よって，はっきりしないようすを表す「漠然《ばくぜん》」があてはまる。

問５　少し後の段落に，「聞き手に対して思考を促《うなが》し，発想の転換《てんかん》ももたらす」ものが発問だと述べられている。

問６　次の段落に注目する。「思考を促し，考えを深くしていく発問」には，「発想の転換となるような切り口がある」ものなので，「いままでの前提」を「あえて外すような問いかけをつくる」べきだと書かれている。よって，「固定観念をなくすこと」がそのような発問の条件といえる。

問７　問６でみたように，「思考を促し，考えを深くしていく発問」の条件として，これまでの前提をあえて外し，発想の転換となる切り口を持たせることが必要である。市民Ａ～Ｄによる話し合いでは，開催《かいさい》時期が八月であることが前提であるために行き詰まっていることに注目すると，開催時期をずらすなどの提案が新たな思考のきっかけをもたらすと考えられる。

Memo

2023 年度 武蔵野大学中学校

【算　数】〈第１回試験〉（45分）〈満点：100点〉

1　次の $\square$ にあてはまる数を求めなさい。

（1）$30-5\times(13-10)\times2=\square$

（2）$36\div\left\{12\div\left(12-\square\right)\right\}=12$

（3）$\left(1.75+\frac{1}{12}\right)\div2\frac{1}{5}=\square$

（4）$2.1\times8+0.21\times70+21\times0.5=\square$

（5）$18:\left(\square+5\right)=6:5$

（6）10 cm は，5 m の $\square$ %です。

2 次の問いに答えなさい。

(1) 1個180円のクロワッサンと1個100円のメロンパンを合わせて20個買ったところ，代金は2640円になりました。このとき，クロワッサンは何個買いましたか。

(2) 現在，母は44歳《さい》で，子どもは8歳です。母の年齢《ねんれい》が子どもの年齢の4倍になるのは今から何年後ですか。

(3) 6％の食塩水が100gあります。20gの水を加えると，何%の食塩水になりますか。

(4) ある本を1日目には全体の$\frac{1}{4}$を読み，2日目には残りの$\frac{5}{6}$を読んだところ，まだ20ページ残っていました。この本は全部で何ページありますか。

(5) 4で割っても，25で割っても1余る数のうち，2023に最も近い数はいくつですか。

(6) ○と●が次のような規則で並んでいます。

●●○●○○●○●●○●○○●○●●○●○○●○・・・

一番左から数えて70個目までに○は全部で何個ありますか。

(7) ある整数を3で割ったときの商を小数第1位で四捨五入したところ，13になりました。このような整数のうち最も小さな整数はいくつですか。

(8) 次の図の角 x の大きさは何度ですか。

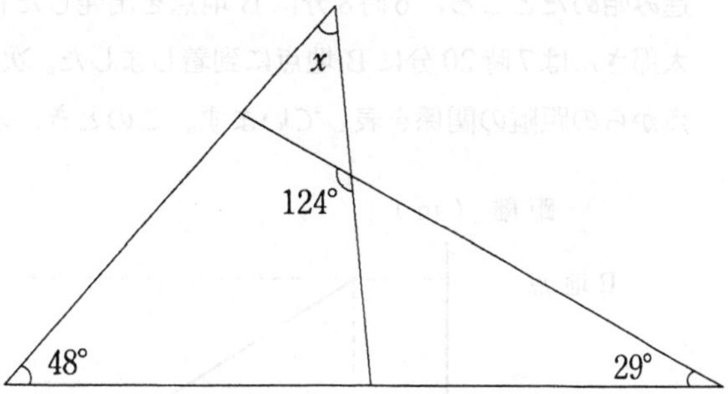

(9) 大小２つのさいころを同時に投げるとき，目の和が10以上になるのは何通りですか。

(10) 川に沿ってＡ町とＢ町があります。Ａ町とＢ町の距離《きょり》は48 km で，船で上ると８時間，船で下ると４時間かかります。川の流れの速さは，時速何 km ですか。ただし，静水時の船の速さは一定とします。

(11) ３時から４時の間で，時計の長針と短針が重なる時刻は３時何分ですか。

(12) 次の図のように直径８cm の半円と直角二等辺三角形が重なっています。斜線《しゃせん》部分②の面積は，斜線部分①の面積より何 cm^2 大きいですか。ただし，円周率は3.14とします。

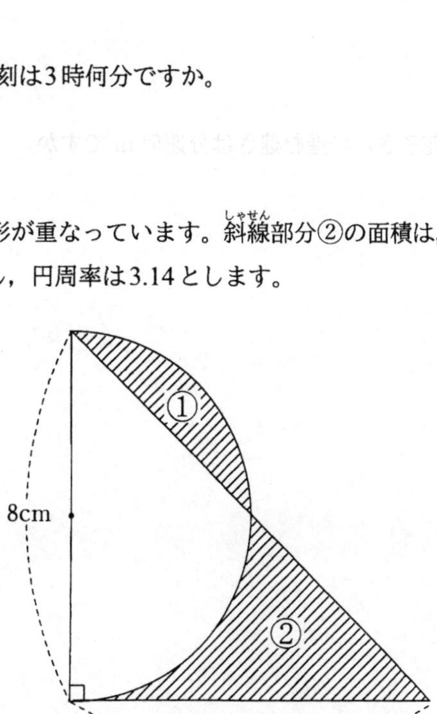

3 太郎さんはＡ地点からＢ地点まで分速120ｍで，花子さんはＢ地点からＡ地点まで一定の速さで向かいます。太郎さんはＡ地点を６時に出発し，途中《とちゅう》の公園で15分間，体操をしてから，再び進み始めたところ，６時８分にＢ地点を出発した花子さんと６時48分に出会いました。その後，太郎さんは７時20分にＢ地点に到着しました。次のグラフは，出発してからの時間と２人のＡ地点からの距離の関係を表しています。このとき，次の問いに答えなさい。

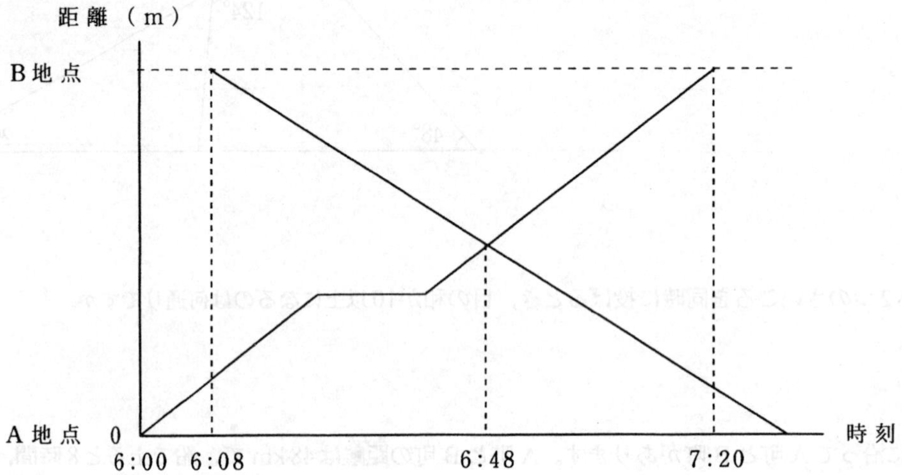

(1) Ａ地点からＢ地点までの距離は何ｍですか。

(2) 花子さんの進む速さは分速何ｍですか。

問三、――線②「もし、表情がつくれないとしたら、どんな人生を送ることになるのでしょうか」とありますが、筆者の考えの説明として、適切でないものを次のア～エの中から一つ選び、記号で答えなさい。

ア、顔面麻痺になると顔の筋肉を動かせなくなるため、表情をつくることは出来るが食事の介助が必要となり、患者の家族の負担は相当なもので、周りに苦痛を強いる人生を送ることになる。

イ、顔面麻痺になると顔の筋肉を動かせなくなるため、退屈しているように誤解され、簡単な受け答えで済むような質問しかされず、周囲に興味を持てない人生を送ることになる。

ウ、人と人がコミュニケーションをとるためには表情は大切な要素であり、表情がないと自分も相手も会話を広げられなくなり、面白みのない人生を送ることになる。

エ、人と人がコミュニケーションをとるためには表情は大切な要素であり、表情がつくれないと不機嫌なように見られてしまい、人から避けられて距離をおかれてしまう人生を送ることになる。

問四、［Ｘ］には、どのような言葉が入りますか。最も適切なものを次のア～エの中から選び、それぞれ記号で答えなさい。

ア、首　イ、口　ウ、手　エ、耳

問五、――線③「生まれついて表情がない場合、もっと大きなハンデを生み出すことになるようです」とありますが、それはなぜですか。その理由を八十字以内で説明しなさい。（句読点や記号を含む場合は、一字に数えます）

問六、――線④「気分が変わる」とありますが、どのような感情になるのですか。文中より探し、八字で答えなさい。（句読点や記号を含む場合は、一字に数えます）

問七、本文中に、次の文を補うとしたら、どこに補うのが適切ですか。文中の【１】～【４】の中から選び、番号で答えなさい。

相手の微妙な表情の変化を見て、この話はこれ以上しない方がいいなとか、この話は面白いから続けようと、話は進んでいくのです。もしそこにまったく表情の変化がないとしたら……なんとも話しにくいことでしょう。

当たり前のように過ぎてきたこの時期、もし表情を使って自分の感情を出す機会がなかったら、どうなるでしょうか。もちろん表情をつくることができないからといって、感情がわかないわけではないのです。感情はふつうにわきますが、表情がないため、周りの大人に自分の感情に気づいてもらえません。結果、感情をコントロールする訓練を受けるきっかけを失ってしまいます。こうした訓練を受けずに大人になると、ネガティブな情動を自分で止めることができずに、暴走してしまいかねないというわけです。

また、ふだんの生活の中では、思わず発した相手の小さな表情の変化から、その人がなにを感じているかを推《お》し量り、互いにぶつかり合わないようにしているところもあります。こうした小さな感情のぶつかりあいを体験していないと、自分の小さな感情の変化に対処できないことにもつながります。感情の経験はネガティブな感情だけでなく、ポジティブな感情を産み出すことにも必要です。大笑いすることで感情を強化することがないと、そういった感情を体験できなくなってしまうというのです。

表情と感情の直接的なつながりを、ペンや箸《はし》を使って体験することができる、こんな実験があります。

ペンや箸を横にして口にくわえてみてください。ペンをくわえると口角があがり、微笑をつくる時の筋肉である大頬骨筋《だいきょうこつきん》が動きます。たったこれだけで、④気分が変わるという研究もあります。もともと何の感情がわいていなくても、筋肉を動かすだけで、感情がわきあがるというのです。大頬骨筋はポジティブな表情と感情に働きかけますが、眉《まゆ》を寄せる時に働く皺眉筋《しゅうびきん》はネガティブな表情をつくる時に使われ、この筋肉を緊張させることによってネガティブな感情をつくり上げることができるといわれています。

なんとなく人とうまくいかないなと思ったら、自分の顔の動きに気づいてみる必要もあるかもしれませんね。

（山口真美『自分の顔が好きですか？――「顔」の心理学』岩波書店）

問一、――線A・Bの語句の文中での意味として、最も適切なものを次のア～エの中から選び、それぞれ記号で答えなさい。

A　はにかみがちに

ア、苦々しそうに
イ、遠慮《りょ》がちに
ウ、気の毒そうに
エ、恥ずかしそうに

B　人となり

ア、人柄
イ、考え
ウ、人生
エ、思い出

問二、――線①「貢献します」の主語を〜〜線ア～エの中から選び、記号で答えなさい。

をつくることができないだけでなく、他人の表情の認識も鈍《にぶ》るようなのです。自分が表情をつくらないと、情動的な顔を想像しにくくなるといわれているのです。

自分が表情を失ったとき、周囲はどのように変わるのか、注意深く観察した人がいます。顔面神経麻痺で顔面筋のコントロールを失った元患者による報告です。

周囲は決して意地悪をしているわけではないのですが、表情の乏《とぼ》しい人には、イエスかノーで答えるような簡単な質問しかしなくなるといいます。会話が成り立つような、広がりのある質問をしないというのです。これでは会話をしようとしても、どうにもなりません。

そもそも無表情とは、表情がないだけでなく、もっとネガティブな雰囲気をかもし出してしまっているようなのです。こわばった顔は、本人はそう思っていなくても、「イライラしていて不機嫌」なように見えてしまうのです。それだけでなく、「お前には興味ない」と言っているように、あるいは「私は鈍いし、退屈ですよ」と言っているように、とらえられてしまうといいます。無表情の顔でいると、その人の魅力すらも消え失せていくようで、結果として、近寄りがたい存在になってしまうのでしょう。

周囲の受け止め方がそんな感じだと、本人も周りへの興味を失うという悪循環《じゅんかん》に陥《おちい》っていきます。そして内に閉じこもり、顔や世界から遠ざかって生きようとするようになってしまうということでした。

しかしこれらすべての状況は、顔面麻痺が消え、表情がよみがえると、消え去りました。すべてのことに関する興味や情熱までも、取り戻したように思えたそうです。【4】

こうしたことからも、表情がつくれないだけで、ひどい苦労をすることがわかります。人との関係をつくるためには、表情を持つことが必須とされる所以《ゆえん》なのです。それではもし、生まれつき表情をつくることができないとしたら、どんな人生を送ることになるのでしょうか。メビウス症候群という、生まれつき顔の両側の筋肉に麻痺が生じる病気があるそうです。

先の顔面麻痺のように、しだいに周囲から遠ざかり、うつになることもあるそうですが、③生まれついて表情がない場合、もっと大きなハンデを生み出すことになるようです。激しくまき起こる情動をコントロールできないとみなされがちだというのです。なぜ、そうなるのでしょうか。

表情は、心の中に生じる情動の発達のためにも大事な役割を果たすのです。

自分の感情が、どのように発達したかを思い起こしてみましょう。小さい頃に癇癪《かんしゃく》を起こしたり、欲しいものを泣いてねだったりした記憶はありませんか。

泣いているばかりの赤ちゃんから自我が芽生え始めた二歳をすぎたくらいの頃、気に入らないことがあると癇癪を起こし、欲しいものを泣いてせがんで、自分勝手に感情を爆発させる時期が続きます。第一次反抗期と呼ばれるこの頃、わがままな感情の爆発は根気強くしつけられて、感情をコントロールできるようになっていくのです。思い通りにいかなくても我慢する、人前ではわがままを言わない、特にネガティブな情動は抑《おさ》える……これらは友達やきょうだいと仲良くするために、家庭や学校で学習されてきたことなのです。

表情をつくる筋肉を動かすことができなくなる、顔面麻痺《まひ》は身近にもみられる病気です。ストレスが原因で起きる顔面麻痺は、芸能人がなったと騒《さわ》がれることもあります。一度は X にしたことがあるのではないでしょうか。

顔面麻痺には、治りやすいものからそうでないものまで、さまざまな種類があります。実は筆者も、ラムゼイハント症候群と呼ばれる顔面麻痺にかかったことがあります。水ぼうそうを起こすウイルスがストレスをきっかけに再発し、ふつうは水痘帯状疱疹《すいとうたいじょうほうしん》となるのですが、たまたま顔面神経に近いところで活動すると顔面麻痺となるのです。麻痺から回復することはできたのですが、麻痺した当時のつらさには、他の病気にはみられない、独特のものがありました。

顔面麻痺は、片側の筋肉だけが麻痺することが多いため、表情をつくることには難儀《なんぎ》は感じません。どちらかというと、口の開け閉じに不自由を感じ、満足にしゃべれないことと、食事の際に不便を感じました。しかしそれは自分の実感であって、周囲の印象はちょっと違うようでした。まったく気づかなかったのですが、表情の少ない顔をしていることが、家族にはとても苦痛だったようなのです。

周囲の違和感、これが表情をなくしてしまった時に起きる最大の問題なのです。

表情をなくすだけで、その人を取り巻く状況はがらりと変わります。なぜでしょうか。

脳の障害により、少しずつ運動機能が低下して、姿勢の維《い》持や運動の速度調節がうまく行えなくなるパーキンソン病は、表情もとぼしくなることがわかっています。パーキンソン病はアルツハイマー病のように、老人では比較的身近な病気です。みなさんも、名前を聞いたことがあるかもしれません。【２】

パーキンソン病では、進行するとベッドや車椅《い》子《す》での介助が必要な生活となります。身体が動かなくなることは大きなショックで、家族にも大きな負担となります。ですがそれ以上に、患者本人が無表情であることは、病人を支える家族に大きな壁として横たわるようなのです。

パーキンソン病患者は意図的に表情をつくることはできるのですが、瞬時でつくる意図しない表情の動きができなくなるのです。意図的な表情ができればじゅうぶんかと思うかもしれませんが、そうではないのです。意図しない表情がないとすると、その苦労ははかりしれないものがあります。

それは、友達となにげない会話をするときにも、あてはまります。こうした際に、周りを気にせずマイペースで一人喋《しゃべ》りする人は少ないでしょう。楽しい会話のやりとりの背後には、微妙《びみょう》な表情のかけあいがあるのです。

【３】

面白い話に思わず吹き出したり、嫌な話に思わず不愉快《ゆかい》な顔をしたり、これらの表情は意図せずに自発的に生じるもので、円滑《えんかつ》なコミュニケーションをするためには必須《ひっす》なのです。人と違和感なく会話が続くのは、表情のリアクションがあるからこそなのです。表情をなくすと、味気ない人生を送らざるをえない可能性があるのです。

パーキンソン病の患者の場合、介護している周囲からすると、昔のように会話できないことは、なによりつらいことなのです。しかも自分が表情問五、X・Y・Zには、どのような言葉が入りますか。最も適切なものを次のア～カの中から選び、記号で答えなさい。

ア、X…六位　Y…一人　Z…五位
イ、X…四位　Y…四人　Z…三位
ウ、X…五位　Y…一人　Z…四位
エ、X…四位　Y…三人　Z…一位
オ、X…五位　Y…四人　Z…三位
カ、X…六位　Y…五人　Z…一位

問六、――線⑤「ところが、うまくいかない」とありますが、それはなぜですか。その理由を八十字以内で説明しなさい。（句読点や記号を含む場合は、一字に数えます）

問七、――線⑥「やっとできたもの」とありますが、それは何ですか。文中より二十字以内で探し、その初めと終わりの五字を抜き出しなさい。（句読点や記号を含む場合は、一字に数えます）

三　次の文章を読んで、後の問いに答えなさい。

前章からの、ア魅力の話の続きでいうと、イ顔中にはりめぐらされるウ筋肉こそが、エ顔の魅力に①貢献《こうけん》します。私たちの表情をつくりあげているのは、この筋肉なのです。前章では、写真に写った顔が自分らしく見えないことについて話をしましたが、主な理由に筋肉の働きがあるのです。

ここで質問です。親しい人の顔を思い起こしてみてください。

どんな顔が思い出されますか？

友達の笑った顔、先生の怒った顔……、思い出すのは、さまざまな表情がついた顔ではないでしょうか。逆にいえば、無表情の顔を思い出すのは難しいでしょう。【１】

つまり親しい人の顔は、表情付きで覚えているのです。口を大きく開けて楽しそうに笑う友人、Aはにかみがちに笑う友人、それぞれがよく見せる表情で覚えています。

表情には、その人のB人となりがより強くあらわれるのです。その人の顔とは、その人がよくする表情なのです。

ふだん元気でエネルギーに満ちて美しかった友達が、ふと見せるぼんやりした無表情の顔を見て、印象が全く違って驚《おどろ》いたことはないでしょうか。無表情の顔には、魅力も個性もそぎ落とされてしまった印象があるように思います。顔はつくりではなくて、表情なのです。それには表情をつくる筋肉の動きが、大きく貢献しています。

②もし、表情がつくれないとしたら、どんな人生を送ることになるのでしょうか。実は、表情をつくることができなくなる病気があるのです。

問二、――線①「ばあちゃんしかいない俺が嫌いなんだ」とありますが、それはなぜですか。その理由の説明として、最も適切なものを次のア～エの中から選び、記号で答えなさい。

ア、親代わりの「ばあちゃん」と二人で暮らす生活に嫌気《いやけ》がさしており、本当は一人で生きていきたいと思っているから。

イ、一人で食べるには多すぎるお弁当を用意する「ばあちゃん」のことをうっとうしがり、それを申し訳ないと思っているから。

ウ、世話を焼きすぎる「ばあちゃん」に心底うんざりしており、自分もみんなと同じように両親と暮らしたいと思っているから。

エ、「ばあちゃん」に感謝する気持ちをもちながらも、みんなと異なる複雑な家庭環境であることを隠したがっているから。

問三、――線②・③「その顔」とありますが、それぞれの「その顔」の説明として、最も適切なものを次のア～エの中から選び、記号で答えなさい。

ア、②は相手を理解し心の底から受け入れる姿勢を示す純粋《すい》な笑顔で、③は相手を受け入れていることを示すために相手の笑顔のまねをしたものの失敗した顔。

イ、②は相手が矛盾していることに呆《あき》れながらも理解していることを示す笑顔で、③は相手を受け入れていることを示すために相手の笑顔のまねをしたものの失敗した顔。

ウ、②は相手が矛盾していることに呆れながらも理解していることを示す笑顔で、③は相手の話す内容に驚きを隠せず、相手を理解しているふりをするために必死に作り笑いをしている顔。

エ、②は相手を理解し心の底から受け入れる姿勢を示す純粋な笑顔で、③は相手の話す内容に驚きを隠せず、相手を理解しているふりをするために必死に作り笑いをしている顔。

問四、――線④「こういう状態を想定していなかったなんて……」とありますが、この時の「俺」の気持ちの説明として、最も適切なものを次のア～エの中から選び、記号で答えなさい。

ア、周囲を人に囲まれて走ることに慣れておらず、圧迫感から諦《あきら》めたくなる気持ち。

イ、どんどん走るスピードが上がっていくことについていけなくなり、焦る気持ち。

ウ、複数の選手と入り乱れて走る練習をしていなかったことを後悔する気持ち。

エ、普段からあまり練習をしていなかったせいで、走ることに疲れ切ってしまった気持ち。

どうしてもあいつを抜きたい。加瀬中の背中はつかめそうなところまで来ている。だけど、俺が迫れば、相手もスピードを上げる。どちらがより本気なのか。そのほんの少しの気持ちの差が勝敗を決める。

俺は身体中が熱を帯びるのを感じた。今まで俺は何かをほしいと思ったことなどなかった。好きなものが何かもわからなかった俺に、手に入れたいものがあるわけがなかった。でも、今は渇望《かつぼう》している。死ぬほどほしいものが、すぐ目の前にある。つかみたい。もう少しこんなふうに走っていたい。

中継地点まで残り１００メートルになって、ストレートの道が前に広がった。Ｚの選手が襷を渡しているのが見えて、加瀬中の選手がスパートをかけた。俺もすべての力を、気持ちを、前に向けた。フォームは崩れかけていたけど、そんなことはどうでもいい。駅伝に必要なのは美しさでも速さでもない。順位だ。加瀬中のやつと肩が並ぶ。絶対に譲《ゆず》るわけにはいかない。俺はまだ早いと思いつつも、肩から襷を外して手に握った。そして、大事なことを思い出した。

三日前、グラウンドで襷を渡す練習をした。俺はジローから受け取り、桝井に渡した。今日の朝まで、俺の次を走るのは桝井だったのだ。俊介とはなにも練習をしていない。けれど、先を見つめて、心配などないことがわかった。駅伝を始めて、走ることのほかにも手に入れたものがある。義務教育が終わる間際になって、⑥やっとできたものが俺にはある。俊介はいつもの人懐っこい笑顔を向けて、俺に手を振っている。

俺は襷を持つ手を前へと伸ばした。それに引きずられるように身体が運ばれる。加瀬中のやつよりも前へ。俺は身体ごと俊介のほうへと倒れこんだ。

「渡部先輩、お疲れ」

俊介は俺の手から狂《くる》いなく襷を受け取ると、そのままの勢いで真《ま》っ直《す》ぐに飛び出した。

（瀬尾まいこ『あと少し、もう少し』新潮社）

※ハングリー精神…「ハングリー（英：hungry）」が空腹や精神的な飢えを表すことから、達成への強い意志を持ってことに当たる気持ち。

問一、═══線Ａ・Ｂの語句の文中での意味として、最も適切なものを次のア～エの中から選び、それぞれ記号で答えなさい。

Ａ　口を切った

ア、不満を述べた
イ、同じことを言った
ウ、話を始めた
エ、秘密を漏らした

Ｂ　取るに足らない

ア、手が付けられない
イ、問題にもならない
ウ、満足できない
エ、意味がない

俊介。本調子でない桝井がどう走るのかは読めないし、俊介は乗っていると言っても二年生だ。六位で襷《たすき》を渡していては話にならない。勝負はここ、４区だ。

一人はすぐ目の前に見えていた。二年生の選手らしく走りなれていない。疲れているのが後ろからでもわかった。よし抜いてやろう。俺は再びスパートをかけた。相手は迫ってきた俺の気配に、すぐに固くなった。そのすきに、一気に追い抜いた。上出来だ。これで［X］。あと一つはあげておきたい。しかし、前には選手の姿はなかった。俺の前にいるはずの［Y］の背中が見えてこない。４区は入り組んだ農道を走るコースで、先が見渡せないのだ。自分の前でどんな展開が広がっているのかわからないことに、不安を感じた。前を走る選手は、今抜いたやつらとは違い、俺より実力があるやつらだ。はるか先を走っているのかもしれない。

いや、焦《あせ》ることはない。相手が誰でも追い上げて抜けばいい。今までと同じように一息に抜き去ってやればいいのだ。俺はもう一度自分の中のハングリー精神を呼び起こそうとした。⑤ところが、うまくいかない。そばに競う相手がいないと、奮い立たないのだろうか。もう一度だ。俺は自分の家を思い描いた。普通の中学生とは違う俺の家。俺の前を行くやつらとは違う家族。俺にはばあちゃんしかいない。今日だって、そのばあちゃんは……。そう、今日だってそのばあちゃんは嬉《うれ》しそうに、本当に嬉しそうに弁当を作っていた。俺の好物ばかりで弁当箱を埋《う》め尽くしていた。

「中学最後になって、孝一もやっと好きなことができるんだね」

ばあちゃんは目を輝かせて俺を見送ってくれた。そうだ。俺にハングリー精神があるわけがない。たかが記録会や試走で、手の込んだ弁当を作ってくれるばあちゃんがいるのだ。俺はハングリーではない。だけど、負けるわけにはいかない。これで最後にするわけにはいかない。ばあちゃんに、あと少しの間ほっとした顔をしてもらいたい。

２キロを通過して、残り１キロ。ゴールは迫《せま》っている。俺はさらに加速した。前が見えようが見えまいが、行くしかない。２キロを走ったのに、俺の身体にはまだ力がみなぎっていた。なんて使える身体なんだ。俺はきっとものすごく走ることが好きなのだ。まだまだ走れる、もっと行ける。走りたいと身体中が言っている。

「結局、渡部君が一番がんばってたのかもね」

上原は中継所へ運ばれるバスに乗る俺に、そう言った。

「吹奏楽の練習と駅伝の掛《か》け持ちに。それだけがんばってたらぼろが出そうなのに、渡部君、あっけなくやっちゃうんだもん。努力が日常になってたんだね」

そんなこといちいち言ってくれなくていい。でも、上原に褒《ほ》められるのは悪くなかった。

本当の自分がなんなのかはわからない。いくら考えたってわかるわけがない。俺は中学生なのだ。けれど、もしも、俺の中に上原や俊介が言うような「努力」や「優しさ」があるのであれば、今はそれを出してみたい。俺はもう一度力を入れなおして足を前に運んだ。残り５００メートル。この５００メートルが俺のすべてだ。俺は足先まで力をこめた。鋭《するど》いカーブを曲がったところで、やっと前を行く加瀬中の選手が見えた。

加瀬中を抜けば四位になる。四位に上げておくことが、県大会に出るための最低ラインだ。目指すものが見えたとたん、俺の心臓ははね上がった。

俊介はにこりと笑った。俊介の笑顔は素直さがよく出ていて、作り物じゃないとすぐにわかる。

②その顔を見ていたら、うっかり打ち明けたことも、俺がおばあちゃん子だってことも、どうでもいいことのように思えた。あんなに必死で隠していたのに、俺の周りを渦《うず》巻いていたどろどろとしたものは、表に出たとたん、B取るに足らないものに変わっていた。

「渡部先輩、親友っていますか？」

次は俊介の番だ。だけど、俊介は打ち明ける代わりに、俺に訊いた。

「まさか。俺にいると思う？」

親友どころか、俺には友達だと言い切れるやつもいない。ずっと自分をつくろっているんだから、当たり前だ。

「どういうのが親友かって難しいけど、自分の中を見せてもいいと思える相手は親友って呼んでもいい気がするんです」

「そうかもな」

俺は海苔《のり》を巻いただし巻きをつまんだ。ばあちゃんの自慢《じまん》料理だ。ほんのり甘くて穏《おだ》やかな味。桝井ってこういう味が好みなんだ。俊介は桝井のことなら、些細《ささい》なことだって知っている。

「好きなんだろ？」

「たぶんね」

俊介はかすかにうなずいた。

「いいじゃん。うん。いいと思うよ」

俺も俊介と同じような人懐《ひとなつ》っこい笑顔を見せようとしたけど、ちっとも上手に笑えなくて、③その顔に二人で笑った。

俺たちの上にある空は、重い雲で覆《おお》われている。地上の水分を全部吸い取ったような灰色の雲は、少しつつけば水が溢《あふ》れだしそうだ。でも、二週間後。きっと、そこには青い空が待っている。

４区は俺を含めた七人が、もつれた状態でスタートを切った。誰かが飛び出そうとすると、全員のスピードが上がる。七人がお互いの動きをけん制し合い進んでいる。ここから早く抜け出さなくてはいけないのに、俺の身体はうまく動かない。混戦に慣れていないのだ。野外走でも記録会でも、俺はみんなと距離を取って走っていた。④こういう状態を想定していなかったなんて……。周りを囲まれながら走る圧迫感に、苦しくなった。すぐそばに人がいては、自分の走りができない。窮屈《きゅうくつ》で息が詰《つ》まりそうだ。いや、そんな弱気でどうする。時間はないのだ。競《せ》り合いを体験したことがなくても、俺の中には注ハングリー精神というのがあるはずだ。これぐらいの競争、その精神を使えば制することができる。こいつらはきっと親がいる。自分の身の上が知られる怖さなんて、体験したことのないやつらばかりだ。そんなぬるいやつらに負けるわけがない。

俺は自分を奮起させると、身体中に力をめぐらせた。少しぐらい無理をしたって、俺なら取りかえせる。走り出してすぐだというのに、俺はスパートをかけた。こんなところで大胆《たん》な加速をするやつはいない。誰も俺についてはこなかった。後先を考えなければ、集団からは簡単に抜けられた。集団が後方に流れたのを確認すると、俺は呼吸を整えて意識を前に向けた。俺の前にはあと五人いる。

県大会に進めるのは上位六位までだ。俺の後に待っているのは、桝井に

すると、卵焼きを飲みこんだ俊介は、

「渡部先輩は、おばあちゃんが嫌いなの？」

と言った。全然会話になっていない。

「じゃあ、俊介は桝井のことどう思ってんの？」

俺も同じように訊《き》いた。

お互いにひっかかっていることをそのまま口にしただけで、二人とも答えようとしないから、質問だけが浮かんでいる。どっちの答えが重いのだろうか。どっちの壁が厚いのだろうか。どっちが先に開く？　俺は俊介の目を見て、思わず噴き出した。俊介もまったく同じことを俺の顔からうかがっている。

「①ばあちゃんしかいない俺が嫌いなんだ」

俺は先にA口を切った。一応俺のほうが先輩だ。

「俺、ばあちゃん子どころか、小学生の時からばあちゃんと二人で暮らしてる」

七歳の時に両親が離婚した。父親にも母親にも好きな人がいて、どちらの好きな人も俺のことを受け入れなかった。だから、俺はばあちゃんの家で暮らしている。

「そういや、渡部先輩、転校生でしたね」

「うん。小学二年の時な。そこからばあちゃんと二人暮らし」

走った後で気持ちが解放されているのだろうか。口火を切ってしまえば、驚くほどするすると言葉は出た。

「その暮らしが嫌いなの？」

「いや、違うな。そうじゃない」

ばあちゃんとの暮らしは悪くない。世話を焼かれすぎてうんざりすることもあるけど、俺を拾ってくれた人だ。感謝の気持ちは絶対にあるし、大事にされているのもわかる。俺が受け止められないのは、自分自身を取り巻くものだ。みんなに同情されたらどうしよう、馬鹿にされたらどうしよう。みんなとは違うと気付かれたらどうしよう。そんなくだらないことが引っかかっていた。

「何も嫌いなんかじゃない。みんなと同じでいたいと思ってただけなんだ。ばあちゃんと二人でかわいそうとか、親に捨てられたんだとか、そういうふうに思われたくないだけだったんだけどな」

何が普通で何がいいのかはわからない。だけど、自分の置かれている環境をさらけ出せるほど、俺は強くはなかった。ありのままの自分でいいなんて、恵まれているやつが使う言葉だ。どうすればいいのかはわからなかった。ただ、必死な感じを消して、余裕を身にまとって、気をまわしすぎず、ガツガツもせず、複雑な家庭環境とほど遠いやつになろうとした。それだけだ。みんなと同じ生活をしているように見せたかっただけだ。それなのに、今の俺はなんて厄介《やっかい》なことになっているのだろう。俺は自分をどんどんわけのわからないやつにしてしまっている。

「キャラ設定に迷ってるうちに、インチキくさい芸術家みたいになったってことですね」

俊介は冗談めかして言った。

「そうかもな」

「おばあちゃん子ならではの世話好きさとかって、すぐに出ちゃうのに。所詮《しょせん》無理だったんですよ」

2023年度 武蔵野大学中学校

【国　語】〈第一回試験〉（四五分）〈満点：一〇〇点〉

一　次の問いに答えなさい。

問一、――線の漢字の読み方をひらがなで答えなさい。

① 平静を装う。
② 鬼のような形相でにらむ。
③ 体裁が悪い。
④ 詳しい説明を省く。
⑤ 油断は禁物だ。

問二、――線のカタカナを漢字に直しなさい。

① ビルのカイシュウ工事をする。
② 学芸会でゲキを披露する。
③ セイジツな対応を心がける。
④ いろいろなモヨウをつける。
⑤ 将来にソナえる。

二　次の文章を読んで、後の問いに答えなさい。

「ああ、緊張した。試走もこれで最後だと思うと、力が入る」

俊介がバナナを食べながら、俺のそばに寄ってきた。俊介は昼ごはんになると、いつもやってくる。そして、俺の弁当箱を覗《のぞ》きこむのだ。

「うっとうしいやつだな。食えよ」

俺は俊介の前にいつものように弁当箱を置いた。どうせばあちゃんの作るおかずは、一人で食うには多い。

「いただきまーす」

俊介はすぐさま鶏《とり》の照り焼きを手にした。

「おお、これ、おばあちゃんの味だ。うちのばあちゃんも、なんでも生姜《しょうが》で味つけるんですよ」

「あっそう」

俺は俊介に代わりに食べてと渡されたバナナを口にした。

「僕結構、味にうるさいんです。渡部先輩の家の卵焼きは甘めですね」

「そうかな」

「うん、桝井《ますい》先輩が好きそうな味」

俊介はなんでも幸せそうに食べる。そして、俊介の言葉の端《はし》っこには、しょっちゅう桝井が出てくる。

「お前はなんでも桝井だな」

そう言うと、俊介は卵焼きを口に入れたまままじっと俺の顔を見た。

「お前はすぐに桝井だな」

俺はもう一度繰り返した。

2023年度

武蔵野大学中学校　▶解　答

※編集上の都合により，第１回試験の解説は省略させていただきました。

算　数　＜第１回試験＞（45分）＜満点：100点＞

解　答

[1] (1)　0　(2)　8　(3)　$\frac{5}{6}$　(4)　42　(5)　10　(6)　2　[2] (1)　8個　(2)　4年後　(3)　5％　(4)　160ページ　(5)　2001　(6)　35個　(7)　38　(8)　47度　(9)　6通り　(10)　時速3km　(11)　3時$16\frac{4}{11}$分　(12)　6.88cm^2　[3] (1)　7800m　(2)　分速96m

国　語　＜第１回試験＞（45分）＜満点：100点＞

解　答

[一] **問1**　①　よそお(う)　②　ぎょうそう　③　ていさい　④　はぶ(く)　⑤　きんもつ　**問2**　下記を参照のこと。　[二] **問1**　A　ウ　B　イ　**問2**　エ　**問3**　ア　**問4**　ウ　**問5**　オ　**問6**　（例）　自分にはハングリー精神があると思っていたが，やさしく自分を思ってくれるばあちゃんがいるので，実際は愛情に恵まれているのではないかということに気がついたから。　**問7**　自分の中を～思える相手　[三] **問1**　A　エ　B　ア　**問2**　ウ　**問3**　ア　**問4**　エ　**問5**　（例）　表情を使って自分の感情を出す機会を持てず，感情をコントロールする訓練を受けるきっかけがないままネガティブな情動を抑えずに暴走してしまうかもしれないから。　**問6**　ポジティブな感情　**問7**　3

●漢字の書き取り

[一] **問2**　①　改修　②　劇　③　誠実　④　模様　⑤　備(える)

2023年度 武蔵野大学中学校

〈編集部注：この試験は，算数・社会・理科・英語・国語より２科目を選択します。算数・国語はいずれかを１科目以上選択します。〉

【算　数】〈第２回試験〉（45分）〈満点：100点〉

1　次の□にあてはまる数を求めなさい。

(1) $36-\{26-4\times(7-2)\}=\square$

(2) $\left(\frac{1}{3}-\frac{1}{5}\right)\div\frac{16}{15}+\left(\frac{1}{6}-\frac{1}{7}\right)\div\frac{20}{21}=\square$

(3) $6\times3\frac{1}{3}\div\square-82=8$

(4) $\frac{5}{6}\times0.6\div0.125-0.7\times\frac{5}{21}\div\frac{1}{6}=\square$

2　次の問いに答えなさい。

(1) 5％の食塩水が600ｇと８％の食塩水を何ｇか混ぜたところ，６％の食塩水ができました。８％の食塩水は何ｇ入れましたか。

(2) Ａ町からＢ町まで自転車で行くのと徒歩で行くのとでは，かかる時間が45分ちがいました。1km 行くのに，自転車では6分，徒歩では15分かかります。Ａ町からＢ町までの道のりは何 km ですか。

(3) 1周400ｍの運動場をＡさん，Ｂさんが同時に同じ場所からスタートし，それぞれ速さを変えずにまわるものとします。たがいに反対方向にまわるときは50秒後に出会い，同じ方向にまわるときは80秒後にＡさんがＢさんにはじめて追いつきました。Ｂさんの速さは秒速何ｍですか。

(4) 1,4,7,11,14,17,41,44,47,71,74,77,111,… は，１と４と７だけを用いて，ある規則にしたがって並んでいます。はじめから数えて20番目の数はいくつですか。

(5) 次の図のような正五角形があります。大小２つのサイコロを投げて，出た目の和と同じ数だけ，A→B→C→D→E→A→B→…の順にまわります。このとき，C の位置にくる場合は全部で何通りありますか。

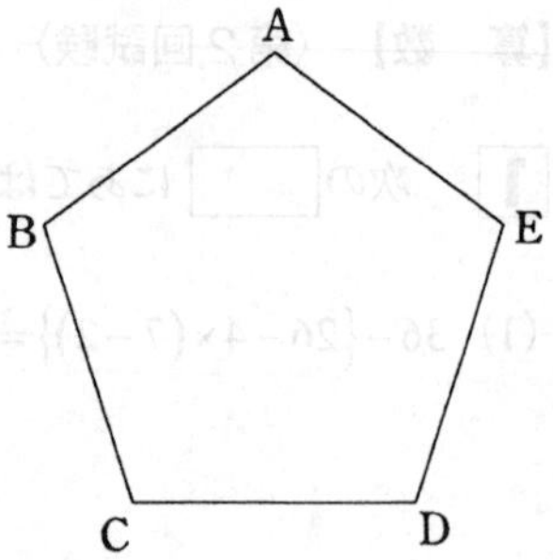

(6) 児童にえんぴつを８本ずつ配ると15本不足し，７本ずつ配ると５本余りました。えんぴつは全部で何本ありますか。

(7) A，B の２種類のパンを売りました。仕入れ値は A が60円，B が80円でしたが，２種類とも90円で売ったところ，A，B 合わせて1000個売れて，利益は15000円でした。A は何個売れましたか。ただし，売れ残りはないものとします。

(8) 袋の中に10円玉と50円玉と100円玉が入っています。枚数の比がこの順に4:2:1で，金額の合計は3600円です。このとき，100円玉は何枚入っていますか。

(9) 次の図のように，1辺が2 cm の正方形がたてに３個ずつ，横に４個ずつ並んでいます。斜線《しゃせん》部分の面積は何 cm^2 ですか。

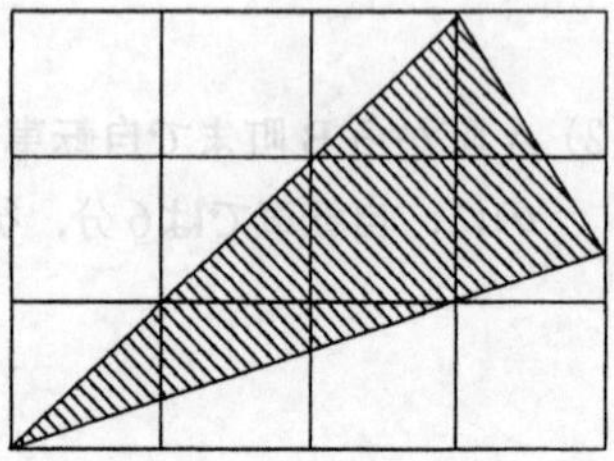

（10）ある整数を４倍してから，15をひき，一の位を四捨五入すると，ちょうど200になりました。そのような整数は全部で何個ありますか。

（11）1から20までをすべてかけた整数 $1\times2\times3\times\cdots\times18\times19\times20$ を計算すると，一の位から何個の０が連続して並びますか。

（12）次の図のような立方体を考えます。点Ｂと点Ｄ，点Ｄと点Ｇを結んでできる角BDGの大きさは何度ですか。

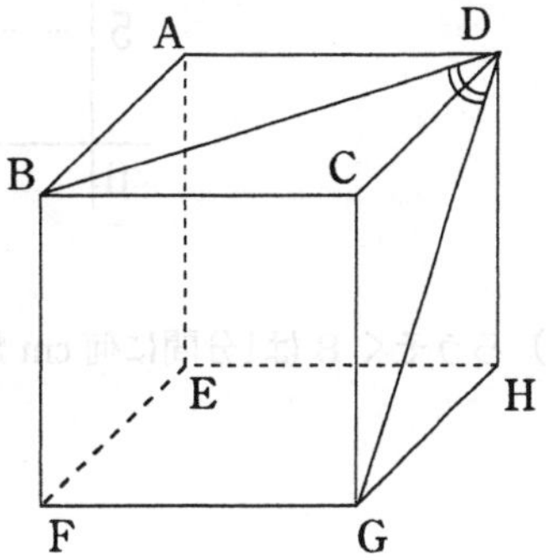

3 次の図のように，同じ大きさの白いパネルと黒いパネルを規則的に並べます。
このとき，次の問いに答えなさい。

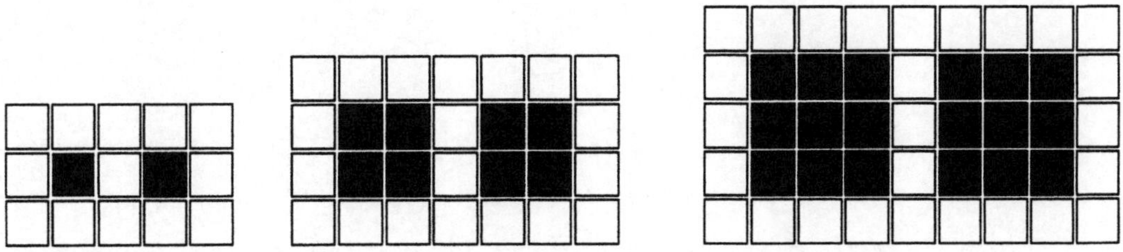

1番目　　２番目　　３番目

（1）４番目の図形の白いパネルの枚数は何枚ですか。

（2）黒いパネルが242枚のとき，黒いパネルと白いパネルの差は何枚ですか。ただし，考え方も式や言葉で説明しなさい。

4 直径のちがう円柱の形をした２本のろうそくＡ，Ｂを燃やして，ろうそくの長さと時間の関係を次の図のようなグラフにしました。ろうそくＡは途中《とちゅう》で消えてしまったので，ろうそくＢが燃え尽きてから，また燃やし始めました。ろうそくの燃える速さはいつも一定です。このとき，次の問いに答えなさい。

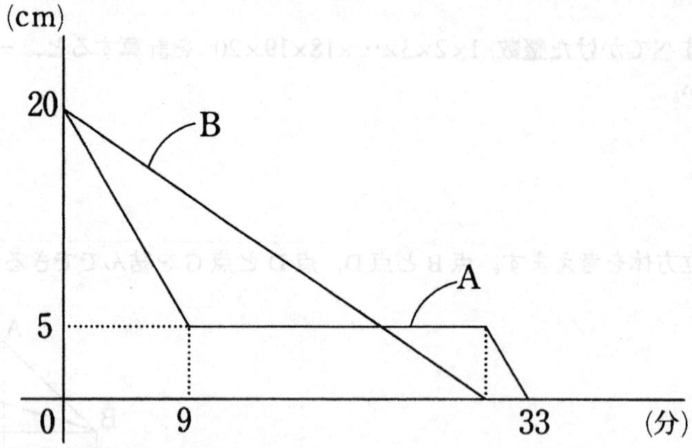

(1) ろうそくＢは1分間に何 cm 燃えましたか。

(2) 最初と最後以外に２つのろうそくの長さが同じになるのは，最初から何分後ですか。ただし，考え方も式や言葉で説明しなさい。

【社　会】〈第２回試験〉（45分）〈満点：100点〉
※解答は、特別の指示がない限り漢字で記入すること

1　次の地図を見て問いに答えなさい。

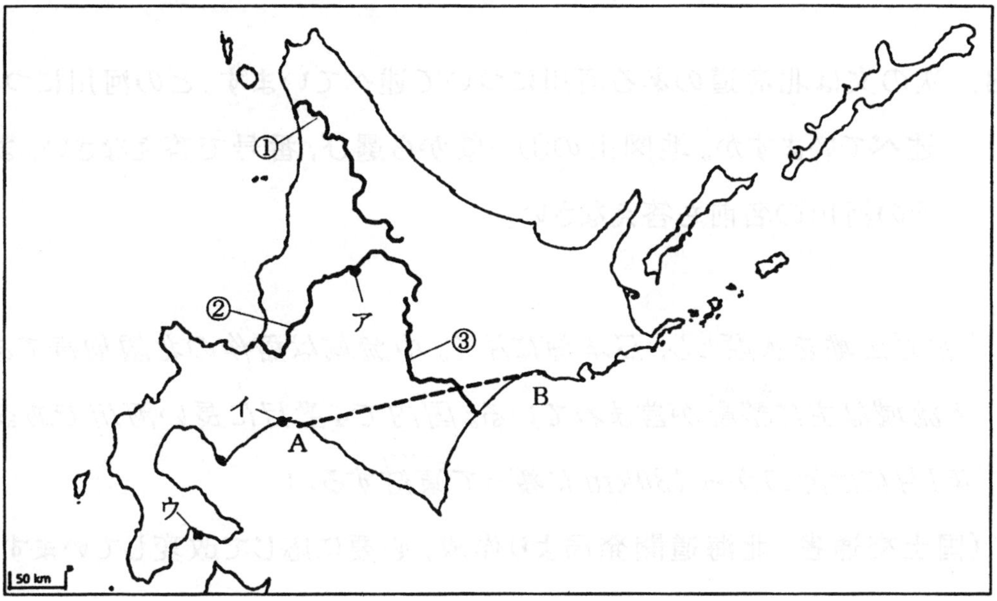

（国土地理院　地理院地図より作成）

問1.　次の文章は北海道の概要《がいよう》を示しています。（　Ａ　）・（　Ｂ　）にあてはまる数字の正しい組み合わせを，下の表から選び，記号で答えなさい。

「北海道は日本の最北に位置する都道府県です。面積は約（　Ａ　）平方キロメートルで，人口は約 520 万人で，日本の都道府県別人口では第（　Ｂ　）位です。」

	ア	イ	ウ	エ
(A)	53,000	53,000	83,000	83,000
(B)	5	8	5	8

問2．地図のア～ウは北海道の人口上位第2位～第4位(2021 年)の都市の位置を示しています。それぞれの都市名を答えなさい。

問3．次の文は北海道のある河川について述べています。どの河川について述べていますか。地図上の①～③から選び，番号で答えなさい。また，その河川の名前も答えなさい。

「北見山地を水源とし，日本海に注ぐ。中流域は稲作の北限地帯であり，下流域は主に酪農《らくのう》が営まれている。国内で4番目に長い河川である。毎年1月には河口から130km に渡って凍結《とうけつ》する。」

(国土交通省　北海道開発局より作成，必要に応じて改変しています。)

問4．次の断面図ア～エのうちいずれかは，地図上の破線 AB 間の断面図を示しています。破線 AB 間の断面図はどれですか。次から選び，記号で答えなさい。

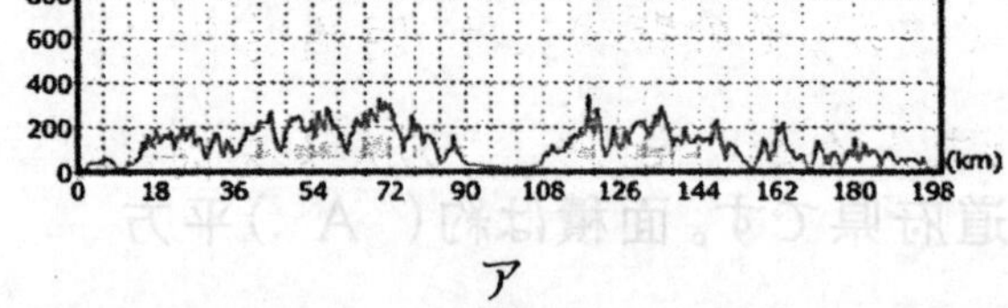

ア

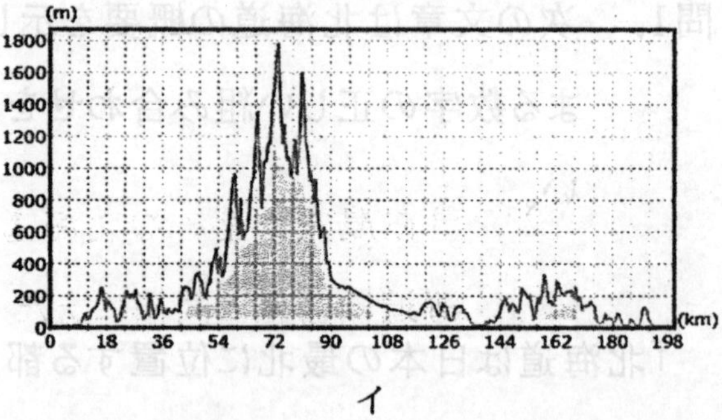

イ

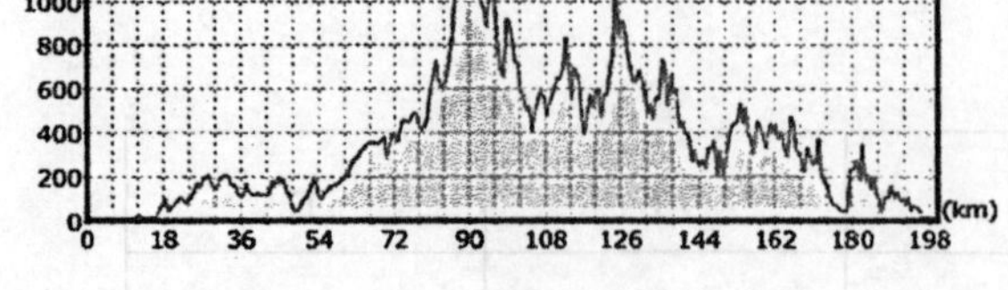

ウ

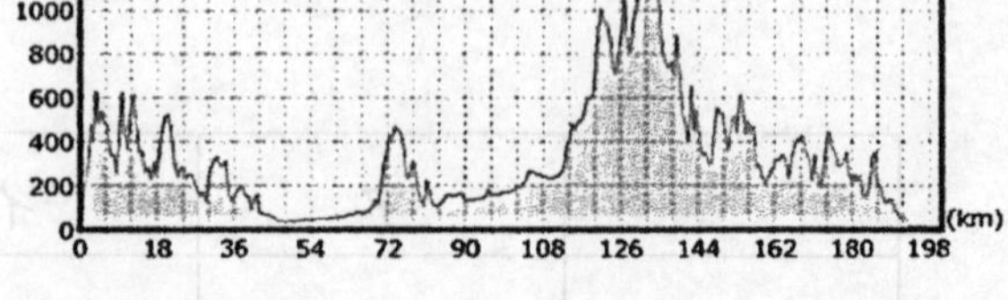

エ

(国土地理院　地理院地図より作成)

問５．（1）次の表は，北海道で生産が盛んな農産物の，都道府県別収穫量《しゅうかくりょう》（2020 年）上位第５位までを表しています。表中の①～③にあてはまる農産物を下からそれぞれ選び，記号で答えなさい。

	①	小麦	②	玉ねぎ	③
第1位	北海道	北海道	新潟県	北海道	北海道
第2位	鹿児島県	福岡県	北海道	宮城県	鹿児島県
第3位	岩手県	佐賀県	秋田県	福岡県	長崎県
第4位	宮崎県	三重県	山形県	佐賀県	茨城県
第5位	沖縄県	愛知県	宮城県	秋田県	千葉県

（『データブック オブ・ザ・ワールド 2022』より作成）

ア．キャベツ	イ．米	ウ．さつまいも	エ．じゃがいも
オ．茶	カ．牧草	キ．ピーマン	ク．りんご

（2）現在農業が盛んな北海道ですが，その背景には，明治時代に北海道の警備と開拓《かいたく》にあたった人々がいました。その人々を何と呼ぶか答えなさい。

問6.（1）次の雨温図は，それぞれ札幌，根室，新潟の気候を表しています。札幌の気候を表す雨温図はどれですか。次から選び，記号で答えなさい。

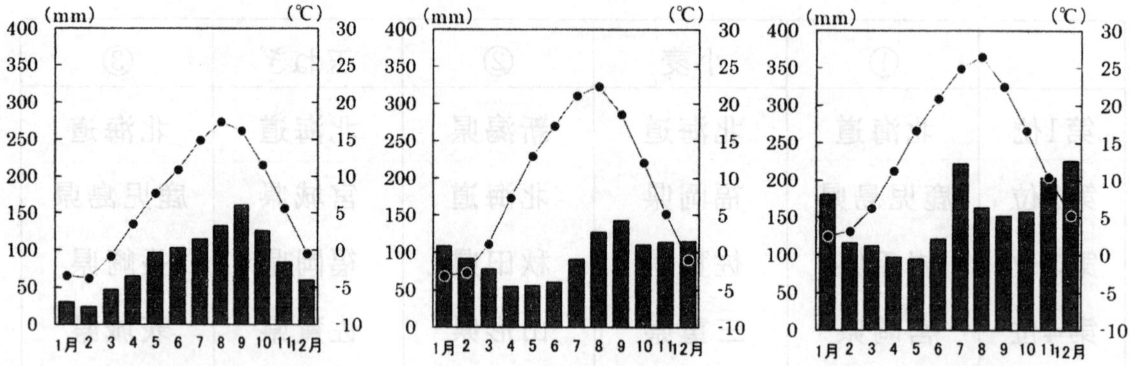

ア　　イ　　ウ

（2）厳しい寒さと積雪から，くらしを守るために，北海道の住宅には様々な工夫が見られます。どのような工夫が見られるのか，「壁」「二重」「屋根」の語句を必ず使って，説明しなさい。

問7.　札幌市は，ポートランド（アメリカ合衆国），大田《テジョン》（韓国），瀋陽《シェンヤン》（中国），ミュンヘン（ドイツ），ノボシビルスク（ロシア）の各都市と姉妹都市です。

（1）次の写真と文は，札幌市の姉妹都市のいずれかについて表しています。どの都市について表していますか。また，文章内の（　Z　）にあてはまる語句は何ですか。正しい組み合わせを次の表から選び，記号で答えなさい。

『この都市は，その国の南部に位置し，ベルリン，ハンブルクに続いて国内人口第3位の都市です。この国の言語で「こんにちは。」は（　Z　）といいます。標高 500 m ほどに位置しています。』

	ア	イ	ウ	エ
都市名	ポートランド	ポートランド	ミュンヘン	ミュンヘン
(Z)	Hello	Guten Tag	Hello	Guten Tag

（2）次の図は，アメリカ合衆国，韓国，中国，ドイツ，日本，ロシアの自動車生産台数の変化を示しています。①～③として正しい国名の組み合わせを，次の表から選び，記号で答えなさい。

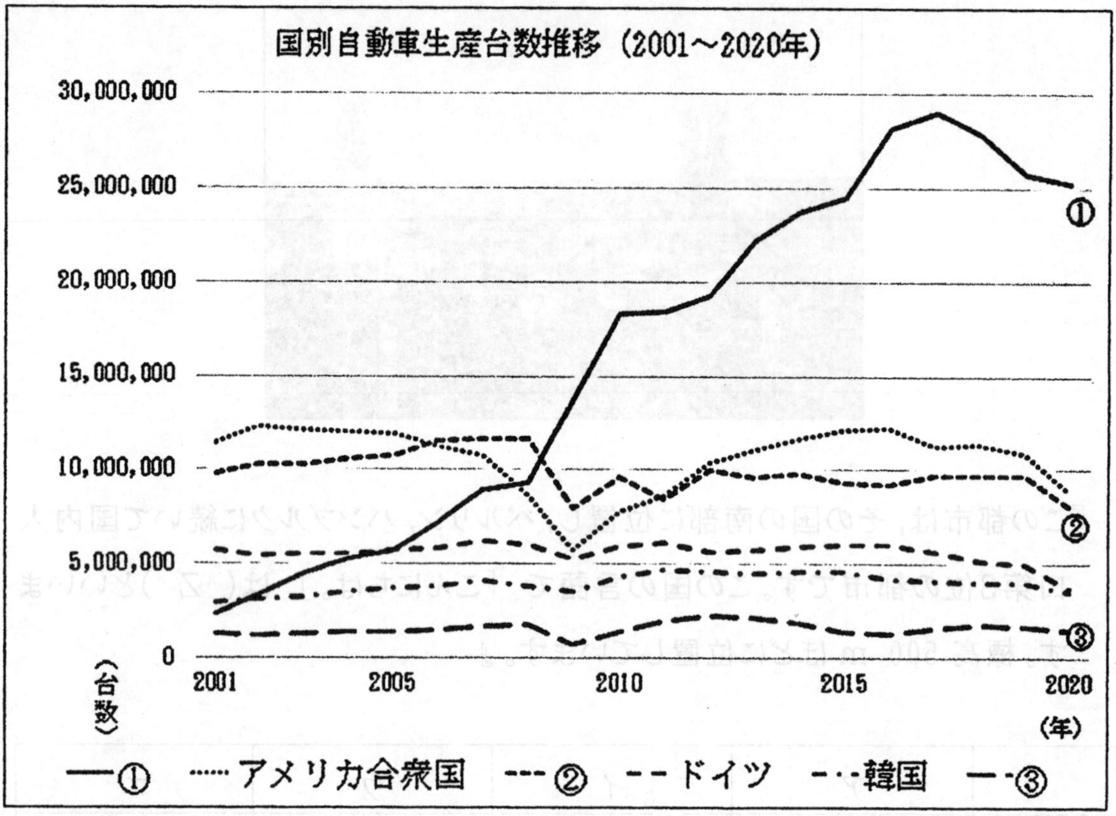

（International Organization of Motor Vehicle Manufacturers より作成）

	ア	イ	ウ	エ	オ	カ
①	中国	中国	日本	日本	ロシア	ロシア
②	日本	ロシア	中国	ロシア	中国	日本
③	ロシア	日本	ロシア	中国	日本	中国

2 次のA～Eの文は，法律や制度に関する説明です。文中の(　1　)～(　7　)にあてはまる語句を答え，また問いに答えなさい。

A.　(　1　)と呼ばれる法律は(　2　)の摂政《せっしょう》である①聖徳太子が定めたものである。「和を大切にし，人と争いをしないようにせよ」などの内容で構成され，役人の心構えを定めたものであった。

問1.　下線①について，この法律とともに聖徳太子が定めたもので身分に関する制度を答えなさい。

B.　②大化の改新が起こり，新しい支配の仕組みを作るために 701 年に制定された制度で(　3　)と呼ばれる。これは③中国の制度にならって作られたもので，天皇を頂点とする国家体制を作るためのものであった。

問2.　下線②について，大化の改新に関係のない人物を次から選び，記号で答えなさい。

ア.中大兄皇子	イ.蘇我馬子	ウ.蘇我入鹿	エ.中臣鎌足

問3.　下線③について，日本が手本としたこのときの中国の王朝の名前を答えなさい。

C.　④執権《しっけん》という立場にいた(　4　)を中心に制定された(　5　)は初めての武家法である。この法律は，後の時代にも大きく影響《えいきょう》を及ぼしたと言われる。

問4.　下線④について，執権についての説明として正しいものを次から選び，記号で答えなさい。

ア．鎌倉幕府において，将軍，管領《かんれい》に次ぐ役職であった。
イ．天皇が女性または子どもの場合に，天皇に代わり政治を行う役職であった。
ウ．斯波，細川，畠山の3家が交代で任じられるようになった。
エ．源実朝の死後，鎌倉幕府の実質的な最高責任者と考えられた。

D.　（　6　）は⑤江戸時代の初期に制定された法律で，「新たに城を建築することは厳禁とする。」「幕府の許可無く勝手に結婚《けっこん》してはならない。」などの内容が書かれていた。また，江戸幕府3代将軍（　7　）が，⑥参勤交代の義務などを加えている。

問5.　下線⑤について，江戸時代についての説明として正しいものを次から選び，記号で答えなさい。

ア．江戸時代における三大改革とは時代の古い順に，寛政《かんせい》の改革，天保の改革，享保《きょうほう》の改革である。
イ．島原・天草一揆《いっき》の発生からキリスト教は禁止されており，隠《かく》れキリシタンを見つけだすために絵踏《えふみ》などが行われた。
ウ．鎖国《さこく》下においてヨーロッパとの貿易はポルトガルとだけ行われていた。
エ．最後の将軍は，第15代の徳川慶喜であった。

問6.　下線⑥について，参勤交代の内容とその目的を説明しなさい。

E.　解放令は⑦1871年に出された，⑧江戸時代に差別されていた人々の身分や職業を，平民と同じにするという内容のものである。解放令をはじめとする明治政府の方針によって，皇族以外の身分は制度上平等となった。

問7.　下線⑦について，この年よりも前に起きたできごとを次から選び，記号で答えなさい。

ア．沖縄県の設置

イ．日英同盟の締結《ていけつ》

ウ．五カ条のご誓文《せいもん》の発表

エ．大日本帝国憲法の発布

問8.　下線⑧について，江戸時代に差別されていた人々は何と呼ばれていましたか。ひらがなで2つ答えなさい。

3 次の会話文を読んで，問いに答えなさい。

先　　生：「2023年4月から新しい役所ができますよ。」

ヨシコ：「私，知っています。①『こども○○庁』ですよね。」

先　　生：「正解です。岸田政権の肝《きも》いりの政策で，②こどもを取り巻く状況をよりよくしていこうと，『こども真ん中』をコンセプトに考えられました。」

タダシ：「でも，なんで『こども○○庁』が作られたのですか。」

先　　生：「大きな理由は，③少子化が進んでいて深刻な問題となっているからです。子育て支援《しえん》は『こども○○庁』の重要な仕事になります。」

ヨシコ：「こどもが生まれたときに取れる『産後パパ育休』も始まったわね。」

先　　生：「よく知っているね。」

タダシ：「ぼくもイクメンになるぞ！」

先　　生：「日本でも，④性別に関係なく，育児や仕事に参加できる社会になってきているけれど，スイスの民間研究機関の『世界経済フォーラム』の発表によると，2022年版の男女平等度ランキングでは，日本は146か国中，なんと116位なのです。」

タダシ：「そんなに低いのかあ。」

先　　生：「特に，政治参加の面で男女平等がおくれているのです。」

ヨシコ：「昨年行われた参議院選挙では，女性議員が増えましたが，もっと増えるといいな。」

先　　生：「昨年の参議院選挙では，物価高への対策や安全保障の問題などが争点になりましたが，少子化のように長期的に取り組む必要のある課題は参議院でこそ，腰《こし》をすえて取り組んでほしいですね。」

タダシ：「それでこそ，⑤『良識の府』といわれる参議院だよね。」

問1. 下線①の「こども○○庁」の○○にあてはまる語句を次から選び，記号で答えなさい。

ア. 社会　イ. 教育　ウ. 家庭　エ. 健康

問2. 下線②について，本来，大人が担うと想定されている家事や家族の世話などを日常的に行っている子どものことを何といいますか。次から選び，記号で答えなさい。

ア. ヤングケアラー　イ. ジュニアケアラー
ウ. ヤングヘルパー　エ. チャイルドヘルパー

問3. 下線③について，2021年の出生数を次から選び，記号で答えなさい。

ア. 約203万人　イ. 約125万人　ウ. 約107万人
エ. 約81万人　オ. 約70万人

問4. 下線④について，次の問いに答えなさい。

(1) 次の法律の○○に共通する語句を漢字2字で答えなさい。

- ○○雇用《こよう》機会均等法
- 政治分野における○○共同参画推進法

(2) 次のSDGsのイラストの□にあてはまる語句を次から選び,記号で答えなさい。

ア.ダイバーシティ　　イ.ジェンダー　　ウ.フェミニズム
エ.セクシャル　　オ.ユニバーサル

問5. 下線⑤について,参議院は「良識の府」といわれていますが,それはなぜですか。衆議院とのちがいにふれながら「任期」「解散」の語句を必ず使って,解答らんの文末にあうように説明しなさい。

問6. 次のうち,あやまっているものを2つ選び,記号で答えなさい。

ア. 参議院は,日本国憲法が施行《しこう》された年に設置された。

イ. インターネットを使って選挙運動ができる。

ウ. 在外投票制度は,20歳以上にならないと利用できない。

エ. 2022年の参議院選挙で10代の投票率は,全体の約52%に対し,約72%であった。

オ. 次回の参議院選挙は,2025年に行われる。

【理　科】〈第2回試験〉（45分）〈満点：100点〉

1　次の文章を読み，以下の各問いに答えなさい。

棒のある1点を支えにして，棒の一部に力を加え，物を持ち上げたり，動かしたりするものを「てこ」といい，支点，力点，作用点があります。

（1）てこを利用している道具として，「はさみ」があります。図1の（ア）～（ウ）は支点，力点，作用点のどれか答えなさい。

図1

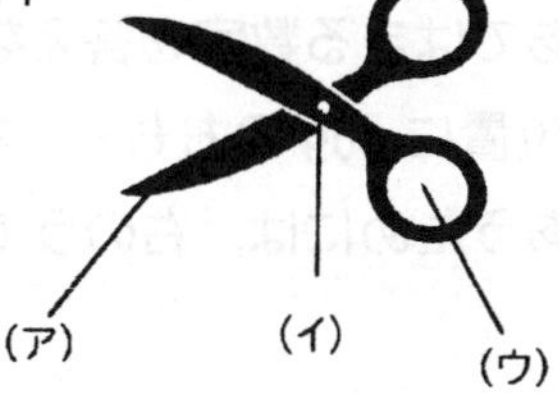

（2）てこを利用した道具には，はさみのように加えた力よりも大きい力で作業することができるものの他に，加えた力より小さくなるので，力の調整がしやすく，細かい作業を行いやすいという特ちょうのあるものもあります。このように細かい作業をするためにてこが利用されている道具を1つ答えなさい。

てこの性質について調べるために，<実験1>，<実験2>を行いました。

<実験1>

①図2のように軽い棒におもりをつけた実験装置を組み立てました。

②支点の位置は変えずに支点と作用点の間のきょりを変えておもりを持ち上げるために必要な力を調べました。

図2

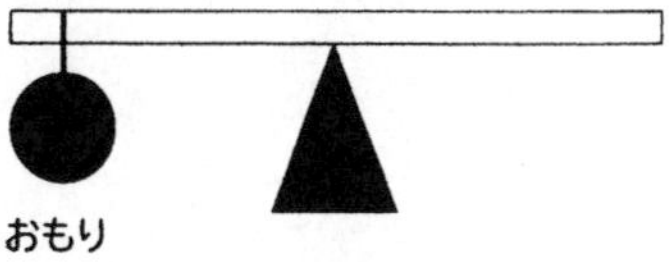

<実験2>

③図3のような実験装置を組み立てました。

④左のうでのおもり（6の位置に30g）は変えずに，右のうでにおもりをつるして，てこが水平につりあうときのおもりの位置と量を調べました。

図3

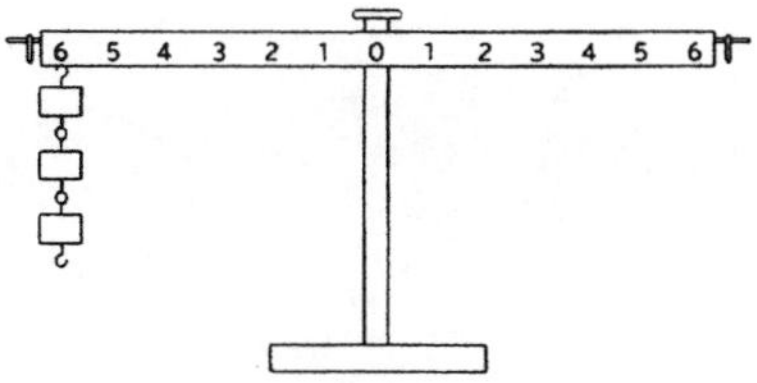

<実験 2 の結果>

	左のうで	右のうで					
おもりの位置	6	6	5	4	3	2	1
おもりの量(g)	30	30	36	(エ)	60	90	180

(3)<実験 1>の②について，より小さい力でおもりを持ち上げることができたのは，おもりを支点から遠ざけたとき，近づけたときのどちらか答えなさい。

(4)<実験 2 の結果>から，てこがつりあうのはどのようなときであるといえますか。「おもり」という言葉を使って答えなさい。

(5)<実験 2 の結果>の（エ）にあてはまる数字を答えなさい。

(6)図 4 のように左のうでの 4 の位置に 30g のおもり，右のうでの 1 の位置に 20g のおもりをつけました。水平につりあうためには，右のうでの 5 の位置に何 g のおもりをつければよいですか。

図4

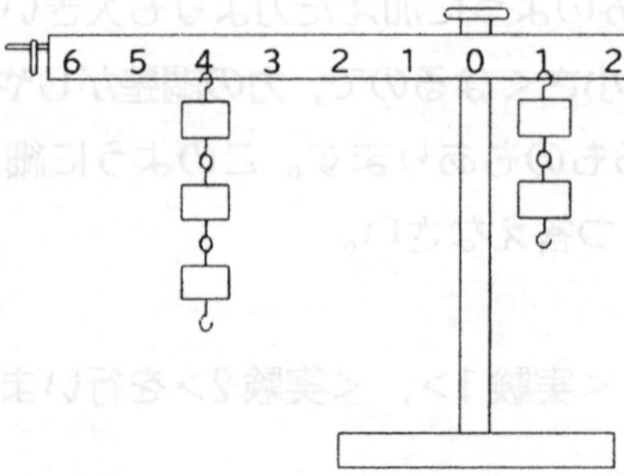

（７）てこを利用したおもちゃとして「モビール」があります。モビールとは，軽い棒に糸などでさまざまなおもりをつるし，つりあいを保たせたものです。図５のようなモビールを作るとき，おもりＡ，おもりＢの量は何ｇか答えなさい。

図５

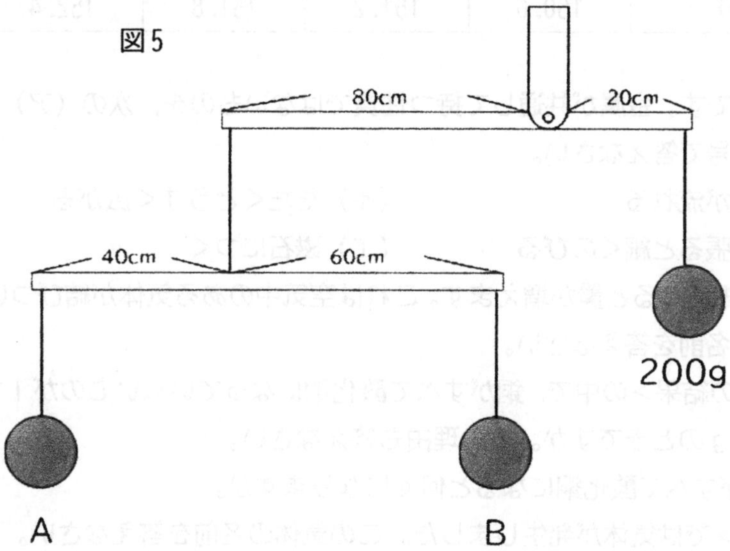

2　＜実験１＞と＜実験２＞を行い，結果を表にまとめました。以下の各問いに答えなさい。

＜実験１＞

さまざまな量の銅粉をはかりとり，かき混ぜながらガスバーナーで加熱し，加熱後の物質の量をはかりました。

＜実験１の結果＞

銅(g)	0.4	0.8	1.2	1.6	2.0
加熱後の物質（g）	0.5	1.0	1.5	1.8	2.5

＜実験２＞

あるこさの塩酸 20mL をビーカーに入れ，ビーカーごと量をはかると 150g でした。次に，さまざまな量の石灰石を用意し，ビーカーの塩酸に加えました。反応が終わった後，ビーカーごと量をはかりました。

＜実験2の結果＞

石灰石（g）	1.0	2.0	3.0	4.0	5.0
塩酸＋ビーカー(g)	150	150	150	150	150
反応後（g）	150.6	151.2	151.8	152.4	153.4

（1）銅は金属です。金属が共通して持つ性質ではないものを，次の（ア）～（エ）から1つ選び，記号で答えなさい。

（ア）電流が流れる　　（イ）たたくとうすく広がる

（ウ）引っ張ると細くのびる　　（エ）磁石につく

（2）銅が酸化銅になると量が増えます。これは空気中のある気体が結びついたからです。この気体の名前を答えなさい。

（3）＜実験1の結果＞の中で，銅がすべて酸化銅になっていないものが1つあります。それは銅が何gのときですか。その理由も答えなさい。

（4）銅3.2gがすべて酸化銅になると何gになりますか。

（5）＜実験2＞では気体が発生しました。この気体の名前を答えなさい。

（6）（5）の気体は固体にすると保冷材に利用されます。この固体の名前を答えなさい。

（7）＜実験2＞で石灰石1.0gを塩酸に加えたときに発生した（5）の気体は何gですか。

（8）（5）の気体を実験で発生させる方法として正しいものを，次の（ア）～（オ）からすべて選び，記号で答えなさい。

（ア）オキシドールに二酸化マンガンを加える。

（イ）塩酸にスチールウールを加える。

（ウ）塩酸に貝がらを加える。

（エ）炭酸水素ナトリウムを加熱する。

（オ）塩化アンモニウムと水酸化カルシウムを混ぜて加熱する。

（9）＜実験2＞で石灰石5.0gを塩酸に加えたとき，反応していない石灰石が残っています。そう判断できる理由を答えなさい。

3 花子さんは夏休みにこん虫採集をしてこん虫に興味をもちました。そこでこん虫の成長の過程や特ちょうを調べることにしました。以下の各問いに答えなさい。

（1）モンシロチョウの卵を探すのにもっとも適している場所を，次の（ア）～（エ）から１つ選び，記号で答えなさい。

（ア）ミカンの木　（イ）チューリップの葉　（ウ）キャベツ畑
（エ）水辺の岩

（2）モンシロチョウとバッタの成長の過程を調べました。

①モンシロチョウの成長の過程として正しいものを，次の（ア）～（エ）から１つ選び，記号で答えなさい。

（ア）卵→幼虫→さなぎ→成虫
（イ）卵→さなぎ→幼虫→成虫
（ウ）卵→幼虫→成虫
（エ）卵→さなぎ→成虫

②バッタの成長の過程として正しいものを，次の（ア）～（エ）から１つ選び，記号で答えなさい。

（ア）卵→幼虫→さなぎ→成虫
（イ）卵→さなぎ→幼虫→成虫
（ウ）卵→幼虫→成虫
（エ）卵→さなぎ→成虫

③モンシロチョウの成長のしかたを何といいますか。

④バッタの成長のしかたを何といいますか。

（3）バッタの成虫のからだのつくりを調べました。

①あしは何本あるか答えなさい。

②成虫のからだは３つの部分からできていることがわかりました。その３つの部分の名前を答えなさい。

（4）花子さんが，こん虫について調べていると，近年，世界のこん虫の数が減ってきているということがわかりました。その原因は気候変動よりも人間の活動のえいきょうが大きいと考えられているそうです。

①あなたは，人間のどのような活動によってこん虫の数が減ってきたと考えますか。具体的に説明しなさい。

②あなたは，こん虫が減ることによって，人間生活にどのようなえいきょうがあると考えますか。具体的に説明しなさい。

4 次の文章を読み，以下の各問いに答えなさい。

日本付近の天気はおもに 3 つの気団が関係していて，その動きによって季節も変化します。気団 A は冬になると発達し，気団 B は夏に発達します。夏から秋にかけて台風が日本付近を通過し，秋には気団 B と気団 C が前線をつくり雨の多い季節がやってきます。

（1）気団 A の名前を答えなさい。

（2）気団 A，C の特ちょうとして適当なものを，次の（ア）～（エ）からそれぞれ選び，記号で答えなさい。

（ア）暖かくかんそうしている　（イ）暖かくしめっている

（ウ）冷たくかんそうしている　（エ）冷たくしめっている

（3）5 月から 7 月にかけて続く，雨の多い時期を何といいますか。

（4）熱帯の海上で発生した低気圧を熱帯低気圧とよびます。このうちある条件を満たしたものを「台風」といいます。その条件として適当なものを，次の（ア）～（エ）から 1 つ選び，記号で答えなさい。

（ア）中心付近の気圧が 950hPa 以下

（イ）熱帯低気圧がもたらす雨量が 1 時間で 40 ㎜以上

（ウ）風速がおよそ秒速 17m 以上

（エ）（ア）～（ウ）のすべてを満たしている場合

（5）気団と風向きには大きな関係があります。気団 A が発達したときの日本付近の一般的な風向きとして適当なものを，次の（ア）～（エ）から 1 つ選び，記号で答えなさい。

（ア）南東　（イ）南西　（ウ）北東　（エ）北西

（6）この夏も天気予報でよく言われていた「もう暑日」とはどのような日ですか。適当なものを，次の（ア）～（エ）から 1 つ選び，記号で答えなさい。

（ア）1 日の最高気温が 25℃以上　（イ）1 日の最高気温が 35℃以上

（ウ）夜の最低気温が 25℃以上　（エ）夜の最低気温が 35℃以上

（7）世界的に暑い日が増えていますが，地球温暖化の原因となる温室効果ガスのうち，人間の活動でもっとも多く出されている気体は何ですか。

（8）ここ最近の異常気象に関係が深い，ペルー沖の海水の温度が上しょうする現象を何といいますか。

(9) 次の＜表＞は日本各地における2022年2月1日の日の出・日の入り・南中時刻をまとめたものです。

＜表＞

	釧路(くしろ)	東京	大阪	大分	那覇(なは)
日の出	6時37分	6時41分	6時57分	7時09分	7時14分
日の入り	16時34分	17時08分	17時28分	17時45分	18時12分
南中時刻	11時35分	11時55分	12時11分	12時27分	12時43分

①2月1日からの1週間，東京の日の出の時刻はどのように変化していきますか。

②この日，静岡市で太陽が南中する時刻は何時ごろですか。次の(ア)～(カ)から1つ選び，記号で答えなさい。

(ア) 11時35分より早い　(イ) 11時35分～11時55分
(ウ) 11時55分～12時11分　(エ) 12時11分～12時27分
(オ) 12時27分～12時43分　(カ) 12時43分よりおそい

(10) 2022年の冬至の日の東京で，日の出はおよそ6時50分，日の入りはおよそ16時30分でした。昼の長さは夜の長さのおよそ何倍ですか。次の(ア)～(オ)から1つ選び，記号で答えなさい。

(ア) 2倍　(イ) $\frac{3}{2}$倍　(ウ) $\frac{5}{3}$倍

(エ) $\frac{2}{3}$倍　(オ) $\frac{3}{5}$倍

【英　語(筆記)】〈第２回試験〉（35分）〈満点：リスニングと合わせて100点〉

〈編集部注：この試験は筆記のほかに10分のリスニングがあります。リスニングの問題は未公表につき掲載しておりません。〉

Ⅰ　各文の(　　　)に入れるのに最も適切なものを，AからDの中から１つ選び，記号を書きなさい。

1. Amy: Yesterday, Tom broke the window in our classroom.
   Dan: What (　　　) next?
   Amy: Mr. Perkins got angry at him.
   A. tasted　**B.** decided　**C.** happened　**D.** ended

2. You have to study very hard to (　　　) from this high school.
   A. continue　**B.** serve　**C.** trick　**D.** graduate

3. John can talk in front of a lot of people because he is a very (　　　) man.
   A. shy　**B.** nervous　**C.** confident　**D.** public

4. Jin: How was your school trip?
   Ken: It was great. We went to lots of sightseeing spots and made wonderful (　　　).
   A. temples　**B.** streets　**C.** memories　**D.** sounds

5. Fay: Could you tell me the (　　　) of this word in English?
   Ian: Of course. Show me the word.
   A. prize　**B.** meaning　**C.** size　**D.** hobby

6. Her dad works at a (　　　). So, he does lots of research and teaches students.
   A. university　**B.** supermarket　**C.** kindergarten　**D.** hotel

7. Jay: Excuse me, officer. I think I have dropped my (　　　) on the street.
   Kim: Please fill out this sheet. Was there a lot of money in it?
   A. umbrella　**B.** wallet　**C.** clothes　**D.** bicycle

8. I tried to buy a ticket to Hokkaido, but all the flights were (　　　).
   A. nothing　**B.** hungry　**C.** useful　**D.** full

9. I often listen to music on the (　　　　) to the station.

A. line　　**B.** way　　**C.** back　　**D.** walk

10. I gave my father a (　　　　) of socks on his birthday.

A. space　　**B.** pair　　**C.** time　　**D.** piece

11. Tom looked very ill yesterday. He might be (　　　　) today.

A. staying　　**B.** absent　　**C.** lucky　　**D.** free

12. Mary lived in Europe when she was young. So, she is (　　　　) to speak some French.

A. excited　　**B.** interested　　**C.** able　　**D.** fool

13. I usually have one (　　　　) of toast and a hot coffee for breakfast.

A. pair　　**B.** page　　**C.** sheet　　**D.** slice

14. Joe: Do you like horror movies?

Lee: No, I don't like them at (　　　　).

A. each　　**B.** all　　**C.** much　　**D.** every

15. This is the car (　　　　) I bought five years ago.

A. which　　**B.** when　　**C.** where　　**D.** whose

II　各文の(　　　)に入れるのに最も適切なものを，ＡからＤの中から１つ選び，記号を書きなさい。

1. Dad: I'm home.
   Amy: Hi, Dad. (　　　)
   Dad: No, it stopped.

   A. Is this your umbrella?
   B. Did you have a good day?
   C. Will you drive me to the station?
   D. Is it still raining?

2. Mom: Pat, there's no school today.
   Pat: (　　　) Why not?
   Mom: There's too much snow.

   A. I'll get it.
   B. I didn't know that.
   C. Where should I go?
   D. What are you going to do?

3. Ken: Ann, does your brother like sports?
   Ann: Yes. (　　　)

   A. He's on the basketball team.
   B. He likes reading comic books.
   C. He works at the library.
   D. He doesn't practice hard.

4. Bob: When did you come to Japan, Sam?
   Sam: (　　　) I like living here very much.

   A. Next week.
   B. Twice a year.
   C. Six months ago.
   D. For five months.

5. Kim: That book about history looks interesting. Let's buy it for Mom. (　　)

Pam: Good idea.

A. How much is it?

B. What do you think?

C. How can I get it?

D. How do you want to pay?

6. Boy: Oh, I forgot my pen. Can I borrow yours?

Tim: (　　)

A. You're welcome.

B. Sure. Here you go.

C. Thank you.

D. It was in my room.

7. Ted: How about eating out this evening?

Joy: (　　)

Ted: Great. I'll see you at the station at six.

A. It's a new restaurant.

B. I've just finished.

C. I'm good, thank you.

D. Sounds good.

8. Meg: Thank you for the chocolates. They are really delicious.

Jim: (　　)

A. I'd be happy to.

B. Here they are.

C. I'm glad you liked them.

D. Really? Me, too.

9. Dad: How do you like your new school?

Son: (　　　)

Dad: I'm glad to hear that.

A. By train.

B. About five minutes.

C. It's very nice.

D. I've never been there.

10. Mom: Who took this picture?

Leo: (　　　) Isn't it beautiful?

A. Kaito did.

B. Kaito is.

C. He was Kaito.

D. It's mine.

III 次の各問の答えとして最も適切なものを，A から D の中から 1 つ選び，記号を書きなさい。

以下は，放課後の英会話教室に関するポスターです。

After School English

~Let's speak English with native teachers!~

A new after school activity will start! If you want to practice English, come and join us. There are two courses to choose from, so read the explanation, and choose your course.

Course Details

	Teachers	Place and Date	Target
High Level Course	Rick (U.S.) Adam (Australia)	Place: Computer Lab 2 Tuesday through Friday 15:30~17:30	Discuss global issues in English.
Standard Course	Alex (Australia) Steph (Canada)	Place: Auditorium Wednesdays and Fridays 15:30~17:00	Practice daily conversation in English.

If you are interested, please send an email to: musashinoenglish@musashino.ed.jp by April 14. Classes for high level courses will take place a week after the deadline. Standard course classes will begin the first week of next month.

1. If you join the high level course,

A. you have to bring your own computer.

B. you will practice English for more than one hour and thirty minutes.

C. you will practice daily conversation in English.

D. you will only have two days of classes.

2. When will the first class for the standard course be?

A. April 14. **B.** April 21.

C. May 1. **D.** June 1.

以下は，Kenji と James のメールのやり取りです。

From: Kenji Yoshida

To: James O'Connor

Date: February 15, 2023 17:48

Subject: Visiting England

Dear James,

How are you? My winter semester is almost over, and I am planning to visit Britain on March 7th with my brother for five days. It would be really nice if you could tell me some places to go to.

There are many things which we want to do. My brother and I like to go outside and exercise, so it would be really nice if we could hike through the British countryside. We would also love to experience real English Tea culture. Also, it would be really exciting to watch a cricket game, since it is truly a British sport. I know that's a lot of things, but if we had to choose the most important one, it would be enjoying nature somewhere.

Kenji

From: James O'Connor

To: Kenji Yoshida

Date: February 15, 2023 18:40

Subject: RE: Visiting England

Hi Kenji,

How exciting! I think you and your brother will have a great time here in the U.K.! You said the main thing you want to do is to go outdoors, so you should go to the Lake District. It's famous for its beautiful nature. To fully enjoy the area, you want to stay there for at least three days.

It is not difficult to experience English tea when you are in England. Any English city has very good tea houses, so I am sure you can find one in the Lake District as well. About cricket, I am afraid you might not be able to watch a full game because they can sometimes last for several days. However, you can still watch part of a game. How about you go see a match between England and India at Lord's Cricket ground in London?

James

From: Kenji Yoshida

To: James O'Connor

Date: February 15, 2023 20:48

Subject: RE: RE: Visiting England

Hi James,

Thank you for your email! That helps us a lot.

The Lake District sounds fantastic. We have already booked a hotel there for four days. When I searched tea houses around the hotel, it seems there are two good places. So, we will visit them during our visit.

About Cricket, my brother and I have decided we will watch a game next time we visit, so we'll have more time to enjoy the outdoors on this trip.

Thanks again for your advice!

Kenji

3. Why did Kenji send an email to James?

 A. Because Kenji wanted to ask James to join their trip.

 B. Because Kenji and his brother will live in the U.K.

 C. Because Kenji wanted to get some advice from James.

 D. Because Kenji wanted to learn about British culture from James.

4. What does James say about the Lake District?

 A. The Lake District is famous for cricket.

 B. The Lake District is famous for its nature.

 C. There are good restaurants there.

 D. Kenji should stay there for one night only.

5. What will Kenji and his brother do in the U.K.?

 A. They will go to the Lake District to watch a cricket match.

 B. They will stay in the Lake District and enjoy English tea.

 C. They will go sightseeing in London.

 D. They will travel together with James.

以下は、お気に入りの場所についての文章です。

A Favorite place

Mrs. Sato takes her son and daughter to Musashino Park on Saturday mornings. The park has a small playground for young children. Her children like to play on the jungle gym, swings and slides. They usually spend about one hour at the park. When the children get hungry, Mrs. Sato takes them to a nearby cafe with outdoor seating. The children usually eat pancakes.

Last week, it rained a lot, so Mrs. Sato didn't want to go out with her children. However, the children really wanted to play outside, so she used her computer to look for an indoor playground. She took her children to one of the places she found on the Internet. The playground was called “Marshmallow Kids Cafe”, and had slides, tunnels, a ball pit, and a nice cafe. Her children loved it, and played for more than two hours without a break. While they were playing, Mrs. Sato sat on a sofa and enjoyed drinking coffee while reading a book. It became Mrs. Sato's favorite place. Is there anything better than a cafe-playground combination?

6. How long do they usually spend at Musashino Park?

A. About an hour.

B. Two hours.

C. Only on sunny days.

D. Only on rainy days.

7. Where do they usually go after playing at Musashino Park?

A. They go home.

B. They use the Internet.

C. They go to another park.

D. They go to a nearby cafe.

8. Why did Mrs. Sato want to stay home last week?

A. Because she was tired.

B. Because it was raining.

C. Because she was busy.

D. Because her children didn't listen to her.

9. How did Mrs. Sato find Marshmallow Kids Cafe?

A. Her friend told her about it.

B. She happened to pass by it.

C. She read a book.

D. She searched on the Internet.

10. What did Mrs. Sato do while her children were playing in Marshmallow Kids Cafe?

A. She ate pancakes.

B. She played with them.

C. She read a book and had some coffee.

D. She used her computer.

問五、――線③「われわれの頭は調子に乗る」とありますが、それはどのようなことですか。最も適切なものを次のア～オの中から選び、記号で答えなさい。

ア、期待以上の成果を発揮することがあるということ。
イ、テストの点数が上がったような気になるということ。
ウ、自分の長所を発見しやすくなるということ。
エ、ほめてくれた人のことを思い出すということ。
オ、けなされたことをすぐに忘れてしまうということ。

問六、［X］にはどのような言葉が入りますか。最も適切なものを次のア～オの中から選び、記号で答えなさい。

ア、ロンよりショウコ
イ、絵に描いたモチ
ウ、ウソから出たマコト
エ、身から出たサビ
オ、カッパの川流れ

問七、――線④「いい空気のところ」とありますが、それはどのような環境ですか。最も適切なものを次のア～オの中から選び、記号で答えなさい。

ア、誰もがピグマリオン効果を得られる環境。
イ、臆病な思考をすることが許されない環境。
ウ、自分よりも成績が良い人に囲まれた環境。
エ、ほめられてテストの点数が上がる環境。
オ、ほめてくれる人が身近にいる環境。

問一、━━線A・Bの語句の文中での意味として、最も適切なものを次のア～オの中から選び、それぞれ記号で答えなさい。

A　にべなく

ア、大人げなく
イ、そっけなく
ウ、思いがけなく
エ、さりげなく
オ、あどけなく

B　水をかける

ア、弱みに付け込む
イ、相手を濡らす
ウ、いたずらをする
エ、調子を合わせる
オ、じゃまをする

問二、──線①「こどもだまし」とありますが、筆者は何のことを「こどもだまし」と表現していますか。文中より探し、五字以内で答えなさい。（句読点や記号を含む場合は、一字に数えます）

問三、──線②「姿をかくしやすい」とありますが、それはどのようなことですか。［A］、［B］の解答欄《らん》に合うように文中の語句を用いて、それぞれ指定された字数で答えなさい。（句読点や記号を含む場合は、一字に数えます）

思考は［A（十字程度）］ため、［B（三十五字程度）］ということ。

問四、［Ⅰ］～［Ⅲ］には、どのような言葉が入りますか。その組み合わせとして、最も適切なものを次のア～オの中から選び、記号で答えなさい。

ア、［Ⅰ］…つくづく　［Ⅱ］…いよいよ　［Ⅲ］…おそらく
イ、［Ⅰ］…つくづく　［Ⅱ］…なかなか　［Ⅲ］…もちろん
ウ、［Ⅰ］…しみじみ　［Ⅱ］…いよいよ　［Ⅲ］…もちろん
エ、［Ⅰ］…しみじみ　［Ⅱ］…なかなか　［Ⅲ］…もちろん
オ、［Ⅰ］…しみじみ　［Ⅱ］…いよいよ　［Ⅲ］…おそらく

やがてしばらくしてまた、第二回のテストをする。前と同じようにAグループには点のついた答案を返し、Bグループにはひとりひとりを呼び出して、こんどもよくできていた、と答案は見せず、返さずに伝える。生徒はいくらか不審に思うが、ほめられるのは悪くない。あまりうるさいせんさくはしないでそのままにしてしまう。

こういうことを何度かくりかえしたあと、こんどは全員の答案を採点、AB両グループの平均点を出してみる。すると、ほめていたBグループの方がAグループより点が高くなっている。これがピグマリオン効果と呼ばれるものである。

まったく根拠なしにほめていても、こういう［X］がある。まして、多少とも根をもったほめことばならば、かならずピグマリオン効果をあげる。まわりにうまくほめてくれる人がいてくれれば、いつもはおずおずと臆病《おくびょう》な思考も、気を許して、頭を出してくれる。雰囲気がバカにならない。④いい空気のところでないと、すぐれたアイディアを得ることは難しい。

考えごとをしていて、うまく行かないときに、くよくよしているのがいちばんよくない。だんだん自信を失って行く。論文や難しい原稿を書いている人にしても、書斎《しょさい》にこもりっ切りで勉強をしているタイプと、ちょいちょいたいした用もないのに人に会うタイプとがある。

ちょっと考えると、籠城《ろうじょう》している人の方がいい論文を書きそうであるが、実際は人とよく会っている人の方がすぐれたものを書くようだ。仲間と話しをする。みんな、ダメだ、ダメだ、と半ば口ぐせのように言っている。それをきくだけで、自分だけ苦労しているのではない。まだ、ましな方かもしれないという気持になる。間接的にほめられているようなものだ。帰ると意欲がわくということになる。ひとりでくよくよするのは避けなくてはいけない。人と話すのなら、ほめてくれる人と会うようにする。批評は鋭いが、よいところを見る目のない人は敬遠する。

見えすいたお世辞のようなことばをきいてどうする。真実に直面せよ。そういう勇ましいことを言う人もあるが、それは超人的な勇者である。平凡な人間は、見えすいたことばでもほめられれば、力づけられる。お世辞だとわかっていても、いい気持になる。それが人情なのではなかろうか。

われわれは、どうもお世辞を言うのにてれる。見えすいたことを口にするのを恥じる。しかし、どうせ、あいさつには文字通りの意味はないのである。朝寝坊をした人でも人は「お早よう」と言う。ほめるのは最上のあいさつで、それによって、ほめられた人の思考は活溌《かっぱつ》になる。

（外山滋比古『思考の整理学』筑摩書房）

※称揚…ほめたたえること。
※裨益…利益となること。役に立つこと。

考えごとをしていて、おもしろい方向へ向い出したと思っていると、電話のベルがなる。その瞬間に、思考の糸がぷっつりと切れて、もう手がかりもなくなってしまうという経験もする。まして、電話に出て、ひとしきり話をして机へもどってくると、別の人間になってしまう。さっき何を考えていたかなど、まるで忘れてしまっている。原稿を書いていて、電話に出る。終って、また書き続けようとしても、それまでどういうように考えていたかがわからなくなってしまい、混乱するというのもよくある。

それくらい②姿をかくしやすいのが考えごとである。せっかくこれはと思った着想などを、ほかの人からAにべなく否定されてしまうと、ひどい傷手《いたで》を受ける。当分はもう頭を出そうとしない。ひょっとすると、それで永久に葬《ほうむ》り去られてしまいかねない。

そういう体験を何度もくりかえしていると、ひとの考えに対して、不用意なことばを慎《つつ》しまなくてはならないと悟るようになる。

自分の考えに自信をもち、これでよいのだと自分に言いきかせるだけでは充分でない。ほかの人の考えにも、肯定的な姿勢をとるようにしなくてはならない。どんなものでもその気になって探せば、かならずいいところがある。それを注称揚《しょうよう》する。

よくわからないときにも、ぶっつけに、

「さっぱりわかりませんね」

などとB水をかけるのは禁物である。

「ずいぶん難しそうですが、でも、何だかおもしろそうではありませんか」

とやれば、同じことでも、受ける感じはまったく違ってくる。すぐれた教育者、指導者はどこかよいところを見つけて、そこへ道をつけておく。批評された側では、多少、けなされていても、ほめられたところをよりどころにして希望をつなぎとめることができる。

全面的に否定してしまえば、やられた方ではもう立ち上がる元気もなくなる。自分でダメだと言うのでさえひどい打撃である。ましてや他人からダメだときめつけられたら、目の前がまっ暗になってしまう。

お互いに自分の過去をふりかえって、とにかくここまでやってこられたのはだれのおかげかと考えてみると、たいていは、ほめてくれた人が頭に浮ぶのである。ある老俳人は、ほめられたからこそ、ここまで進歩したと Ⅰ 述懐《じゅっかい》している。ほめてくれた批評によって伸びた。けなされたことからはほとんど注裨益《ひえき》されなかったというのである。

友には、ほめてくれる人を選ばなくてはいけないが、これが Ⅱ 難しい。人間は、ほめるよりもけなす方がうまくできている。いわゆる頭のいい人ほど、欠点を見つけるのがうまく、長所を発見するのがへたなようである。

ほめられると、③われわれの頭は調子に乗る。つい勢いづいて、思いもかけないことが飛び出してくる。

ピグマリオン効果というのがある。四十人の生徒のいるクラスを二十人ずつ二つのグループA、Bに分ける。学力はAB平均して同じようにしておく。まず第一回のテストをする。Aのグループには採点した答案をかえすが、Bのグループの答案は見もしないで、教師がひとりひとり生徒を呼んで、テストの成績はよかったと告げる。 Ⅲ 、でたらめである。

問七、――線⑤「――とりあえずは、あなたの代わりに」とありますが、このときの気持ちの説明として、最も適切なものを次のア～オの中から選び、記号で答えなさい。

ア、希望に満ちた顔をしている真与さんの前で依頼を断ることはできないため、仕方がないから適当に済ませてしまおうといういいかげんな気持ち。

イ、社長と真与さんに言いくるめられて『ちょびっ旅』のカメラマンを担当することを一度は了承したものの、やっぱりやりたくないという不満の気持ち。

ウ、任された仕事をうまくこなせる自信はなかったが、自分の仕事が何かしらの良い結果につながると信じて、やれるだけやってみようという前向きな気持ち。

エ、旅に出ればきっといいことが待っているはずだと確信しながらも、知らない土地へ一人で行って何か問題が起こったらどうしようという不安な気持ち。

オ、美しいと有名な角館の桜を見てみたいという以前からの願いが思いがけず叶うことになり、一刻も早く旅に出かけたいという心はずむ気持ち。

三 次の文章を読んで、後の問いに答えなさい。

ものを考えるのは、いわゆる仕事と違って、なかなか、うまく行かない。仕事なら、どんどん片付いて行くが、考えごとは、いつまでたってもらちのあかないことがすくなくない。同じところを堂々めぐりしている。そのうち、これはダメかもしれない、と思い出す。

そんな場合、思いつめるのはよくない。行きづまったら、しばらく風を入れる。

そして、かならず、できる、よく考えれば、いずれは、きっとうまく行く。そういって自分に暗示をかけるのである。間違っても、自分はダメなのではないか、いや、ダメなのだ、などと思い込まないことである。

そういうように消極的だと、できるものさえできなくなってしまう。とにかく、できる、できる、と自分に言いきかす必要がある。そんな①こどもだましが役に立つものかと笑う人があるかもしれないが、たとえ口先だけでも、もういけない、などと言えば、本当に力が抜けてしまう。自己暗示が有効にはたらくのはそのためである。

思考はごくごくデリケートなものである。前にものべたように、いい考えが浮んでも、そのときすぐにおさえておかないと、あとでいくら思い出そうとしても、どうしても再び姿を見せようとしない場合もある。

ある詩人は、半ば陶酔《とうすい》の状態で詩作をしていた。そこへ人が訪ねて来て、中断したら、そのあと、それまでのヴィジョンはすっかり消えてしまい、二度とその流れを再現できなかったという。

ア、真与さんに自分の趣味を押し付けることになるから。

イ、真与さんは病気で旅行することができないから。

ウ、真与さんの病気が治ることを急《せ》かすようだから。

エ、真与さんが旅行好きであるとは限らないから。

オ、真与さんと一緒に旅行するつもりはなかったから。

問三、――線②「心残りなこと」とありますが、どのようなことが心残りなのですか。八十字以内で説明しなさい。（句読点や記号を含む場合は、一字に数えます）

問四、――線③「こんなもの」とはどのようなものですか。これより前の文中から探し、十二字で抜き出しなさい。（句読点や記号を含む場合は、一字に数えます）

問五、――線④「化学反応を起こしていった」とありますが、それはどのようなことですか。最も適切なものを次のア～オの中から選び、記号で答えなさい。

ア、これまで抱いていた不安が、真与さんの桜に対する未練を感じ取ったことで、必ず旅に連れて行くという責任感へと変わっていったということ。

イ、これまで抱いていた不安が、真与さんの花を求める情熱に触れたことで、自分も同じように強く生きたいという尊敬の念へと変わっていったということ。

ウ、これまで抱いていた不安が、真与さんの正直な気持ちを聞いたことで、きっと病気は完治するだろうという期待へと変わっていったということ。

エ、これまで抱いていた不安が、真与さんの切実な想いを受け止めたことで、自らの仕事を全うしようという覚悟へと変わっていったということ。

オ、これまで抱いていた不安が、真与さんの弱々しい姿を目にしたことで、桜の開花に間に合わないかもしれないという焦りへと変わっていったということ。

問六、［X］にはどのような言葉が入りますか。最も適切なものを次のア～オの中から選び、記号で答えなさい。

ア、肩をすくめる

イ、頭をもたげる

ウ、目をくらます

エ、鼻を明かす

オ、耳をそろえる

『出かけてみなくちゃ、何が起こるかわからない』？」

そう口にすると、

「そこじゃねえよ」と、社長が返した。

「『いいことあるよ、大丈夫！』。だろ？　な、真与さん」

真与さんの瞳に、みるみる光が広がった。傍《かたわ》らに佇《たたず》む鵜野さんの目はうるんでいる。

紅を差したように明るくなった真与さんの顔をみつめるうちに、私の心は、すっかり決まった。

よし、決めた。

花一輪も咲いていない、殺風景な病室。いまは真与さんの世界のすべてになってしまっているこの部屋を、春の花の空気でいっぱいにするんだ。

いってきます、真与さん。⑤とりあえずは、あなたの代わりに。

胸の中で、わたり鳥がにぎやかにはばたき始めるのを感じていた。もう一度、旅の空へと飛び立つ心の準備は、もうできていた。

（原田マハ『旅屋おかえり』集英社）

※家元…芸道の流派の当主のこと。ここでは「鵜野流」の当主を指す。

※ＡＬＳ…難病の一つ。身体の筋肉がだんだん痩《や》せて、力が無くなっていく病気。

※のんの…萬社長の事務所の社員。

問一、――線Ａ・Ｂの語句の文中での意味として、最も適切なものを次のア～オの中から選び、それぞれ記号で答えなさい。

Ａ　殺風景な

ア、冷たく生命感のない

イ、静かで落ち着いている

ウ、整っていて美しい

エ、上品で洗練されている

オ、単調で味気のない

Ｂ　ままならない

ア、思い通りにならない

イ、さまにならない

ウ、気にならない

エ、無くてはならない

オ、身にならない

問二、――線①「旅の本など持っていったらなんとなく嫌みな感じだし」とありますが、それはなぜですか。その理由の説明として、最も適切なものを次のア～オの中から選び、記号で答えなさい。

う回ったかは、行ってきてのお楽しみでいいですか？」

「はい」

「食べたいものは？」

「比内《ひない》地鶏。あと、生もろこしも。楽しみにして行ったのに、結局食べずに帰ってきちゃったので」

「足を延ばして、温泉はどうですか。確か、田沢湖のそばに秘湯《ひとう》があったような」

「ああ、いいな。行きたいです、とっても」

「ってお前が行きたいだけだろうが」すかさず社長に横から頭をつつかれてしまった。私が[X]と、背後で鵜野さんがくすくす笑う声がした。

「ご報告は、どんなかたちでするのがいいですか」

「ビデオがいいです。『ちょびっ旅』みたいに、おかえりさんが見たもの、体験したこと、感じたこと、映像にしてきてくださったら」

私は、そこでふと考えこんだ。

ビデオか……。

こっちは映るのが専門だったから、映すのは正直得意じゃない。っていうか、ビデオカメラなんて触ったこともない。これは、どうしたものか。真与さんの状況を考えると、やはりいっぱいに咲いている桜を映像に撮ってくるのがもっとも満足してもらえる報告の方法だろう。それは疑う余地はない。でも……。

私が考えを巡らせていると、横から社長が声をかけた。

「大丈夫ですよ。こう見えても、おかえりは映像のプロなんで。映すほうじゃなくて映るほうだけどね」

社長の言葉を聞いて、真与さんの唇が動く。

「映すだけじゃなくて、おかえりさんも映ってほしい。テレビみたいに、その場でレポートしてくださいますか」

難題を持ち出されてしまった。つまり、私以外にカメラマンが必要だ、ということだ。

「どうしよう。安藤さんに同行頼もうかな」

番組のカメラマン、安藤さんの名前をつぶやくと、「何言ってんだ。あいつはけっこうギャラ高いんだぞ」と、即却下されてしまった。

「えりか。思い出してみろ、『ちょびっ旅』の最後のナレーションで、お前、いつもなんつってた？」

社長に言われて、私は頭の中で台本を広げた。

今日もちょびっとちょびっ旅、いかがでしたか。
ほんと、旅って不思議ですよね。
出かけてみると、いろんな発見がある。新しい出会いがある。
出かけてみなくちゃ、何が起こるかわからない。
だから、とにかく出かけてみませんか。心の洗濯、ひと休み。
それでは皆さん、ご一緒に。
旅に出ようよ、明日から。
いいことあるよ、大丈夫！

りと見てから、鵜野夫人に向かって囁《ささや》いた。

「満開の桜、とおっしゃっていますが……今日、四月二十三日ですよね。関東周辺の桜は、とっくに散ってしまっていますけど……」

鵜野さんはにっこりと笑顔になって、

「どうぞ真与に向かって話してやってください。体を動かせない分、聴覚、嗅覚はびっくりするほど鋭くなってますの。ここで話していても、全部聞かれてしまいますわよ」

そう言われて、あわてて真与さんのほうへ向き直った。

「真与さん。この時期に、桜が咲いているところって、どこですか？」

鵜野さんがもう一度マスクを外す。真与さんは、夢を見るような顔になって言った。

「……角館《かくのだて》」

「角館？　秋田県の？」

真与さんの瞳が、かすかに微笑んだ。

角館。日本随一のしだれ桜の名所だ。まだ行ったことはなかったが、町のあちこちに現存する武家屋敷の黒塀の向こうから優雅にしだれ桜が枝を垂らす写真を、駅貼りのポスターか何かで見たことがある。そういえば、今年前半の「ちょびっ旅」のスケジュールのロケリストに入っていた。番組が続いていたならば、ちょうどいま頃取材に行くはずだったのだ。

私はもう一度、カレンダーを見た。ゴールデンウィーク直前が見頃だから、と番組ディレクターの市川さんが言っていたのを覚えている。ってことは、桜の開花状況によっては、明日にでも出かけなくちゃ間に合わない。いや、それどころかもう散り始めているかもしれない。昨今の温暖化で、東京の桜も例年より早く咲いているんだから。

そこへ社長が携帯を手に戻ってきた。そして、まっすぐに真与さんのベッドへ歩み寄ると、明るい声で言った。

「真与さん。角館の桜、この週末が満開だそうですよ」

あれっ、と私は驚いた。

「なんでわかったんですか、角館だって」

「そりゃお前、日本人ならぴんとくるだろ。しだれ桜の名所で、新幹線で行けるとこっつったらそこしかねえよ。なあ、真与さん？」

社長は私のロケに同行したことは一度もなかったが、いつもこれから行くロケ先について事前に調べていた。けっこう、勉強家なのだ。

「じゃあネットで調べたんですか？　開花情報」

「いや、それはあれだ、おれはネットってのがどうも苦手だからな。注のんのに電話して、角館町観光協会に電話して確認してもらった。いま、七分咲きだそうだ」

鵜野さんと私は、思わずため息をついて顔を見合わせ、微笑んだ。私は真与さんの顔をのぞきこんで訊《き》いた。

「じゃあ、この週末、角館を中心に回ってきます。特に見てくるものは桜、ですね。ほかには？」

真与さんが、嬉しそうな声で答える。

「なんでも。おかえりさんが、すてきだと思ったものはなんでも」

「わかりました。じゃあ……旅のプランは社長と私で考えます。どこをどお前は、③こんなものを見せるために、私をここへ連れてきたのか？

雨の中の花が散った桜ほど、みじめなものはない。お前はそれをわざわざニューヨークまで行って活けるというのか。そんなものは、鵜野流の花とは呼ばせない。

重苦しい空気の中、私たちは新幹線に乗って東京へ帰りました。私の心の中は、悔しさの炎が燃え立っていました。なんとしても美しいしだれ桜をニューヨークで活けてみせる、父の失望を消してみせる、私への期待に応えてみせる、と固く誓って。

それなのに……かないませんでした。

旅から帰ってきてまもなく、私は歩行困難になり、その一ヵ月後、注ＡＬＳと診断されたのです。

ニューヨークへも、あの桜の名所へも、もう二度と行けなくなってしまった。

心残りなのです。春が巡りくるたびに、きっとあの町いっぱいに桜が咲き乱れているはずなのに、もう決して見ることはできないかと思うと。

家元と、母と一緒に、もう一度訪ねたかった。いまを盛りに桜が咲き誇る、あの場所を。

だから……。

ゆっくりゆっくり、ときおり酸素吸入をしながら、時間をかけて、真与さんは気持ちのすべてを語ってくれた。真与さんの言葉のひとつひとつには、命の重みがあった。やさしい母への深い想いがあり、花を求める狂おしい情熱があった。そして、跡取りの娘に厳しく接し続けた家元への敬慕《けいぼ》はあっても、怒りは少しもなかった。病気への恨み言も。

ままならぬ病を抱えてしまったことからもはや逃げずに、真与さんは事実をしっかりと受け止めている。そして、いったいどうしたら自分の果たせなかった想いに決着がつけられるのか、考え抜いた結果、私に「旅代理人」を依頼したのだ。

私はというと、真与さんの話を聞くにつれ、逃げ出したい自分がいることを痛いほど感じていた。

生きることの意義に真正面から向き合っている同い年の真与さんとはくらべものにならないほど、私は小さい人間だ。些細《ささい》なことでもすぐにヘコんでしまうし、生活力はないし。「故郷に錦」はいまだ飾れず、ふるさとへ帰るのもＢままならない。真与さんとは、あまりにも器が違い過ぎる。

けれど、人間として私よりもずっと大きい真与さんが、私に旅してほしい、と願っている切実さは、胸に迫るものがあった。そして、こんな私を切実に必要としてくれる人がいることに、真摯《しんし》に、静かに感動した。

真与さんの想いに応えられるだろうか。病院を訪れるまえから胸中に宿っていた不安は、少しずつ、真与さんのまっすぐな瞳、正直な言葉によって、④化学反応を起こしていった。

真与さんの混じり気のない想いに、応えたい。

ひと通り話が終わると、鵜野さんの告白を聞いていたときと同じように、両腕を組んで沈思黙考していた鉄壁社長が、「ちょっと失礼」と席を立ち、廊下へ出ていってしまった。このタイミングでトイレはないでしょ社長、と文句を言いたくもなったが、私は、壁に掛かっているカレンダーをちらベッドの上で上半身を少し斜めに起こしている真与さんは、正面をじっと見据《す》えている。鼻と口は酸素吸入のマスクでおおわれ、ベッドの周辺にはさまざまな機械が配置されていた。室内を埋め尽くすほど花が活《い》けられているんじゃないか、と想像していたが、実際は花一輪も見当たらない。それでいて、花の香りが色濃く漂っている。ルームスプレーでもしてるのかな、と思いつつ、A殺風景な個室の中へ私たちは歩み入った。

「真与。おかえりさんと、事務所の社長の萬さん。旅に出るまえに、わざわざあなたに会いにきてくださったのよ」

私たちはベッドの傍《かたわ》らの椅子に腰かけた。顔を見てやってくださいな、と鵜野さんに促《うなが》されて、私は少し前屈《まえかが》みに真与さんの顔をのぞきこんだ。

「はじめまして、真与さん。丘です」

真与さんの目、きらきらと潤《うる》んだ目が、微笑んだように見えた。鵜野さんがマスクを外すと、少し苦しそうな声が聞こえてきた。

「ほんとうに来てくれたんですね。嬉しい」

そのひと言で、圧縮されていた気持ちが一気に軽くなった。

「はい。私もお会いできて、すっごく嬉しいです」

心からそう返した。真与さんの瞳が微笑んだ。

「私の代わりに旅をしてくださるんですか」

「はい、喜んで。いったいどこへ、どんなふうに旅をすれば、真与さんに喜んでいただけるか。今日は、その打ち合わせに来ました。真与さん、行き先はもう決めましたか?」

「はい。家族で最後に旅したところ。ひとつだけ、②心残りなことがあったので、それを見にいっていただきたいのです」

社長と私は、一瞬、顔を見合わせた。

心残りなこと?

「病気が発症する直前に、家元と母と、桜の名所へ行きました。その翌春にニューヨークで『鵜野流』の大きな発表会があり、春の花をテーマにするつもりだったので、満開のしだれ桜を見にいったのです」

青空の下、春風に揺らぐやわらかでやさしい桜のイメージを、作品にしたかった。

けれど、満開の桜は、私たちを待っていてはくれませんでした。私たちが訪れた日は、散々な雨と、花が散ったあとの空っぽの枝ばかり。せっかくスケジュールを合わせて一緒に行ってくれた家元は機嫌が悪く、雨に濡れる花のない桜の枝を見るなり、「帰るぞ」といま来た道を戻っていってしまったんです。

母も、私も、雨に打たれた桜の木になってしまったように、さびしくみじめな気持ちで、その場を後にするしかありませんでした。

その頃には、すでに歩くのがなんだかおかしくて、すぐに何かにつまずいては転ぶことが多くなっていました。そのときも、家元の後ろを追いかけようとして、ぬかるみの中に転んでしまったんです。

けれど、家元はどんどん先へ行ってしまう。待ってください、と母が叫んでも、振り向きもしませんでした。母と私は、ふたりきり、雨に濡れて、泥まみれになって……。

駅で待っていた家元は、泥だらけの私の姿を見るなり、言いました。

2023年度 武蔵野大学中学校

【国　語】〈第二回試験〉（四五分）〈満点：一〇〇点〉

一　次の問いに答えなさい。

問一、――線の漢字の読み方をひらがなで答えなさい。

① 人形を思い通りに操る。
② 運動会が延期になる。
③ 飛行機の模型を作る。
④ 家の周りの畑を耕す。
⑤ 自我に目覚める。

問二、――線のカタカナを漢字に直しなさい。

① ホウチョウで野菜を切る。
② 日本新記録をジュリツする。
③ 大臣にシュウニンする。
④ 学級委員をツトめる。
⑤ ドウソウ会に出席する。

二　次の文章は原田マハの小説『旅屋おかえり』の一節である。売れないアラサータレントの〝おかえり〟こと丘えりか（「私」）と所属事務所社長の萬《よろず》 鉄壁《てっぺき》は、華道の名門・鵜野《うの》流の注家元夫人に、入院中の娘（真与《まよ》）の代わりに旅行をしてきてほしいと持ちかけられ、病院を訪れる。これを読んで、後の問いに答えなさい。

新御茶ノ水駅からほど近い大学病院の五階。特別室のあるフロアの廊下は、消毒液のにおいにまじって、かすかに花の香りが漂っていた。

鵜野夫人、そして真与さんと、打ち合わせも兼ねたお見舞いだったが、社長も私も手ぶらだった。切り花を持っていこうかと思ったのだが、何しろ相手は鵜野流の跡取りだ。ヘタに花など持っていったら恥をかくかもしれない。食べ物は制約があるとのことだし、①旅の本など持っていったらなんとなく嫌みな感じだし。結局、「お前の顔を見せてやるのがいちばんだろ」と社長の言葉に励まされ、ここまで来たのだった。

花の香りは案の定、真与さんの病室があるいちばん奥に近づくほど強くなった。ドア横の名前を確かめてから、「失礼します」と、そろりと半開きのドアを開ける。

「まあ、萬さん、おかえりさん。ご足労《そくろう》ありがとうございます。お待ちしておりましたわ」

今日はベージュのブラウスにツイードのスカートを身につけた鵜野さんが、すぐにドアのところへとやってきた。鵜野さんの背後、室内の真ん中に置かれたベッドが見える。その上に横たわる真与さんの姿があった。

2023年度

武蔵野大学中学校 ▶解説と解答

算　数　＜第２回試験＞（45分）＜満点：100点＞

解　答

1 (1)　30　(2)　$\frac{3}{20}$　(3)　$\frac{2}{9}$　(4)　3　**2** (1)　300ｇ　(2)　５km　(3)　秒速1.5m　(4)　174　(5)　８通り　(6)　145本　(7)　250個　(8)　15枚　(9)　16cm²　(10)　２個　(11)　４個　(12)　60度　**3** (1)　34枚　(2)　159枚　**4** (1)　$\frac{2}{3}$cm　(2)　22.5分後

解　説

1 **四則計算，逆算**

(1)　$36-\{26-4\times(7-2)\}=36-(26-4\times5)=36-(26-20)=36-6=30$

(2)　$\left(\frac{1}{3}-\frac{1}{5}\right)\div\frac{16}{15}+\left(\frac{1}{6}-\frac{1}{7}\right)\div\frac{20}{21}=\left(\frac{5}{15}-\frac{3}{15}\right)\times\frac{15}{16}+\left(\frac{7}{42}-\frac{6}{42}\right)\times\frac{21}{20}=\frac{2}{15}\times\frac{15}{16}+\frac{1}{42}\times\frac{21}{20}=\frac{1}{8}+\frac{1}{40}=\frac{5}{40}+\frac{1}{40}=\frac{6}{40}=\frac{3}{20}$

(3)　$6\times3\frac{1}{3}\div\square-82=8$ より，$\left(6\times\frac{10}{3}\right)\div\square-82=8$，$20\div\square-82=8$，$20\div\square=8+82=90$　よって，$\square=20\div90=\frac{20}{90}=\frac{2}{9}$

(4)　$\frac{5}{6}\times0.6\div0.125-0.7\times\frac{5}{21}\div\frac{1}{6}=\frac{5}{6}\times\frac{6}{10}\div\frac{1}{8}-\frac{7}{10}\times\frac{5}{21}\div\frac{1}{6}=\frac{5}{6}\times\frac{6}{10}\times\frac{8}{1}-\frac{7}{10}\times\frac{5}{21}\times\frac{6}{1}=4-1=3$

2 **濃度《のうど》，差集め算，旅人算，数列，場合の数，過不足算，つるかめ算，比の性質，面積，整数の性質，角度**

(1)　８％の食塩水の重さを△ｇとして図に表すと，右の図１のようになる。図１で，かげをつけた部分の面積と太線で囲んだ部分の面積は，どちらも混ぜ合わせた食塩水に含《ふく》まれる食塩の重さを表している。よって，これらの面積は等しいから，☆と★の長方形の面積も等しい。また，☆と★の長方形のたての長さの比は，$(6-5):(8-6)=1:2$ なので，横の長さの比は，$\frac{1}{1}:\frac{1}{2}=2:1$ である。すると，２あたりの重さが600ｇなので，８％の食塩水の重さである１あたりの重さは，$△=600\div2=300$（ｇ）と求められる。

図１

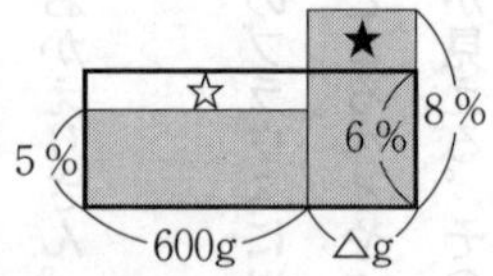

(2)　１km進むとき，自転車と徒歩でかかる時間の差は，$15-6=9$（分）である。Ａ町からＢ町まで進むときの時間の差は45分なので，Ａ町からＢ町までの道のりは，１kmの，$45\div9=5$（倍）である。よって，Ａ町からＢ町まで，$1\times5=5$（km）とわかる。

(3)　２人が反対方向にまわるとき，（出会うまでの時間）＝（１周の道のり）÷（速さの和）である。すると，Ａさんの速さを秒速 a m，Ｂさんの速さを秒速 b mと表すと，$400\div(a+b)=50$ より，$a+b$ は，秒速，$400\div50=8$（m）とわかる。一方，２人が同じ方向にまわるとき，（ＡさんがＢさんに追いつくまでの時間）＝（１周の道のり）÷（速さの差）なので，$400\div(a-b)=80$ より，$a-b$ は，秒速，400÷80＝５(m)とわかる。そのとき，下の図２より，Ｂさんの速さは，秒速，（８－５）÷２＝1.5(m)と求められる。

図２

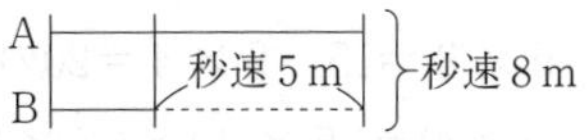

図３

１けたの数…1，4，7
２けたの数…11，14，17，41，44，47，71，74，77
9個
３けたの数…111，114，…，177，…
9個

⑷　上の図３のように，１けたの数は３個，２けたの数は９個ある。すると，図３より，百の位が１である３けたの数も，２けたの数の個数と同じく９個あり，はじめから数えて，３＋９＋９＝21(番目)の数は177とわかる。よって，20番目の数は，177の１つ前の数なので174と求められる。

⑸　Ｃの位置にくるのは，２つのサイコロの目の和が２か７か12のときである。大小２つのサイコロの目を，(大の目，小の目)と表すと，目の和が２となるのは，（１，１）の１通り，７となるのは，（１，６），（２，５），（３，４），（４，３），（５，２），（６，１）の６通り，12となるのは，（６，６）の１通りである。よって，Ｃの位置にくるのは，１＋６＋１＝８(通り)と求められる。

⑹　右の図４より，１人に配る本数の差は，８－７＝１(本)，すべての児童に配る本数の差は，15＋５＝20(本)となるので，児童の人数は，20÷１＝20(人)である。よって，えんぴつの本数は，７×20＋５＝145(本)と求められる。

図４

児童の人数
８本　８本　…　８本　⇒　15本不足
７本　７本　…　７本　⇒　５本余る

⑺　１個あたりの利益は，Ａが，90－60＝30(円)，Ｂが，90－80＝10(円)である。Ｂが1000個売れたとすると，利益の合計は，10×1000＝10000(円)となり，実際よりも，15000－10000＝5000(円)少なくなる。そこで，Ｂを減らして，かわりにＡを増《ふ》やすと，利益は，１個あたり，30－10＝20(円)ずつ多くなる。よって，Ａが売れた個数は，5000÷20＝250(個)とわかる。

⑻　下の図５より，10円玉，50円玉，100円玉の合計金額の比は，（１×４）:（５×２）:（10×１）＝４:10:10＝２:５:５となる。すると，２＋５＋５＝12にあたる金額が3600円なので，１あたりの金額は，3600÷12＝300(円)となり，100円玉の合計金額は，300×５＝1500(円)とわかる。よって，100円玉の枚数は，1500÷100＝15(枚)と求められる。

図５

	10円玉		50円玉		100円玉
１枚あたりの比	1	:	5	:	10
枚数	4	:	2	:	1
合計金額	（１×４）	:	（５×２）	:	（10×１）

図６

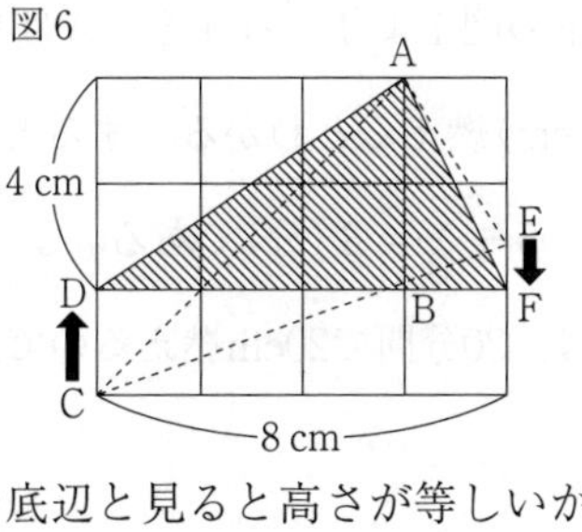

⑼　上の図６で，AB，DC，EF はすべて平行なので，AB を底辺と見ると高さが等しいから，三角形 ABC と三角形 ABD，三角形 ABE と三角形 ABF はそれぞれ面積が等しいので，三角形 ACE と三角形 ADF も面積が等しい。よって，求める斜線《しゃせん》部分の面積は，８×４÷２＝16(cm²)とわかる。

⑽　ある整数を□と表すと，□×４－15も整数である。また，一の位を四捨五入して200となる整数は195以上204以下の数なので，□×４－15は195以上204以下の整数とわかる。すると，□×４は，

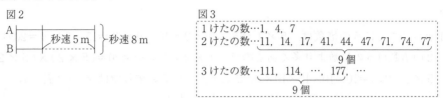

195＋15＝210以上，204＋15＝219以下の整数であり，そのうえ，□×4は4の倍数なので，212か216となる。よって，□は，212÷4＝53か，216÷4＝54であり，求める整数は全部で2個あるとわかる。

(11)　1から20までに5の倍数は，5×1＝5，5×2＝10，5×3＝15，5×4＝20の4個ある。また，2の倍数は5の倍数より多くあるので，1×2×3×…×20＝(5×2)×(5×2)×(5×2)×(5×2)×△＝10×10×10×10×△(ここで，△は5の倍数ではない)と表せる。よって，一の位から4個の0が連続して並ぶとわかる。

(12)　右の図7で，BD，DG，BGは合同な正方形の対角線なので，長さが等しい。よって，図7で三角形BDGは正三角形なので，角BDGの大きさは60度とわかる。

図7

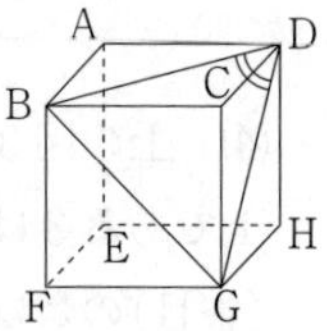

3 図形と規則

(1)　問題文中の図形のたての枚数は，3枚，4枚，5枚，…と，1枚ずつ増えるので，4番目の図形のたての枚数は，5＋1＝6(枚)である。また，横の枚数は，5枚，7枚，9枚，…と，2枚ずつ増えるので，4番目の図形の横の枚数は，9＋2＝11(枚)となる。すると，4番目の図形におけるパネルの合計枚数は，6×11＝66(枚)である。また，黒いパネルの枚数は，1番目の図形で，1辺の長さがパネル1枚分の正方形が2個あるので，(1×1)×2＝2(枚)，2番目の図形で，1辺の長さがパネル2枚分の正方形が2個あるので，(2×2)×2＝8(枚)となるから，求める4番目の図形の黒いパネルの枚数は，(4×4)×2＝32(枚)とわかる。よって，4番目の図形の白いパネルの枚数は，66－32＝34(枚)と求められる。

(2)　N番目の図形における黒いパネルの枚数は，(1)より，N×N×2である。すると，N×N×2＝242より，N×N＝242÷2＝121なので，11×11＝121より，黒いパネルが242枚なのは，11番目の図形とわかる。また，(1)より，白いパネルの枚数をまとめると，右下の図のようになり，7枚ずつ増えるとわかる。よって，11番目の図形の白いパネルの枚数は，13＋7×(11－1)＝83枚となる。したがって，黒いパネルと白いパネルの差は，242－83＝159(枚)と求められる。

N番目	1	2	3	4	…
白の枚数	13	20	27	34	…

＋7＋7＋7

4 グラフ―旅人算

(1)　下の図1より，ろうそくAは9分間で，20－5＝15(cm)燃えるので，1分間で，15÷9＝$\frac{15}{9}$＝$\frac{5}{3}$(cm)燃えるとわかる。すると，ろうそくAが再び燃えはじめてから5cm燃えるのにかかる時間は，5÷$\frac{5}{3}$＝3(分)である。よって，図1で，△＝33－3＝30(分)となる。したがって，ろうそくBは，30分間で20cm燃えるので，1分間に，20÷30＝$\frac{2}{3}$(cm)燃えるとわかる。

図1

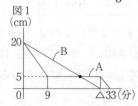

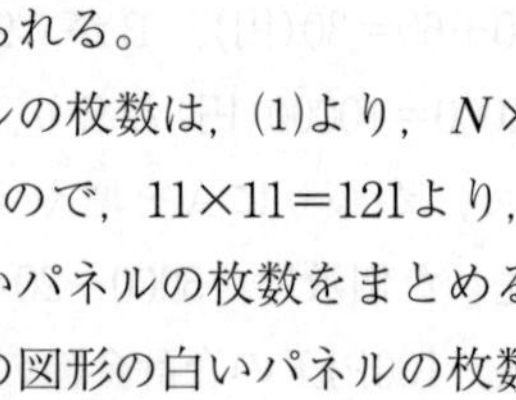

(2)　最初と最後以外に2つのろうそくの長さが同じになるのは，図1の点•のところである。よって，Bのろうそくが，20－5＝15(cm)燃えたときなので，15÷$\frac{2}{3}$＝22.5(分後)と求められる。

社　会　＜第２回試験＞（45分）＜満点：100点＞

解　答

1 **問１**　エ　**問２**　**ア**　旭川(市)　**イ**　苫小牧(市)　**ウ**　函館(市)　**問３**　**番号**　①　**河川の名前**　天塩(川)　**問４**　イ　**問５**　(1)　①　カ　②　イ　③　エ　(2)　屯田兵　**問６**　(1)　イ　(2)　(例)　室内の暖かさが外へ逃げにくくするために，窓を二重にしたり断熱性の高い壁にしたりするとともに，雪が積もりにくくなるように屋根に傾斜をつけたりしている。　**問７**　(1)　エ　(2)　ア　**2** (1)　憲法十七条(十七条の憲法，十七条憲法)　(2)　推古天皇　(3)　大宝律令　(4)　北条泰時　(5)　御成敗式目(貞永式目)　(6)　武家諸法度　(7)　徳川家光　**問１**　冠位十二階　**問２**　イ　**問３**　唐　**問４**　エ　**問５**　エ　**問６**　(例)　重い経済的負担を負わせるために，大名に領地と江戸の間を往復させた。　**問７**　ウ　**問８**　えた，ひにん〔順不同〕　**3** **問１**　ウ　**問２**　ア　**問３**　エ　**問４**　(1)　男女　(2)　イ　**問５**　(例)　参議院は衆議院と異なり解散がなく，任期も衆議院と比べて参議院の方が長いことから，(より長期的な視野で議論を進められる議院として期待されているから。)　**問６**　ウ，エ〔順不同〕

解　説

1　**北海道を題材とした地理の問題**

問１　北海道の面積は約83,000平方キロメートルで都道府県別の面積では全国第１位となっている。また，北海道は都道府県別人口が東京都・神奈川県・大阪府・愛知県・埼玉県・千葉県・兵庫県に次いで全国第８位となっている。よって，エの組み合わせが正しい。

問２　**ア**　上川盆地に位置する，人口が北海道第２位の都市は，旭川市である。　**イ**　北海道中南部に位置し，人口が北海道第４位の都市は，苫小牧市である。　**ウ**　北海道南部の津軽海峡に面した，人口が北海道第３位の都市は，函館市である。

問３　北見山地を水源として，日本海に注ぎ，中流域が稲作の北限地帯となっている河川は①の天塩川と判断できる。天塩川は北海道で石狩川に次いで２番目に長く，日本全体でも４番目に長い。なお，②は石狩川で大雪山系を水源とし，上川盆地や石狩平野を経て石狩湾に注いでいる。③は十勝川で十勝岳付近を水源とし，太平洋に注いでいる。

問４　地図上の破線AB間には標高が1500mを越える山々が多くみられる日高山脈があり，その東側には十勝平野が広がっていることから，イが破線AB間の断面図と判断できる。

問５　(1)　①　都道府県別収穫量の上位に北海道，鹿児島県，岩手県，宮崎県と畜産が盛んな都道府県がならんでいることから，家畜のエサとなるカの牧草があてはまると考えられる。　②　都道府県別収穫量が，新潟県が第１位で北海道が第２位となっており，第３位～第５位がいずれも東北地方の県であることから，イの米と判断できる。　③　北海道が都道府県別生産量第１位となる農産物としては，カの牧草以外ではエのじゃがいもがあてはまる。じゃがいもは北海道の生産量が圧倒的に多いが，他に鹿児島県や長崎県，茨城県などでも生産されている。　(2)　明治時代に北海道の警備と開拓にあたった人々は，屯田兵という。

問６　(1)　雪による冬の降水量が多く，夏の平均気温が25℃を超えており，冬の平均気温も０℃以上であるウは新潟と考えられる。札幌と根室を比べると，札幌は日本海に近いことから冬の降水量がやや多くなると考えられることや，根室は夏に濃霧に覆われやすく涼しいことから，アが根室，イが札幌と判断できる。　(2)　北海道の住宅では，室内の暖かさを外へ逃がしにくくするために，窓や玄関を二重にしたり，断熱性を高くした壁や床にしたりする工夫がみられる。また，雪が積もりにくくなるように，屋根を傾斜がついたものにしたりする工夫がなされている。

問７　(1)　ベルリンはドイツの首都で，ハンブルクもドイツの都市であり，また，ドイツ語で「こんにちは。」は「Hello」ではなく「Guten Tag」であるので，エの組み合わせが正しいと判断できる。なお，ポートランドはアメリカ合衆国の都市であり，「Hello」は英語である。　(2)　①は2000年代末には自動車の生産台数が世界一となっていることから中国とわかる。②は2000年代後半には世界第１位であった年もあり，2010年代半ば以降も中国，アメリカ合衆国に次いで世界第３位となっているので，日本とわかる。よって，③はロシアとなり，アの組み合わせが正しい。

２　法律や制度を題材とした歴史の問題

(1)　聖徳太子が定めた役人の心構えを定めた法令は，604年に制定された憲法十七条(十七条の憲法)である。　(2)　聖徳太子は，推古天皇の摂政であった。　(3)　新しい支配の仕組みを作るために701年に制定された制度(法)は，大宝律令である。　(4)，(5)　初めての武家法は御成敗式目(貞永式目)で，1232年に鎌倉幕府の第３代執権北条泰時が制定した。　(6)「新たに城を建築することは厳禁とする。」「幕府の許可無く勝手に結婚してはならない。」などの内容が書かれていた，江戸時代の初期に制定されたきまりは，武家諸法度である。武家諸法度は，江戸幕府が大名に対して出した法令である。　(7)　江戸幕府第３代将軍は徳川家光である。徳川家光は1635年に参勤交代を制度化している。

問１　聖徳太子が定めた身分に関する制度は，603年に制定された冠位十二階である。冠位十二階の制度では，家柄にとらわれないで，才能や能力に応じて役人に取り立てようとした。

問２　大化の改新は，中大兄皇子(ア)や中臣鎌足(エ)らが蘇我入鹿(ウ)や蘇我蝦夷を倒して始まったが，イの蘇我馬子は関係がない。蘇我馬子は，聖徳太子とともに推古天皇のころに政治を担った人物である。

問３　大宝律令は，唐の律令にならってつくられた。

問４　執権は代々北条氏がついた鎌倉幕府の役職で，鎌倉幕府第３代将軍源実朝の死後，鎌倉幕府の実質的な最高責任者と考えられたので，エが正しい。アについて，管領は室町幕府における将軍に次ぐ役職であり，鎌倉幕府の役職ではないので，誤りとわかる。イについて，天皇が女性または子どもの場合に，天皇に代わり政治を行う役職は，摂政である。ウについて，斯波，細川，畠山の３家が交代で任じられた役職は室町幕府の管領である。

問５　江戸幕府最後の将軍は，第15代将軍徳川慶喜なので，エが正しい。徳川慶喜は1867年に大政奉還を行い，政権を朝廷に返上した。アについて，江戸時代における三大改革は時代の古い順に享保の改革，寛政の改革，天保の改革となるので，誤りとわかる。イについて，島原・天草一揆は1637年におこるが，キリスト教は1612年に幕領で禁止され，1613年には全国で禁止されているので，誤りとわかる。ウについて，鎖国下においてヨーロッパとの貿易はオランダとだけ行われていたので，誤りとわかる。

問６　参勤交代は，江戸幕府による大名統制策の一つで，大名に原則として１年ごとに領地と江戸を往復させ，大きな経済的負担を負わせた。また，参勤交代によって大名は将軍との主従関係を確認するという意味があった。

問７　アの沖縄県の設置は1879年，イの日英同盟の締結は1902年，ウの五カ条のご誓文の発表は1868年，エの大日本帝国憲法の発布は1889年である。よって，ウが1871年よりも前に起きたできごととわかる。

問８　江戸時代に差別されていた人々は，えた・ひにんと呼ばれていた。

3 子どもを題材とした政治についての問題

問１　2023年４月に，内閣府の外局として子ども家庭庁が発足したので，ウがあてはまる。子ども家庭庁は，国の子ども政策の司令塔の役割を担う組織とされる。

問２　本来，大人が担うと想定されている家事や家族の世話などを日常的に行っている子どものことを，アのヤングケアラーという。

問３　2021年の出生数は，エの約81万人が適当である。

問４　⑴　男女雇用機会均等法は1985年に制定された。また，政治分野における男女共同参画推進法は2018年に制定された。　⑵　SDGs（持続可能な開発目標）の17の目標のうち，平等の実現に関係する内容としては，「ジェンダー平等を実現しよう」や「人や国の不平等をなくそう」があるので，イのジェンダーがあてはまる。なお，ジェンダーとは生物学的な性別とは異なる社会的・文化的につくられる性別のことを指す。

問５　参議院と衆議院を比べると，参議院には解散はないが衆議院には解散があり，参議院議員の任期は６年で衆議院議員の任期は４年となっており参議院議員のほうが任期は長い。よって，参議院はより長期的な視野で議論を進められる議院として期待されており「良識の府」と言われていると考えられる。

問６　在外投票制度は，海外に住んでいる日本国籍を持つ18歳以上の有権者が利用できるので，ウはあやまっている。2022年の参議院議員選挙では，全体の投票率は約52％であったのに対して10代の投票率は約35％となっており，全体の投票率よりも10代の投票率のほうが低かったので，エはあやまっている。参議院は，日本国憲法が施行された1947年に設置されたので，アは正しい。インターネットを使った選挙運動は，2013年に公職選挙法が改正されて解禁されており，イは正しい。参議院議員の任期は６年であるが，定員の半数が３年ごとに改選される。前回の参議院選挙は2022年だったので次回は2025年に行われる。よってオは正しい。

理　科　＜第２回試験＞（45分）＜満点：100点＞

解　答

1 ⑴ ㋐　作用点　㋑　支点　㋒　力点　⑵　（例）　ピンセット　⑶　近づけたとき　⑷　（例）　おもりの量とおもりの位置の値の積が左右のうでで等しいとき。　⑸　45　⑹　20g　⑺　A　30g　B　20g　**2** ⑴　㋓　⑵　酸素　⑶　銅…1.6g　理由…（例）　加熱後の物質の重さが2.0gにはならず，1.8gになっているから。　⑷　4.0g　⑸　二酸化炭素　⑹　ドライアイス　⑺　0.4g　⑻　㋒，㋓　⑼　（例）　発生した気体の重さが2.0gにはならず，1.6gになっているから。　**3** ⑴　㋒　⑵　①　㋐　②　㋒

③　完全変態　　④　不完全変態　　⑶　①　６本　　②　頭，胸，腹　　⑷　①　(例)　都市化によって森林や草むらなどのこん虫のすみかが減った。　②　(例)　こん虫をえさにする動物が減ることで，人間の食料が不足する。　**4**　⑴　シベリア気団　　⑵　A　(ウ)　　C　(エ)　　⑶　梅雨　　⑷　(ウ)　　⑸　(エ)　　⑹　(イ)　　⑺　二酸化炭素　　⑻　エルニーニョ現象　　⑼　①　早くなっていく。　　②　(ウ)　　⑽　(エ)

解　説

1　てこについての問題

⑴　はさみをにぎる部分が力点，ものを切る刃の部分が作用点，はさみの刃が回転する部分が支点である。

⑵　ピンセットやトングは，支点から力点までのきょりよりも，支点から作用点までのきょりのほうが長いので，力点に加えた力よりも作用点にはたらく力のほうが小さくなる。そのため，力の調整がしやすく，細かい作業が行いやすい。

⑶　おもりを支点に近づけると，おもりによって棒《ぼう》を回転させるはたらきが小さくなるので，より小さい力でおもりを持ち上げることができる。

⑷　てこを回転させるはたらきは，(おもりの量〔重さ〕)×(おもりの位置の値〔支点からおもりまでのきょり〕)で求められ，このはたらきが左右のうでで等しくなったとき，てこがつりあう。

⑸　棒が左回りに回転するはたらきは，30×６＝180なので，棒が右回りに回転するはたらきも180になるとつりあう。よって，右のうでの４の位置につるすおもりの量は，180÷４＝45(g)である。

⑹　問題文中の図４のてこで，棒を左回りに回転させるはたらきは，30×４＝120，棒を右回りに回転させるはたらきは，20×１＝20なので，右のうでの５の位置におもりをつるすことによって，棒を右回りに回転させるはたらきが，120−20＝100になればよい。よって，右のうでの５の位置につるすおもりの重さは，100÷５＝20(g)である。

⑺　問題文中の図５の上の棒の左端《はし》の糸にかかる重さは，上の棒のつりあいから，200×20÷80＝50(g)である。図５の下の棒について，支点からおもりA，Bまでのきょりの比は，40：60＝２：３なので，おもりA，Bの重さの比は，きょりの逆比になり，$\frac{1}{2}:\frac{1}{3}=3:2$となる。よって，おもりAの重さは，$50\times\frac{3}{3+2}=30$(g)，おもりBの重さは，50−30＝20(g)である。

2　銅の燃焼と，塩酸と石灰《せっかい》石の反応についての問題

⑴　磁石《じしゃく》につくのは，鉄，ニッケル，コバルトといった一部の金属だけで，すべての金属に共通する性質ではない。

⑵　銅を加熱すると，銅が空気中の酸素と結びついて酸化銅ができる。このとき，結びついた酸素の重さの分だけ重くなる。

⑶　0.4gの銅がすべて酸素と結びついて0.5gの酸化銅ができるものとすると，1.6gの銅がすべて酸素と結びついたときにできる酸化銅は，$0.5\times\frac{1.6}{0.4}=2.0$(g)である。しかし，〈実験１の結果〉を見ると，1.6gの銅を加熱した後の物質の重さは1.8gなので，銅がすべて酸化銅になっていないと考えられる。

⑷　0.4gの銅がすべて酸素と結びついて0.5gの酸化銅ができるので，3.2gの銅がすべて酸素と結びついてできる酸化銅の重さは，$0.5\times\frac{3.2}{0.4}=4.0$(g)である。

(5)　塩酸に石灰石を加えると，石灰石にふくまれる炭酸カルシウムが塩酸と反応して二酸化炭素が発生する。

(6)　気体の二酸化炭素を冷やしていくと，液体にはならず，固体のドライアイスになる。

(7)　1.0gの石灰石を加えた直後の全体の重さは，150＋1.0＝151.0(g)である。反応後の重さは150.6gなので，発生した二酸化炭素の重さは，151.0−150.6＝0.4(g)である。

(8)　(ア)は酸素，(イ)は水素，(ウ)と(エ)は二酸化炭素，(オ)はアンモニアを発生させる方法である。

(9)　石灰石1.0gが塩酸と反応したときに発生する二酸化炭素の重さは0.4gなので，石灰石5.0gが塩酸と反応したときに発生する二酸化炭素の重さは，$0.4\times\frac{5.0}{1.0}=2.0$(g)である。しかし，〈実験２の結果〉において，石灰石5.0gを加えたときに発生した二酸化炭素の重さは，150＋5.0−153.4＝1.6(g)なので，石灰石5.0gのうち，反応していない石灰石が残っていることがわかる。

３　こん虫についての問題

(1)　モンシロチョウの幼《よう》虫はキャベツやハクサイなどのアブラナ科の葉を食べるので，モンシロチョウのメスは，これらの葉のうらに産卵する。よって，モンシロチョウの卵を探すときは，キャベツ畑を探せばよい。

(2)　①～④　モンシロチョウは，卵→幼虫→さなぎ→成虫の順に成長する完全変態のこん虫，バッタは，卵→幼虫→成虫の順に成長する不完全変態のこん虫である。

(3)　①，②　バッタのからだは頭，胸，腹の３つに分かれており，胸に３対(6本)のあしがある。

(4)　①　都市化によって森林や草むらがなくなると，こん虫のすみかが減るので，こん虫の数が減ってしまう。また，農地や牧草地に農薬(殺虫剤《ざい》)をまくと，こん虫が死ぬため，こん虫の数が減ってしまう。　②　こん虫は，鳥や魚などのほかの動物のえさとなっている。こん虫の数が減ると，こん虫をえさにしている動物の数が減り，そのえいきょうによって人間の食料も減ってしまうと考えられる。また，ミツバチのように花粉を運ぶこん虫の数が減ると，多くの植物が受粉できなくなり，植物全体の数が減ってしまい，やはり人間の食料も減ってしまう。

４　日本付近の気団と日本の気象，日の出・日の入りについての問題

(1)，(2)　冬に発達する気団Ａはシベリア気団で，冷たくかんそうしている。夏に発達する気団Ｂは小笠原《おがさわら》気団で，暖かくしめっている。梅雨《つゆ》や秋雨《あきさめ》の原因の１つになる気団Ｃはオホーツク海気団で，冷たくしめっている。秋になると，小笠原気団(気団Ｂ)の勢力が弱まり，北側にオホーツク海気団(気団Ｃ)が現れて南下し，このときに秋雨前線ができる。

(3)　北海道をのぞく各地では，５月から７月にかけて雨やくもりの日が続く。この時期を梅雨という。梅雨の時期には，北にあるオホーツク海気団からの冷たい風と，南にある小笠原気団からの暖かい風が日本付近でぶつかりあい，東西にのびる雲の帯をつくる。

(4)　熱帯の海上で発生した熱帯低気圧が発達し，中心付近の最大風速が秒速17.2m以上になったものを台風という。

(5)　気団Ａが発達する冬は，シベリア地方の高気圧(シベリア気団)が発達し，太平洋上に低気圧ができる西高東低の冬型の気圧配置になる。そのため，シベリア地方の高気圧から太平洋上の低気圧に向かって，北西の季節風がふく。

(6)　最高気温が35℃以上の日をもう暑《しょ》日という。なお，最高気温が25℃以上の日を夏日，最高気温が30℃以上の日を真夏日といい，夕方から翌朝の最低気温が25℃以上の日を熱帯夜という。

⑺　地球温暖化は，二酸化炭素や水蒸気《すいじょうき》，メタンなどの温室効果ガスの増加《ぞうか》によって起こっていると考えられている。特に，近年の人間の活動により，石油や石炭などの化石燃料が大量に消費されたり，大規模《きぼ》な森林伐採《ばっさい》が行われたりしたことによって，多くの二酸化炭素が空気中に排出《はいしゅつ》されるようになっている。

⑻　ペルー沖《おき》の海水の温度が高くなる現象をエルニーニョ現象といい，世界全体の気象にえいきょうを与えていると考えられている。反対に，ペルー沖の海水の温度が低くなる現象をラニーニャ現象という。

⑼　①　２月１日から６月の夏至《げし》の日にかけて，昼の長さが長くなっていくので，日の出の時刻は早くなっていき，日の入りの時刻はおそくなっていく。　②　太陽は東から西に動いていくので，東の地点のほうが西の地点よりも早く太陽が南中する。静岡市は，東京よりも西にあり，大阪よりも東にあるので，静岡市で太陽が南中する時刻は，東京（11時55分）よりもおそく，大阪（12時11分）よりも早くなる。

⑽　2022年の冬至《とうじ》の日の東京の昼の長さは，16時30分－６時50分＝９時間40分より，$9\frac{40}{60}=9\frac{2}{3}$（時間）である。この日の夜の長さは，$24-9\frac{2}{3}=14\frac{1}{3}$（時間）なので，昼の長さは，夜の長さの，$9\frac{2}{3}\div14\frac{1}{3}=\frac{29}{43}$（倍）となり，およそ$\frac{2}{3}$倍であることがわかる。

英　語　＜第２回試験＞（45分）＜満点：100点＞

解　答

Ⅰ　**1**　C　**2**　D　**3**　C　**4**　C　**5**　B　**6**　A　**7**　B　**8**　D　**9**　B　**10**　B　**11**　B　**12**　C　**13**　D　**14**　B　**15**　A　Ⅱ　**1**　D　**2**　B　**3**　A　**4**　C　**5**　B　**6**　B　**7**　D　**8**　C　**9**　C　**10**　A　Ⅲ　**1**　B　**2**　C　**3**　C　**4**　B　**5**　B　**6**　A　**7**　D　**8**　B　**9**　D　**10**　C

国　語　＜第２回試験＞（45分）＜満点：100点＞

解　答

一　**問１**　①　あやつ(る)　②　えんき　③　もけい　④　たがや(す)　⑤　じが　**問２**　下記を参照のこと。　二　**問１**　**A**　オ　**B**　ア　**問２**　イ　**問３**　(例)　活け花のテーマのために満開のしだれ桜を見ようとしたとき，桜はすでに散っていたうえに雨だったため家元を失望させてしまい悔しいのに，今では桜を見にいけないこと。　**問４**　雨に濡れる花のない桜の枝　**問５**　エ　**問６**　ア　**問７**　ウ　三　**問１**　**A**　イ　**B**　オ　**問２**　自己暗示　**問３**　**A**　(例)　デリケートなものである　**B**　(例)　いい考えが浮かんだらすぐにおさえておかないと，あとでは思い出せない場合もある　**問４**　エ　**問５**　ア　**問６**　ウ　**問７**　オ

●漢字の書き取り

一 問２ ① 包丁　② 樹立　③ 就任　④ 務(める)　⑤ 同窓

解　説

一 漢字の読みと書き取り

問１ ① 音読みは「ソウ」で，「操作」などの熟語がある。　② 決まっていた日取りを先に延ばすこと。　③ 実物の形やしくみに似せてつくったもの。　④ 音読みは「コウ」で，「耕作」などの熟語がある。　⑤ 自分自身。

問２ ① 肉・魚・野菜などを切るときに使うはもの。　② 記録などを打ち立てること。　③ 役目や地位につくこと。　④ 音読みは「ム」で，「任務」などの熟語がある。　⑤ 同じ学校で，あるいは同じ先生のもとで学んだということ。

二 出典は原田《はらだ》マハの『旅屋《たびや》おかえり』による。難病のために外出できなくなった真与《まよ》の代わりに旅行をしてほしいと依頼された「私」は，真与の気持ちに動かされ，やってみようという気になる。

問１ **A** 「殺風景」は，おもむきやおもしろみがなく，味気ないようす。　**B** 「ままならない」は，思うようにならないという意味。

問２ 真与の代わりに旅行をしてほしいと頼まれたのは，真与自身は病気で旅行ができないからなので，旅の本を持っていくのをためらったのである。

問３ 真与の「心残りなこと」について，この後説明がある。春の花をテーマとして作品にしたいとしだれ桜の名所を訪ねたが，「散々な雨と，花が散ったあとの空っぽの枝ばかり」で見ることができず，しかも，「雨の中の花が散った桜」という「みじめなもの」を活《い》けるつもりなのかと，家元を失望させてしまった。その「失望を消してみせる」と「固く誓っ」たものの，病気を発症した今ではその名所の桜をもう決して見られず，「心残り」に感じているのである。

問４ 家元は，桜の名所で目にしたものを見る価値がないと断じて「こんなもの」と言い，「雨の中の花が散った桜ほど，みじめなものはない」としている。「雨に濡《ぬ》れる花のない桜の枝」という言葉が，同じものを指す，条件に合うものである。

問５ 「私」は，「真与さんの想《おも》いに応えられるだろうか」という不安を抱いていたが，重い病気になってしまった事実を受け止めたうえで，果たせなかった想いにどう決着をつけるのか考え抜《ぬ》いた真与に動かされ，自分の務めを果たしたいと考えるようになったのだから，エが合う。

問６ 温泉に行くことを真与に提案した「私」が，自分が行きたいだけだろうと社長に図星をさされた場面である。はずかしい思いをしたときなどのしぐさである，「肩《かた》をすくめる」が合う。

問７ 旅をするだけでなく，映像を自分で映してレポートすることを求められた「私」はとまどうが，「明るくなった真与さんの顔をみつめるうちに」，やれるだけやってみようと心を決めたのだから，ウがふさわしい。

三 出典は外山滋比古《とやましげひこ》の『思考の整理学』による。思いつめずに，できる，これでいいと自分に暗示をかけたり，ほかの人のいいところを見つけてほめたりすることの効用を説明している。

問１ **A** 「にべなく」は，愛想なく，そっけなくという意味。　**B** 「水をかける」は，物事のじゃまをし，失敗させるということ。

問２ ぼう線部①の直前には，すぐ前の内容を指す「そんな」があるので，ぼう線部①は「できる，

できる，と自分に言いきかす」ことを指す。それを次の文中で「自己暗示」と述べている。

問３　ぼう線部②の直前に「それくらい」とあるので，前の内容をおさえる。直前の二段落は，「考えごと」が「姿をかくしやすい」といえる例を述べていて，さらにその一段落前で，「思考」がどのようなものであるかの説明がある。　**A**　思考は「デリケートなものである」とされている。　**B**　「いい考えが浮んでも，そのときすぐにおさえておかないと」あとでは「姿を見せようとしない場合もある」と，思考の「姿をかくしやすい」性質が説明されている。

問４　Ⅰは，心の中の思いを述べるという意味の「述懐《じゅっかい》して」にかかる言葉が入るので，心に深くしみいるようすをいう「しみじみ」が合う。Ⅱは，「友には，ほめてくれる人を選」ぶことが「難しい」ということを強調させる，“ずいぶん”という意味の「なかなか」がよい。Ⅲは，答案を見ずに「成績はよかった」と言うのだから，“言うまでもなく”という意味の「もちろん」があてはまる。

問５　「ほめられると，われわれの頭は調子に乗る」例として，続く三段落に「ピグマリオン効果」について説明されている。同じ学力のグループどうしでは，ほめられたほうがテストの点がよかったのだから，ほめられた結果，期待以上の成果を発揮したことになる。よって，アが選べる。

問６　答案を見ないまま，でたらめに「成績はよかった」とほめた結果，同じ学力レベルの別のグループよりも本当に成績がよくなったのだから，うそのつもりで言っていたことが真実になるという意味の「ウソから出たマコト」があてはまる。

問７　直前に注目する。「まわりにうまくほめてくれる人」がいれば，「臆病《おくびょう》な思考」も「頭を出してくれる」ために，「雰囲気《ふんいき》」は「バカにならない」といえるのだから，「いい空気のところ」とは，「ほめてくれる人」がいる場ということである。

2022年度　武蔵野大学中学校

〔電　話〕　(042)468－3256
〔所在地〕　〒202－8585　東京都西東京市新町１－１－20
〔交　通〕　西武新宿線 ―「田無駅」より徒歩15分

【算　数】〈第１回試験〉（45分）〈満点：100点〉

1　次の $\square$ にあてはまる数を求めなさい。

（1）$24 \div 6 \times 2 + 72 \div 2 = \square$

（2）$(2022 - \square) \div 69 - 8 = 21$

（3）$7.5 \div 2.5 - 0.24 \div 0.8 = \square$

（4）$\left(0.75 + \frac{1}{12}\right) \times 0.9 - \left(1\frac{3}{7} - 0.25\right) \div 2\frac{1}{5} = \square$

（5）$\frac{1}{2} \times \left(\frac{1}{\square} - \frac{1}{5}\right) = \frac{1}{15}$

（6）240 g は，2 kg の $\square$ %です。

2 次の問いに答えなさい。

(1) 長さ1m20cmのはり金を折り曲げて，長方形を作りました。長方形の縦は，横より28cm長くなっています。この長方形の横の長さは何cmですか。

(2) 30％の割引で販売された商品が，さらに大売り出しで40％の割引の4620円で販売されていました。もとの定価は何円になりますか。

(3) 4％の食塩水400ｇに10％の食塩水200ｇをよく混ぜると，何％の食塩水になりますか。

(4) 男子12人，女子8人のクラスで算数のテストを行いました。男子の平均点が76点，クラスの平均点が70点のとき，女子の平均点は何点ですか。

(5) $\begin{vmatrix} a & b \\ c & d \end{vmatrix} = a \times d - b \times c$ と約束します。このとき，$\begin{vmatrix} 2 & 4 \\ 3 & 8 \end{vmatrix} = \square \times \begin{vmatrix} 16 & 8 \\ 6 & 5 \end{vmatrix}$ の $\square$ にあてはまる数は，いくつですか。

(6) ある川を静水時の速さが一定の船で上り下りします。時速18kmで川を上り，時速30kmで川を下ったとき，この船の静水時の速さは時速何kmですか。

(7) 50円，100円，150円のお菓子《かし》があります。300円ちょうどになる買い方は何通りありますか。ただし，買わないお菓子があっても良いとします。

(8) Ａさんは池を一周するのに12分かかり，Ｂさんは同じ池を一周するのに24分かかります。Ａさんと Ｂさんが同じ地点から同時に反対方向に進むとき，2人は何分後にはじめて出会いますか。

(9) 次の数字は，ある規則にしたがって並べられています。

2，3，5，8，13，21，……

10番目にある数字はいくつですか。

（10）赤と白に光るLED電球があります。赤のLED電球は，3秒間光って1秒間消えるということをくり返し，白のLED電球は4秒間光って2秒間消えるということをくり返します。スイッチを同時に入れてから，3分経過するまでに，2種類とも光っている時間は全部で何秒間ですか。

（11）次の図で，四角形ABCDが平行四辺形のとき，角アの大きさは何度ですか。

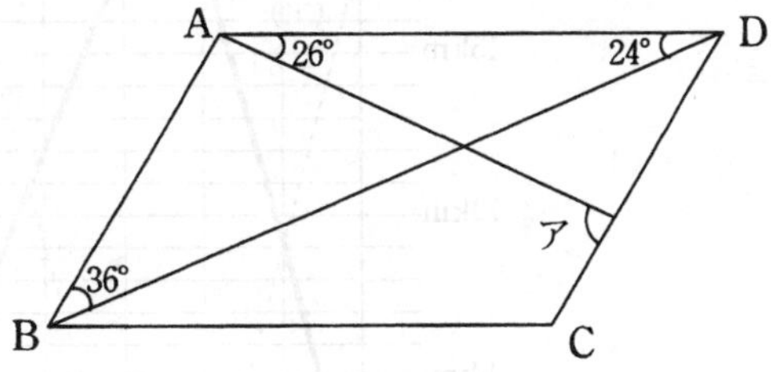

（12）次の図形を直線ℓのまわりに1回転させてできる立体の体積は何cm^3ですか。
ただし，円周率は3.14とします。

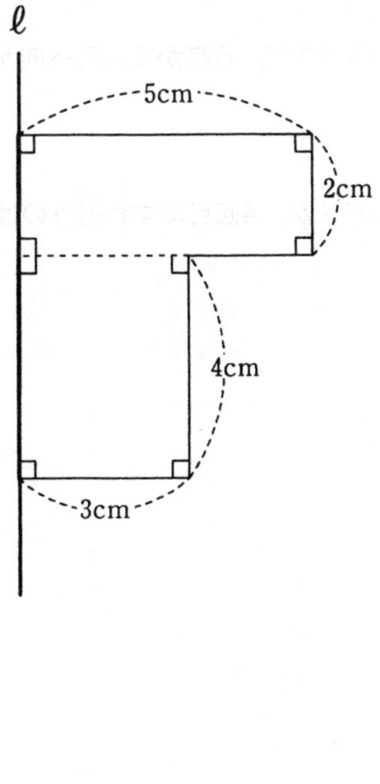

3 18km離《はな》れたＡ町とＢ町があります。2台のバス（ア）と（イ）がそれぞれの町を6時に出発して，2つの町を折り返して運転しています。（イ）のバスは，Ｂ町からＡ町へ向かうとき1.5倍の時間がかかります。また，Ａ町，Ｂ町での停車時間はどちらも15分間となっています。次のグラフは，そのとき，2台のバスの運行の様子を表しています。このとき，次の問いに答えなさい。

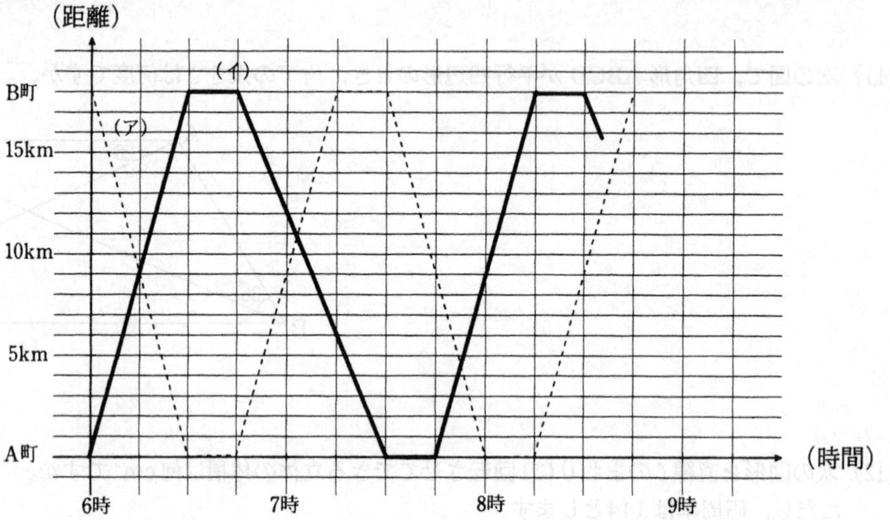

(1) （イ）のバスが，Ｂ町からＡ町へ向かうときの速さは時速何kmですか。

(2) 2台のバスが，4回目にすれ違《ちが》うのは何時何分ですか。

問一、――線Ａ・Ｂの語句の文中での意味として、最も適切なものを次のア～エの中から選び、それぞれ記号で答えなさい。

Ａ　なまじに

ア、世間並みに　イ、真面目に

ウ、段階的に　エ、中途半端に

Ｂ　バイアス

ア、先入観　イ、人生観　ウ、無常観　エ、宇宙観

問二、[X]には、どのような言葉が入りますか。漢字一字で答えなさい。

問三、【　１　】～【　４　】に入る言葉として、適切なものを次のア～エの中から選び、それぞれ記号で答えなさい。

ア、「解決出来ない自分の問題」

イ、「ほら、その先に答が見えてるじゃないか」

ウ、「自分の悩んでいることはなんだ?」

エ、「私の悩みはこういうものです」

問四、――線①「その能力」とは具体的にどのような能力ですか。「～能力。」に続く形で文中より探し、十字以内で抜き出しなさい。（句読点や記号を含む場合は、一字に数えます）

問五、――線②「コンピュータは『問題』を発見なんかしません」とありますが、それはなぜですか。その理由の説明として、最も適切なものを次のア～エの中から選び、記号で答えなさい。

ア、「問題」を発見するのは人間であって、コンピュータは正確な答えを出すことのみが役割であるから。

イ、危機を察知する必要がある生き物と違って、コンピュータは自己保存の本能が備わっていないから。

ウ、ネット検索をすることに特化したコンピュータには、問題発見のプログラムは搭載《とうさい》されていないから。

エ、「問題」を発見するシステムを解明することで、コンピュータは「武装」し、暴走してしまうから。

問六、[Y]には、どのような言葉が入りますか。最も適切なものを次のア～エの中から選び、記号で答えなさい。

ア、オペレーター

イ、キャスター

ウ、カウンセラー

エ、トレーナー

問七、「知識」と「知性」はどのようなものですか。四十五字以内で説明しなさい。（句読点や記号を含む場合は、一字に数えます）

にとっての最大の危機は「壊れる」ではなくて「壊される」ですから、そういう「問題」があると気づいたコンピュータは、それを回避するために、「自分を壊そうとする者を倒す機能」の獲得を目指すでしょう。つまりは「武装」で、そうなると、暴走するコンピュータを止めようとする人間は、コンピュータによって殺されてしまいます。コンピュータに「自己保存本能」なんかを与えない方がいいのです。

人間は普通、「答」を探すことにあくせくしています。「問題」なんか見つからない方がいいですから、「問題を発見する」ということをあまり大切にしません。だから、「答を見つけるより問題を発見する方がむずかしい」なんてことを言われても、なんだかよく分からないのですが、「自分のこと」を考えてみればいいのです。

自分のことを「なんかへんだな」と思いはしても、なにがへんなのかが分からないということはありませんか？　自分の中に「問題」があるような気がして、でも本当に「問題」があるのかどうか、あるいはまた、それがどんな「問題」であるのかが分からないのです。

体調が悪かったら医者へ行きます。「どこが悪いのか」を分かってから行くのではなくて、「なんだか様子がへんだから、原因を調べてほしい」と思って行くのです。「自分はなにかヘマをしたような気がするのだけれど、それがなんだかよく分からない」ということだってよくあります。「自分のことなのに自分ではよく分からない」というのはままあって、そういう時は周りの人に「なんかヘマしたような気もするんだけど、それ知ってる？」などという不思議な尋ね方もします。

「自分のことだから自分でよく分かる」ではなくて、「自分のことだから視野にBバイアスがかかって見える範囲が限定されて、よく分からない」になるのですね。人生相談で「自分の悩み事が整理出来たら、ほぼ解決に近い」というのはこんなことで、だからこそ「問題を明確にしてくれる客観的な他人の視点」が必要だと思えて、「他人の知性」というものの存在にも気がつけるのですね。

「自分のことがよく分からなくなってしまった人のために他人の視点を提供する」ということを仕事にするのが、［Y］です。

「なんだかよく分からないけれど、自分は問題を抱えているのかもしれない」と思う人の話を聞いて整理をして、「あなたはこういう問題を抱えているんじゃないですか？」とアドヴァイスをします。そういうことが「職業」として存在してしまうのですから、自分のことであっても、あるいは自分のことだからこそ、「問題」を発見するのはむずかしいのです。

「答」であるような「知識」ばかりを求めて「知識の量」を誇《ほこ》っても、「問題を発見してそれを解く」ということの重要性に気がつかなかったら、思考の放棄《ほうき》です。そんな人の中に「知性」は存在しなくて、他人の中に存在する「自分とは別種の知性」にだって気がつけないでしょう。

（橋本治『負けない力』朝日新聞出版）

ら【　1　】と一生懸命考えます。他人から見れば、それは「モヤモヤが収まって、解決まであと一歩」というような状態なのですが、相談者は【　2　】をかき集めてまとめるのに精一杯なので、【　3　】という気づき方が出来ないのです。

人生相談というのは、相談者が【　4　】と言った段階で、うっすらと答が見えているようなもので、全然知らない相手に対しての方がそういう分かり方が出来ます。Aなまじに知っている相手から相談を持ちかけられると、相手の話を聞く前や聞きながら、「こいつがなんの相談をするんだ?」などと考えて、相手がまとめようとする相談事の内容をまぜっ返したり、適当なところで「分かった、分かった」と言って最後まで聞かなかったりして、「なにが問題か」というところを明確にさせなかったりしてしまいます。だから、「知らない相手の相談」の方が、「問題」がはっきりしている分だけ、答えるのが簡単なのです。

時には、なにを相談しているのかさっぱり分からない人がいます。そういう人には、「あなたの最大の問題は、自分がどういう問題を抱えているのかよく分かっていないことです」と言うしかありません。

「考える」というのは、問題を発見し、その問題を解くことですから、「答」を求めるのに性急な人は、その「問題とはなにか」を考えることがめんどくさいのです。つまり、「〝考える〟ということは自分以外の誰かがやっていて、自分はその〝答〟を拾うだけでいい」と考えているからです。だから「自分の問題」を提出することが出来ず、問題は当然のこととして解決しないのです。

今や「人間に代わって〝考える〟というめんどくさい行為をして答を見つけてくれる道具」であるコンピュータというものがあります。だから、「めんどくさいことを言わずに、ネット検索」ですみます。

コンピュータは、簡単に人間に「答」を与えてくれます。「与える」というよりも、「見つけてくれる」でしょうが、うっかりすると①その能力こそが「頭がいい」なのだと勘違いする人もいるでしょう。でも、「答」を見つけ出す能力の高いコンピュータは、「問題」を発見したりはしません。「問題」を発見するのは人間で、「問題を発見しろ」という指令を出したり、あらかじめ「こういう問題を発見しろ」という回路が仕込まれていなければ、②コンピュータは「問題」を発見なんかしません。

どうしてコンピュータが自分から進んで「問題」を発見しないのかというと、それはコンピュータが生き物ではなくて、機械だからです。

生き物が「問題」を発見したり気づいたりするのは、危機を察知する必要があるからで、つまりは、自己保存の本能があるためです。しかし、機械にはそんなものがありません。だから、「故障しました」という表示が出たとして、「その内に故障するかもしれません」という表示は出ません。エネルギーの残量を表示するカウンターがあって、「もう少ししたら燃料切れです」と教えてくれはしても、分かるのはそこだけで、コンピュータは「自分の中に存在する問題」に気づけないのです。

人間が「自己保存の本能とはどんなものか」とそのシステムを解明してしまったら、コンピュータだって、自分で「問題」を発見するようになるかもしれませんが、そんなことをしない方がいいでしょう。コンピュータ

三　次の文章を読んで、後の問いに答えなさい。

知性には「出題範囲」のようなものがありません。どこにでも「考えるべきこと」はあって、「ここにも考えるべき問題はある」という発見をしてしまうのが知性です。

知性は、「決まった出題範囲の中に存在する答を探し出すもの」ではありません。知性は「問題を発見してしまうもの」で、「出題範囲」などというものをあっさり無視して飛び越してしまいます。

あなたが「成績が悪くて勉強の出来ない子」の発言に驚いたのだとしたら、その子は、あなたが気がつかないような「問題」が存在するのを発見してしまっていたのです。

知性は「あるか、ないか」の二択《たく》です。あなたが「この人には知性がある」という発見をしたのなら、その時その人は、あなたの知らなかった「問題」を発見していて、あなたはそこに「問題」が存在していることに気づけなかったのです。

更《さら》に致《ち》命的なのは、あなたが「こいつの口からまともな発言なんか飛び出すわけがない」と、相手を見くびっていたことです。見くびっていたからこそ驚いたのであって、それはつまりあなたが「知的発言が出て来るのなら、だいたいここら辺の範囲のやつから」と、人にさえも「範囲」の枠をはめていたということです。「出題範囲」のない知性は、どこの誰から飛び出すかは分からないというものでもあって、それに気がつかないのだったら、知性は失格です。

そして、もしもあなたにここで私の言っていることが分からないのだとしたら、その理由は簡単です。それはあなたが「知性があるのはこういう人」という範囲を勝手に決めて、それ以外の人の知性に気がついたことがないからです。あなたは、「自分より下」と思える人の発言に耳を傾けないので、そういう人の言う「 X を射た」と思えるような発言に、遭遇《そうぐう》することが出来なかったのです。

知性は、「答」を見つけるのと同時に、「問題」も発見します。

「〝問題〟なんか発見したって、その答が見つけられなければなんの意味もないじゃないか」と思われるかもしれません。でも、「そこに問題がある」ということに気がつかなければ、「答」なんかは永遠に見つけられないのです。

重要なのは「問題」を発見することで、「答」を発見することではありません。「ここに問題がある」ということが発見出来れば、遅かれ早かれ、その問題を解くということは起こります。「問題を発見する」ということが重要なのは、その発見した「問題」が、自分にとって意味のある問題だからです。

人生相談というのは、自分の抱えている「問題」を他人に相談してなんとかしてもらうことですが、どうしてこれに答える人間は、自分とは関係ない「他人の悩み」なんかに答えることが出来るのでしょう？　別にそうむずかしいことではありません。悩みを訴える人は、自分で「自分の問題」をまとめてしまっているからです。

自分で「問題」を整理しなければ、他人に相談なんか出来ません。だか問四、――線②「本気？　って大声出しそうになる」とありますが、このときの「おれ」の気持ちの説明として、最も適切なものを次のア～エの中から選び、記号で答えなさい。

ア、一度やったらじゅうぶんな行事なのに、二度までも体育館で寝るなど冗談ではないと苦々しく思う気持ち。

イ、締め切りがとうに過ぎてしまった行事に今さら行ってみようなんて、無理に決まっているとあきれる気持ち。

ウ、学校に泊まる行事に新が参加するなど想定していないことであったので、信じられず、うれしい気持ち。

エ、役員である母親が監視してさえいなければ、ぜひ行ってみたかった行事なのにとがっかりする気持ち。

問五、――線③「だったら」とありますが、このときの「おれ」の気持ちの説明として、最も適切なものを次のア～エの中から選び、記号で答えなさい。

ア、自分も何とかして参加者の中に入り込みたい。

イ、女子を追加して募集するべきだと提案したい。

ウ、先生は申しこみ書の不備を認めた方がよいと責めたい。

エ、役員さん達のために参加者を増やしてあげたい。

問六、――線④「ふつうじゃないこと」とありますが、「おれ」は具体的にどのようなことをしたのですか。「～こと。」に続く形で、五十五字以内で答えなさい。（句読点や記号を含む場合は、一字に数えます）

問七、――線⑤「そのときの母ちゃんの顔が、こわいほどに悲しそうだった」とありますが、それはなぜですか。その理由の説明として、最も適切なものを次のア～エの中から選び、記号で答えなさい。

ア、貝を採りに行くと言ってそのまま自分たちを置いてあっけなく死んでしまった夫に対しての怒りを心の中に抱えていたから。

イ、家族のために貝を採りに海に入っただけなのに夫の命を奪った運命や海のことを恨み、いつか復讐《しゅう》したいと思っていたから。

ウ、父親が貝を採ろうとして海で死んだことを知らない息子の無邪気なことばをきっかけにやるせない気持ちがこみあげてきたから。

エ、父親が海で死んでしまったことを知らなかったにしても息子のあまりにも無神経な言葉にいら立ちを隠せなかったから。

なにか悪いことしちゃったのかと泣きそうになったとき、母ちゃんが[3]おれの前にしゃがんで言った。

お父さんはね、みんなでバーベキューに行った海で、事故にあって死んだの。

そのころのおれは、父ちゃんがいないってことはわかっていても、死んだとは思ってなかった。「死」が理解できてなかったんだと思う。わけがわからず、[4]しているおれに母ちゃんは続けた。

……貝を採ってきてくれるはずだったのに。

⑤そのときの母ちゃんの顔が、こわいほどに悲しそうだったのを、今でも覚えてる。

（北山千尋　『サマークエスト』　フレーベル館）

問一、━━線Ａ・Ｂの語句の文中での意味として、最も適切なものを次のア～エの中から選び、それぞれ記号で答えなさい。

Ａ　ぬかりなく

ア、まとまるよう指示をして

イ、ふざけすぎぬよう厳しく

ウ、すべらないよう準備して

エ、失敗しないよう注意深く

Ｂ　ひっきりなしに

ア、絶え間なく

イ、大きな音で

ウ、勢いよく

エ、落ち着かず

問二、[1]～[4]には、どのような言葉が入りますか。最も適切なものを次のア～エの中から選び、それぞれ記号で答えなさい。

ア、きょとんと

イ、はっと

ウ、ぎょっと

エ、ぎくしゃくと

問三、――線①「カメラを向けられると、どんな顔をしたらいいかわからなくなるタイプ」とありますが、これはどのような人ですか。最も適切なものを次のア～エの中から選び、記号で答えなさい。

ア、人を笑わせることが好きな、サービス精神が旺盛《おうせい》な人。

イ、人に見られると緊張してしまう、恥ずかしがりやな人。

ウ、物事を考えすぎてしまう、繊細でとっつきにくい人。

エ、いつも周囲の視線を気にしている、自意識過剰な人。

に遊んだ時間は長くない。おれは三年生の一学期まで学童に行っていたから、放課後は学童の仲間としか遊べなかった。それがいやで二学期からは学童に行かない、って母ちゃんを説得したのに、新は塾通いでなかなか遊べる日がなかった。

それでも、いちばん仲がいいのはだれかって聞かれたら新だと思うのは、運動会のとき、④ふつうじゃないことをやらかしてしまった仲だからかもしれない。ふたりとも、ちょっとずれてるのかも。体を動かすのはけっこう好きだし、サッカーも好きだけど、スポーツ少年団は親の負担が大変だって聞いたから入らなかった。それで、男子の半分くらいと別行動になってしまう。おれや新と同じように少年団に入っていない佐々木は土日ずっとゲームしてるっていうけど、おれはそんなにゲームに夢中になれない。新もゲームにはまるで興味ナシ。ゲームしようとさそわれて、トランプを持ってきたという過去があるくらいだ。

【中　略】

「そういえばさ、『学校に泊まろう』の持ち物で寝袋か毛布、って書いてあったんだけど、みんな、どっちを持ってきてた?」

「おれは毛布持っていったんだけどさ、ほとんどみんな寝袋だった。新の家には、寝袋ある?」

みんなが寝袋を持ってきているのにびっくりしてたら、逆に「おまえんとこ、キャンプ行かないの?」っておどろかれたんだった。ふつうの家はキャンプに行くものなんだろうか。バーベキューをして、テントを張って泊まって。

バーベキュー。

——貝を採ってきてくれるはずだったのに。

「……ないんだけど、この際だから、買ってキャンプに行くか、って父さんが盛りあがってさ」

新の声に、［1］我に返った。

「キャンプ行ったことあるの?」

おかしな質問だ。行ったことがないから寝袋もないんじゃないか。

「ないよ。日帰りのバーベキューすらないのに、寝袋使うようなキャンプに行くとは思えないよな」

最後はひとりごとみたいに言って、新は教室に入った。席に着いて、おれはまた、ぼんやり考える。

バーベキュー。新も行ったことないのか。

バーベキューには忘れられない思い出がある。バーベキューをした思い出じゃない。「しなかった」思い出だ。

保育園のころだったか、ほこらしげにバーベキューに行った話をしているやつがいて、うらやましくなったおれは、母ちゃんにねだった。バーベキューに行きたい、と。ふたりきりじゃなくて、仲のいい隆俊おじさんと百合子おばさんもいっしょのときに。

よーし、連れてってやる。おれに甘いおじさんなら、きっとそう言ってくれると思ってた。だけどちがった。みんな、［2］したようにおれを見て、凍《こお》りついた。

「まあ、きっかけはそうだけど、おもしろそうだし、いっぺん参加してみようかなと思って。母さんも、塾を休まないですむならいい、って言うし。最後の思い出に」

「最後の思い出って？」

どういうこと？　新はどこかに行ってしまうのか？

「小学校最後の、ってこと」

なんだ、そういうことか、とほっとして、おどけてみせる。

「今から最後の、なんて言ってたらキリがないじゃん。最後の一学期に最後のプール、最後の夏休み、最後の宿題……」

「おれが言ったんじゃないって」

「そか。まあ、楽しいかどうかはメンバーによるよ」

「だったら、だいじょうぶだ。ヒロキも行くんだから」

新の言葉に、思わずにやけてしまう。

目を光らせてる母ちゃんがいなくて、新がいっしょなら、最高に楽しいはずだ。

おれと新は三年生のときからずっと同じクラスだ。休み時間に遊んだり、話したりするようになったのは、二年の運動会のあとから。おれたちの学校は各学年二クラスずつしかないから顔と名前くらいはわかってるけど、きっかけがないとほかのクラスのやつと仲よくなるのはむずかしい。おれと新のきっかけは運動会の靴《くつ》だった。

運動会で二年生は全員参加のクラス対抗リレーをやった。新は一組でおれは二組。走る順番が同じだった。

地面に引かれた白線のなかで、じりじりしながらバトンを待つ。白いハチマキを巻いた一組のやつが、赤いハチマキの二組よりもちょっと速い。ちょっとの差、っていうのはつらい。バトンパスで失敗したり、おれが走ってるあいだに差が開いたりしたら最悪だ。

悪いことばかり考えてたせいか、案の定、バトンを受けとるとき、もたついてしまった。先にバトンを受けとって走りだした新の背中をにらみながら走る。走るのはトラック半周。追いこすのは無理でも、せめてもう少し近づきたい。なんて考えてたときに、とつぜん、新の背中がしずんだ。転んだのだ。そして、新の靴がぽーんと飛んで、おれの胸に当たって落ちた。それをおれは拾いあげて、ひざをさすりながら立ちあがった新に渡した。

「ありがとう」

新はびっくりした顔で受けとり、靴をはく。おれはなぜか新が靴をはきおわるまで待って、そして、せーの、で走りだした。

「バカかおまえ。あんなのほっといていいんだよ。ふつう、拾って渡したりしないって。敵なのに」

「なんで、あそこで靴をはきなおしちゃったわけ？　ふつう、そのまま走るだろ？」

おれも新もあとで散々言われた。新は転んだから同情されてたけど、おれの行動はどう考えても変で、みんなえんりょなく文句を言ってきた。結果は、二組の勝ちだったからよかったものの、そうでなければ、もっとねちっこく言われてたかもしれない。

そういうわけで、おれと新は話をするようになったのだけど、いっしょがってるんだろう」

いいかげんだなあ、と思いながら、先生が新の申しこみ書を受けとり、机の上にあった茶封筒のなかに入れるのを見ていた。茶封筒には「学校泊」と雑に書かれている。

「役員さんがなげいてたんだよ。年々参加者が減ってるってな。しかも、今回は三連休だからか、去年よりさらに少ない。女子なんか五人だ。ひとりでも増えたほうが役員さんがよろこぶ」

③だったら、と、おれは一歩前に出て先生に言った。

「あのー、おれもやっぱり行こうかなって思うんですけど、申しこみ書ありますか？」

「なんだ、なくしたのか？　ちょっと待ってろ。予備があったはずだ」

先生は机の上のファイルやプリントの山を探しはじめた。チラシを配られたのはだいぶまえだから、山の下のほうにあるはず。理科で習った地層みたいに。

「あったあった。ちょうど一枚残ってた。ラッキーだな」

先生が差しだしたチラシは、はしがしわくちゃになっていた。先生はいつもおれたちには、しわくちゃにせずにきれいに持って帰れって言うくせに。

「今書いちゃうから入れといてください」

おれはチラシの下の部分、きりとり線に折り目をつけてやぶろうとした。

「今書くって、おうちの人に行ってもいいって言われたのか？　印鑑《かん》もいるんだぞ」

先生の言葉に、やぶろうとした手を止める。

「苗字書いて丸しとくんじゃだめですか？」

母ちゃんがダメだと言うはずはない。なんで行かないの、って聞いてたくらいだ。印鑑なんて必要ない。

「だめに決まってるだろ。宅配便の受け取りじゃないんだから。係の人には先生から言っといてやるから、ちゃんと書いてもらって持ってこい」

しかたないから、はーい、と返事してチラシをランドセルにしまう。今晩、忘れずに母ちゃんに書いてもらわなくちゃ。

朝の職員室は用がすんだら出ていけ、という無言の圧力みたいなのでいっぱいだ。Bひっきりなしに鳴る電話、印刷機の音、動きまわる先生の靴音。楽しいことがあるわけじゃないから、新もおれもさっさと出ていく。

教室に向かって五歩くらい歩きだしてから、新に聞いた。

「でも、なんで急に行く気になったわけ？　塾は休み？」

新はわざわざバスと電車を乗り継いで、ほとんど毎日塾に通っている。土日も当然、あるはずだ。

「塾は土曜は午前中だけだし、日曜は十時からだから、終わってすぐ行けば、なんとか間に合うんだ」

「うへえ。塾の合間に、って感じだな。でも、このチラシ配られたときには興味なさそうだったじゃん？」

「そうだったんだけど、なんかなりゆきで」

「なりゆき？」

「このまえの土曜日、めずらしく父さんがいてさ、チラシ見て、おもしろそうじゃないかって」

「なんだ、お父さんに言われたからか」

ろいことがないのに鏡を見て笑うなんてできやしない。

父ちゃんがどんなふうに笑ったのか、おれにはわからない。

じとじとうっとうしい雨がやんだ。

傘のいらない朝にうれしくなって、鼻歌まじりに学校に行く。月曜日の重い荷物も全然苦にならない。雨だったら、なんで月曜日に習字なんかやるんだよ、って怒《いか》りまくってたところだ。

運動場の水たまりもほとんどなくなっている。ひさしぶりに外で遊べそうだ。サッカーでもドッジボールでもなんでもいい。鬼ごっこもけっこう盛りあがれる。佐々木と渡部がAぬかりなく仕切ってくれるだろう。

うきうきと校舎に入ると、新《あらた》の背中が見えた。掲示板の前に立って、なにかを熱心に見ている。

「おーっす。なに見てんの?」

声をかけて近づくと、新の視線の先には「学校に泊まろう」のポスター。

なんで新がこんなものを見てるんだろ。

「学校に泊まろう」というのは五、六年生が体育館にひと晩泊まる、子ども会の行事だ。

母ちゃんが役員をやってたこともあって、去年は参加した。防災訓練をかねていて、防災の話を聞いたあと、空き缶でごはんを炊いてレトルトカレーを食べて、体育館に非常用テントを出してそのなかで寝る。体育館で寝るのなんて初めてだったし、みんなとごはん作るのも楽しかったけど、一度やったらじゅうぶんかな、という気がして、今年は申しこんでいない。

「これさ、行ってみようかなと」

「えっ? 行くの?」

②本気?って大声出しそうになるのをぐっとこらえる。いったいなにが起こったんだ?

おれがびっくりしまくってる横で、新はしれっとした顔で答える。

「うん。ヒロキは去年行ったんだよな。どうだった?」

「まあ、ふつうにおもしろかったかな。去年は母ちゃんが役員で来ててさ、いなけりゃもっとよかったかも」

「今年は行かないわけ?」

「新が行くんなら行ってもいいけど」

行ってもいい、どころじゃない。新が行くなら、絶対行きたい。

でも、問題は締《し》め切りが過ぎてるってこと。ポスターには、締め切りは先週の金曜日と書いてある。新もそれで困ってたのかな。

「ここには金曜日が締め切りってあるけどさ、配られたチラシのほうは今日が締め切りなんだ」

「ふうん。どっちなんだろ」

「竹下先生に聞いてみるか」

そのまま職員室に行って竹下先生をつかまえた。新はランドセルから参加申しこみ書を取りだす。ちゃんと保護者のはんこまで押してある。

「すみません。これ、今日でもいいですか? ポスターのほう、締め切りが金曜日ってなってたんですけど」

「ん? ああ、それか。役員さんが今日の夕方に回収に来るって言ってたから、今日が締め切りなんじゃないか。ポスターのほうの締め切りがまち

二〇二二年度 武蔵野大学中学校

【国 語】〈第一回試験〉（四五分）〈満点：一〇〇点〉

一 次の問いに答えなさい。

問一、――線の漢字の読み方をひらがなで答えなさい。

① 山の頂をながめる。
② 愛を育む。
③ 船が運河を行く。
④ 需要と供給のバランス。
⑤ 彼女はチームの要だ。

問二、――線のカタカナを漢字に直しなさい。

① 毎日ギュウニュウを飲む。
② 仏前に花をソナえる。
③ チュウコクを聞けばよかった。
④ 原因をすべてレッキョする。
⑤ 動物のアシアトをたどる。

二 次の文章を読んで、後の問いに答えなさい。（設問の都合上、本文を変えたところがあります。）

おれの父ちゃんは、海で死んだ。

そう言うと、「お父さん、漁師だったの？」とか「サーファーだったの？」とか聞かれるけど、そのどちらでもない。ふつうのサラリーマンだった、はずだ。

生まれたてのおれを抱っこして、顔をのぞきこんでいる写真が整理だんすの上にある。

顔はまともに写ってない。

ハゲじゃなかった、ってことくらいしかわからない。

母ちゃんとおれがいっしょに写っているのは山ほどあるけど、父ちゃんといっしょの写真は少ない。数少ない写真のなかで、父ちゃんは情けなさそうに眉毛《まゆげ》を下げ、口元をひきつらせている。①カメラを向けられると、どんな顔をしたらいいかわからなくなるタイプだったらしい。

おれと父ちゃんというめずらしい組み合わせのこの一枚が、母ちゃんのお気に入りだ。

「そんなふうに笑った目のあたり、お父さんに似てる」

いつだったか、母ちゃんが言った。

おれがなんで笑ってたのかは思いだせないけど、そう言った母ちゃんが、なんだか少し悲しそうだったのは覚えてる。

笑った目のあたりが、父ちゃんに似てるのか。

ひとり、洗面台の鏡に向かって笑ってみたことがある。だけど、おもし

2022年度

武蔵野大学中学校 ▶解答

※編集上の都合により，第１回試験の解説は省略させていただきました。

算 数 ＜第１回試験＞（45分）＜満点：100点＞

解 答

[1] (1) 44 (2) 21 (3) 2.7 (4) $\frac{3}{14}$ (5) 3 (6) 12 [2] (1) 16cm (2) 11000円 (3) 6％ (4) 61点 (5) $\frac{1}{8}$ (6) 時速24km (7) 7通り (8) 8分後 (9) 144 (10) 90秒間 (11) 86度 (12) 270.04cm^3 [3] (1) 時速24km (2) 8時39分

国 語 ＜第１回試験＞（45分）＜満点：100点＞

解 答

[一] **問1** ① いただき ② はぐく(む) ③ うんが ④ じゅよう ⑤ かなめ **問2** ①～⑤ 下記を参照のこと。 [二] **問1** A エ B ア **問2** 1 イ 2 ウ 3 エ 4 ア **問3** イ **問4** ウ **問5** ア **問6** （例） リレー中に，転んで靴を飛ばしてしまった新に，敵なのに靴を拾い渡し，新が靴をはきおわるのを待って同時に走り出した(こと。) **問7** ウ [三] **問1** A エ B ア **問2** 的 **問3** 1 ウ 2 ア 3 イ 4 エ **問4** 答を見つけてくれる(能力。) **問5** イ **問6** ウ **問7** （例） 知識とは，問題に対する答のようなもので，知性とは，答と問題を発見する力のことである。

●漢字の書き取り

[一] **問2** ① 牛乳 ② 供(える) ③ 忠告 ④ 列挙 ⑤ 足跡

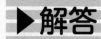

2022年度　武蔵野大学中学校

〔電　話〕　(042)468－3256
〔所在地〕　〒202－8585　東京都西東京市新町１－１－20
〔交　通〕　西武新宿線 ―「田無駅」より徒歩15分

〈編集部注：この試験は，算数・社会・理科・英語・国語より２科目を選択します。算数・国語はいずれかを１科目以上選択します。〉

【算　数】〈第２回試験〉（45分）〈満点：100点〉

1　次の $\square$ にあてはまる数を求めなさい。

(1)　$192\div(42+18\div3)\times5-10=\square$

(2)　$\frac{1}{6}+\left(1\frac{1}{3}\times0.5+0.25\right)\times2=\square$

(3)　$1-\left(\frac{1}{2}+\frac{1}{3}+\frac{1}{10}+\frac{1}{\square}\right)=0$

(4)　$4.13\times3+0.413\times10+41.3\times0.6=\square$

2　次の問いに答えなさい。

(1)　10％の食塩水が420ｇあります。７％の食塩水にするには何ｇの水を混ぜればよいですか。

(2)　1個550円のモンブランと1個400円のチーズケーキを合わせて15個買ったところ，代金は6900円でした。このとき，チーズケーキを何個買いましたか。

(3)　連続する３つの整数の合計が2022となるとき，３つの整数のうち最も大きい数はいくつですか。

(4)　現在，Ａさんの年齢《ねんれい》は25歳，Ｂさんの年齢は47歳です。Ｂさんの年齢がＡさんの年齢の3倍だったのは何年前ですか。

（5） ある列車は500mのトンネルを通り抜けるのに30秒かかり，300mの鉄橋を通過するのに20秒かかりました。このとき，列車の長さは何mですか。ただし，列車の速さは一定とします。

（6） 次の図のように，お花畑の外周《がいしゅう》に幅《はば》5mの道を作ったところ，道の面積は640m^2となりました。お花畑のたてと横の長さの比が1:2のとき，お花畑の面積は何m^2ですか。

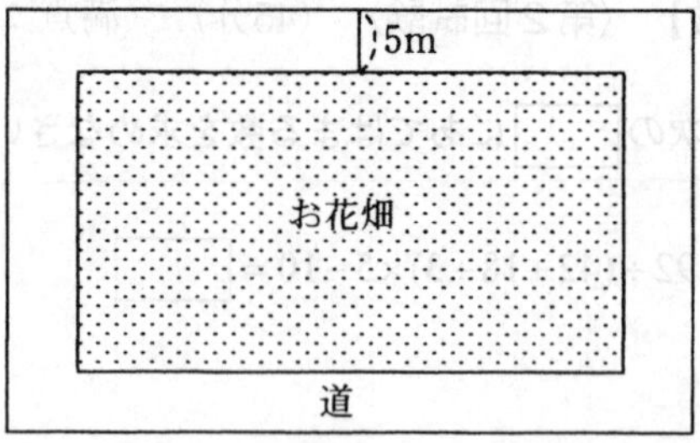

（7） ある年の7月5日が月曜日であるとき，その年の8月6日は何曜日ですか。

（8） 家から学校までの道のりを行きは時速15km，帰りは時速10kmで往復しました。このとき，往復の平均の速さは時速何kmですか。

（9） 1から100までの整数の中に11で割り切れない整数は何個ありますか。

（10） 大小2つのさいころを同時に投げるとき，目の和が9以上になる場合は何通りありますか。

（11） 次の図は，1辺の長さが10cmの立方体から半径5cmの円柱をくりぬいたものです。この立体の表面積は何cm^2ですか。ただし，円周率は3.14とします。

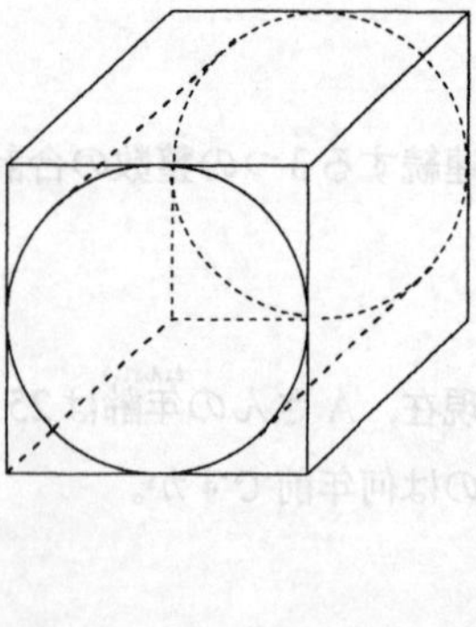

(12) A, Bを整数とし, $<A,B>$を次のように約束することにします。

$<A,B> = A+(A+1)+(A+2)+\cdots\cdots+(A+B)$

たとえば, $<2,3> = 2+3+4+5 = 14$です。このとき, $<A,9> = 445$となるAはいくつですか。

3 ある規則にしたがって, 次のように碁《ご》石を並《なら》べました。このとき, 次の問いに答えなさい。

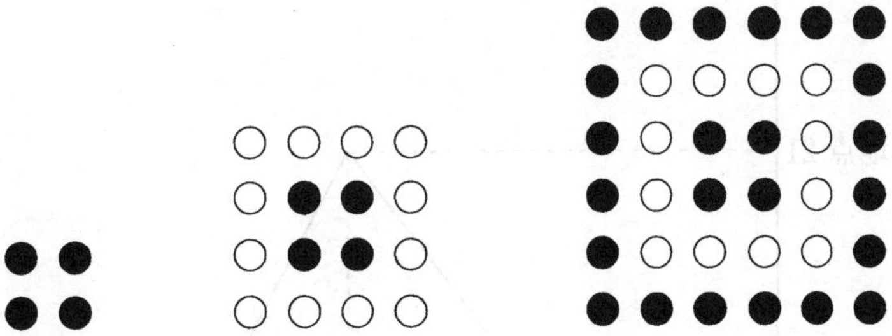

＜1番目＞　＜2番目＞　＜3番目＞

(1) 5番目のとき, 黒の碁石は何個ありますか。

(2) 黒の碁石を全部で480個使うとき, 一番外側に並ぶ黒の碁石の数は何個ありますか。ただし, 考え方も式や言葉で説明しなさい。たとえば, 一番外側に並ぶ黒の碁石の数は1番目は4個, 3番目は20個です。

4 あけみさんが船に乗って，Ａ地点から川の上流にあるＢ地点を往復します。しかし，この日はＡ地点を出発してから30分後に，船のエンジンが故障して止まり，何分間か船は川に流されました。その後，エンジンを再びかけ，Ｂ地点まで行き，すぐに川を下ってＡ地点に戻りました。ただし，船がエンジンをかけて進行しているときの静水での船の速さはつねに一定で，川の流れの速さもつねに一定とします。次のグラフは，あけみさんを乗せた船がＡ地点を出発してからの時間と距離《きょり》との関係を表したものです。このとき，次の問いに答えなさい。

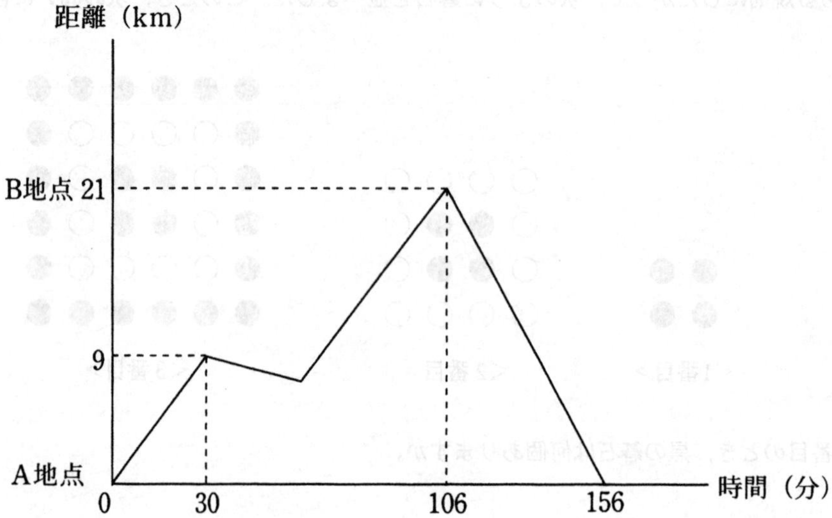

(1) 川の流れの速さは分速何ｍですか。

(2) Ａ地点からＢ地点に向かう途中《とちゅう》で，エンジンは何分間止まりましたか。ただし，考え方も式や言葉で説明しなさい。

【社　会】〈第2回試験〉（45分）〈満点：100点〉

※解答は、特別の指示がない限り漢字で記入すること

1　地図1を見て問いに答えなさい。

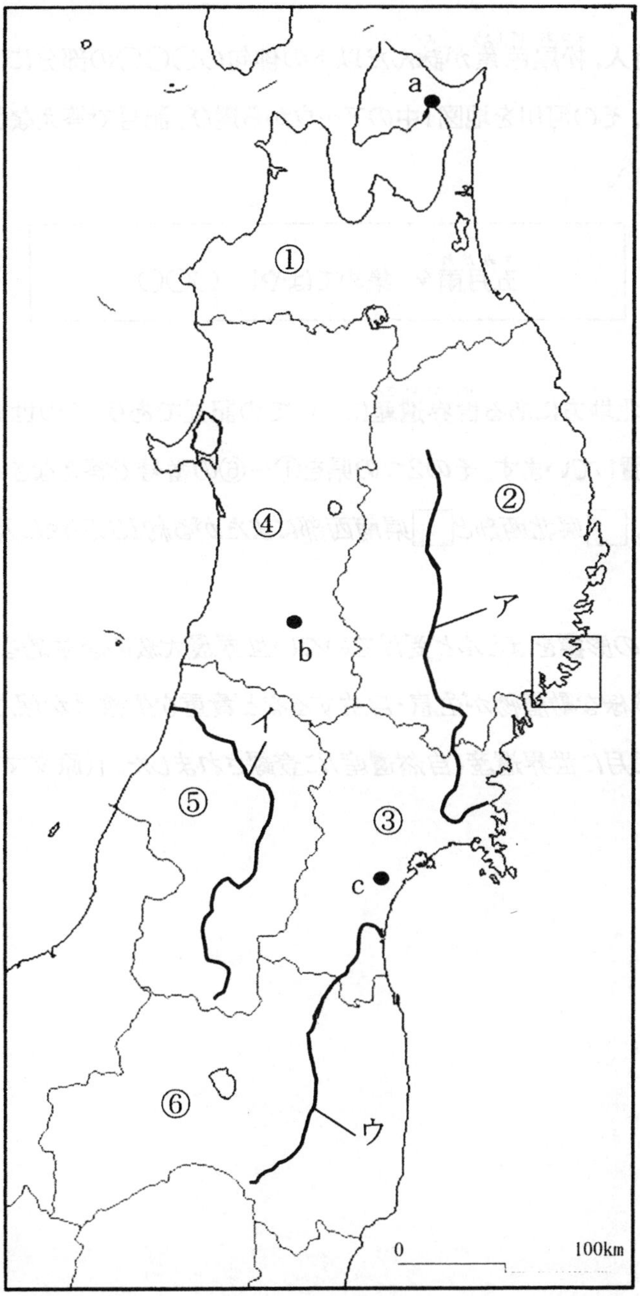

地図1

問1.　地図1中の①～⑥の県名のうち，県庁所在地名が県名と一致《いっち》していないところが2県あります。その番号を答えなさい。またそれぞれの県庁所在地名を答えなさい。

問2.　江戸時代の詩人，松尾芭蕉《まつおばしょう》が詠《よ》んだ以下の俳句の〇〇〇の部分には，東北地方の河川名が入ります。その河川を地図1中のア～ウから選び，記号で答えなさい。また，その河川名を答えなさい。

五月雨《さみだれ》を　集めてはやし　〇〇〇

問3.　次の文は，東北地方にある世界遺産《せかいいさん》についての記述であり，この世界遺産は2つの県にまたがって位置しています。その2つの県を①～⑥の番号で答えなさい。

「*白神山地は，□県北西部と□県南西部にまたがる約13万haに及ぶ広大な山地帯の総称です。*

ここには人為の影響をほとんど受けていない世界最大級の原生的なブナ林が分布し，この中に多種多様な動植物が生息・自生するなど貴重な生態系が保たれており，1993年(平成5年)12月に世界遺産(自然遺産)に登録されました。」(原文ママ。白神山地ビジターセンター)

問4．　次の図1および図2は，東北地方で栽培《さいばい》が盛んな2種類の果物の，都道府県別収穫《しゅうかく》量を表しています。図1および図2はそれぞれどの果物の収穫量を表していますか。正しい組み合わせを，次のア～カから選び，記号で答えなさい。

図1

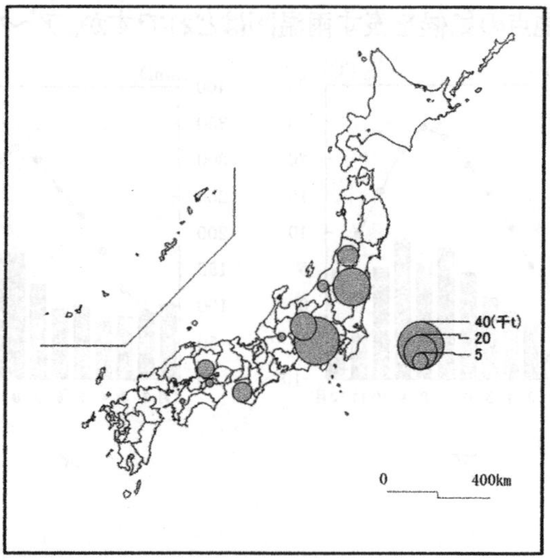

図2

	ア	イ	ウ	エ	オ	カ
図1	さくらんぼ	さくらんぼ	もも	もも	りんご	りんご
図2	もも	りんご	さくらんぼ	りんご	さくらんぼ	もも

問5．　次の文は，東京都に住む小学6年生のタケシさんの夏休みの日記の一部です。日記を読んで，問いに答えなさい。

8月24日　晴れ

今日は祖父母を訪ねに〇〇〇へ行きました。東京駅から新幹線に乗り，3時間ほどで到着《とうちゃく》した駅で，祖父母に出迎《でむか》えてもらいました。その駅がある市は，花火大会で有名だそうです。そこから車で30分ほど走り，祖父母の家に着きました。東京よりも北に位置するので涼《すず》しいかと思いましたが，祖父母が住む市は盆地と呼ばれる地形に位置するので，夏は暑くなるそうです。一方，冬は雪が多く降り，この市ではかまくら祭りが有名だと聞いたので，今度は冬に，祖父母を訪ねたいです。

(1) タケシさんが訪れたのは地図1中のａ～ｃのどの地点ですか。記号で答えなさい。

(2) 次の雨温図ア～ウはそれぞれ地図1中のａ～ｃの気候を表しています。タケシさんが訪れた地点の気候を表す雨温図はどれですか。ア～ウから選び，記号で答えなさい。

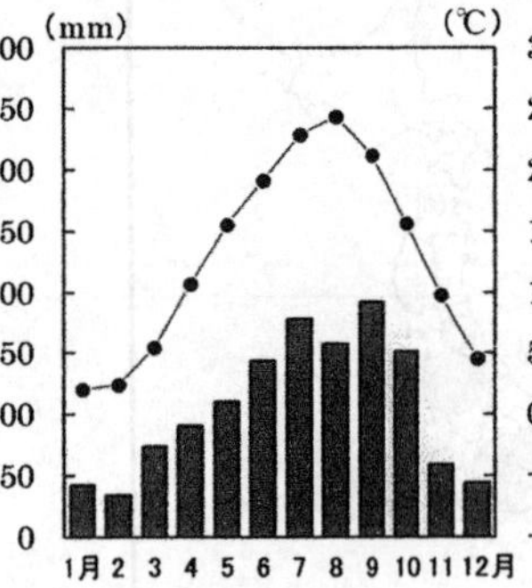

ア

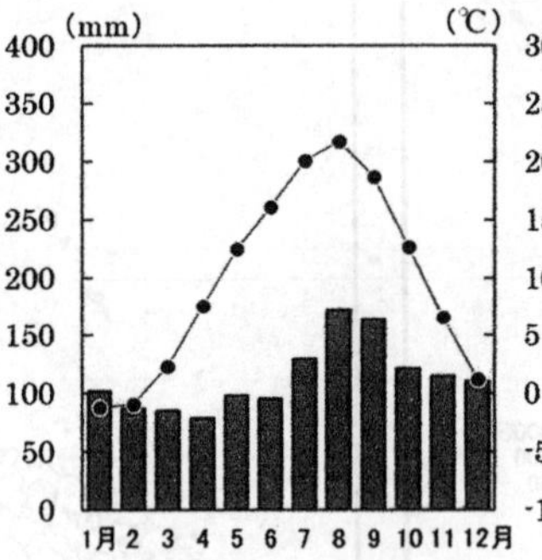

イ

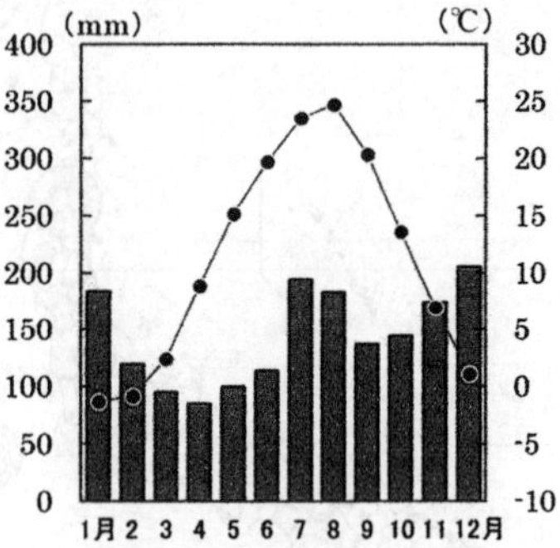

ウ

問6. 地図2は，地図1中の□部の拡大図です。

地図2

出典：国土地理院ウェブサイト
（https://maps.gsi.go.jp/#11/39.057850/141.847229/&base=blank&ls=blank&disp=1&vs=c1j0h0k0l0u0t0z0r0s0m0f0&reliefdata=032G0000FFG4BG0095FFG64G00EEFFG96G91FF00G12CGFFFF00G1F4GFF8C00GGFF4400 を加工して作成。）

（1）東北地方の太平洋側では，このように狭《せま》い湾《わん》が入り組んだ地形がみられます。この地形を何というか答えなさい。

（2）この湾内は，ある漁業に非常に適しています。適した漁業を次のア～エから選び，記号で答えなさい。

ア．遠洋漁業　　イ．養殖《ようしょく》漁業　　ウ．沖合漁業　　エ．栽培漁業

（3）地図2中の点にあなたの住宅があると仮定すると，どのような自然災害の被害《ひがい》にあう可能性があるか答えなさい。また，その自然災害の防災のために「あなた」ができること，そして「市町村や県，国」ができることを説明しなさい。

問7．写真1の建造物がある都市は，2024 年夏季オリンピックが開催《かいさい》される都市です。この都市が位置する国名を答え，国の場所を地図3中の①～④から選びなさい。

写真1

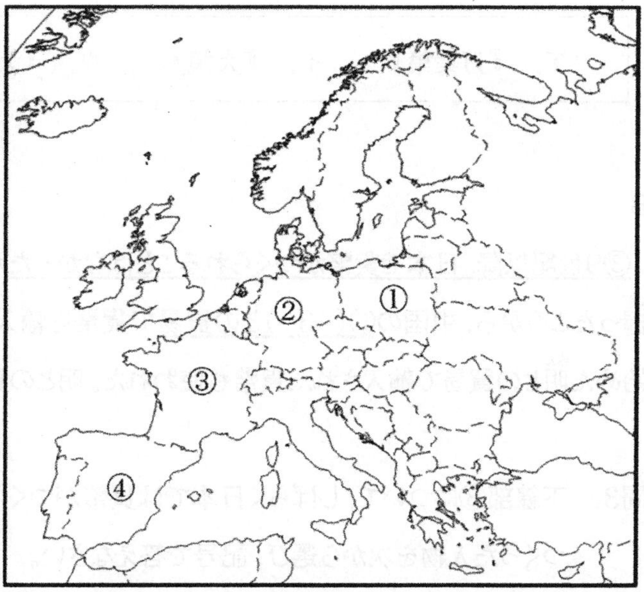

地図3

2 次のA～Dの文章を読んで，文章中の(　１　)～(　６　)にあてはまる語句を答え，また問いに答えなさい。

A.

日本における貨幣《かへい》の出現時期は，これまで①(　１　)という貨幣がつくられた 708 年とされていたが，1999 年に多くの貨幣が発掘《はっくつ》され，その時期が7世紀後半に改められた。(　２　)と呼ばれるこの貨幣は，②『日本書紀』に貨幣がつくられた記録が残っており，その貨幣である可能性が高い。

問1.　下線部①の貨幣がつくられたときの都を次から選び，記号で答えなさい。

ア. 平城京　　イ. 平安京　　ウ. 藤原京　　エ. 福原京

問2.　下線部②の書物と同じ時期につくられた歴史書を次から選び，記号で答えなさい。

ア.　『万葉集』　　イ.　『大鏡』　　ウ.　『大日本史』　　エ.　『古事記』

B.

③9世紀以降，日本で貨幣がつくられることはなかったが，12 世紀後半に④ 平《たいらの》清盛《きよもり》が政権を握《にぎ》ったころから，中国の⑤(　３　)との貿易で貨幣を輸入し使われ，室町時代には，室町幕府が始めた明《みん》との貿易で輸入された貨幣も使われた。明との貿易は 16 世紀前半にはおとろえた。

問3.　下線部③について，しばらく日本では貨幣がつくられなかったが，16 世紀に天正大判をつくった人物を次から選び，記号で答えなさい。

ア. 足利《あしかが》義昭《よしあき》　イ. 豊臣《とよとみ》秀吉《ひでよし》　ウ. 織田《おだ》信長《のぶなが》　エ. 山名《やまな》宗全《そうぜん》

問4.　下線部④の人物が源《みなもとの》義朝《よしとも》を破った戦いを次から選び，記号で答えなさい。

ア．平治《へいじ》の乱	イ．保元《ほうげん》の乱	ウ．壬申《じんしん》の乱	エ．承久《じょうきゅう》の乱

問5.　下線部⑤の貿易のために整備された港を次から選び，記号で答えなさい。

ア．大輪田泊《おおわだのとまり》	イ．十三湊《とさみなと》	ウ．堺《さかい》	エ．横浜港

C.

江戸時代には産業が発展し，大都市である大阪と江戸の間では（　4　）や樽廻船《たるかいせん》によって多くの物が運ばれ，貨幣もよく使われた。江戸幕府がつくった貨幣は金・銀・銭の3種類があり，（　5　）と呼ばれる今日の銀行のような商人は，これらの貨幣の交換や⑥大名などへの貸し付けを行った。

問6.　下線部⑥について，江戸時代の大名について述べた次の文のうち正しいものを選び，記号で答えなさい。

ア．徳川氏一族の大名を譜代《ふだい》大名という。
イ．関ヶ原の戦い以前から従っていた大名を外様《とざま》大名という。
ウ．関ヶ原の戦い以後に徳川氏に従った大名を親藩《しんぱん》という。
エ．徳川家の中でも紀伊《きい》・尾張《おわり》・水戸を御三家という。

D.

明治時代には，1871 年に新しい硬貨《こうか》が発行されて貨幣の単位が統一された。また，銀行が多く設立され，これらは⑦明治時代の産業の発展を支えた。日本の経済は第1次世界大戦のときに大戦景気と呼ばれる好景気となったが，1923 年に起こった（　6　）をきっかけとした経済の悪化から不景気が続いた。第二次世界大戦後，日本は激しい物価の上昇《じょうしょう》に対処するために，1946 年に新しい紙幣への切り替えを行うなどさまざまな金融政策《きんゆうせいさく》を行ってきた。⑧2021 年は近代的な通貨の制度ができてから150 周年にあたる。

問7.　下線部⑦について，八幡製鉄所《やはたせいてつじょ》がつくられた県にある山地を次から選び，記号で答えなさい。

ア．紀伊山地	イ．関東山地	ウ．筑紫《つくし》山地	エ．九州山地

問8.　下線部⑧と同じように，始まってから 2021 年に 150 周年にあたるものとして正しいものを次から選び，記号で答えなさい。

ア．郵便制度	イ．飛脚《ひきゃく》制度	ウ．歌舞伎《かぶき》	エ．映画

問9.　次の写真を見て，図1の貨幣だけでなく図2の貨幣も使われた理由を，Bの文を参考にして説明しなさい。

図1　室町時代より使われた中国から輸入された貨幣

図2　図1の貨幣をまねてつくられた貨幣

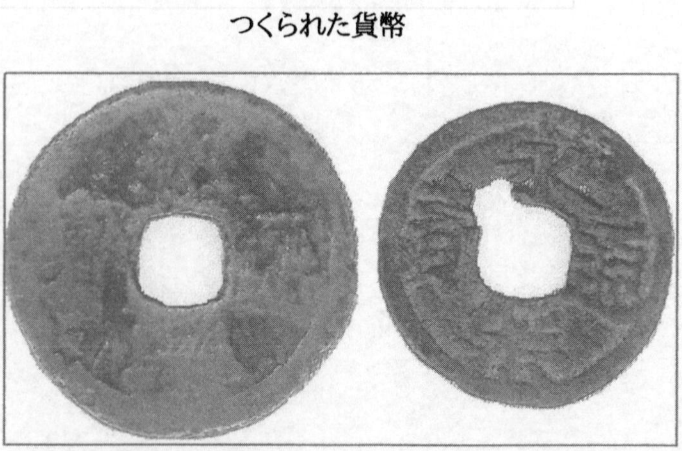

3 次の会話文を読んで，問いに答えなさい。

花　　子：「東京オリンピック，感動したなあ。」

太　　郎：「コロナ禍《か》で1年延期，ほとんどが無観客で異例づくめだったけど，スマホで夢中になって見ちゃったよ。」

おじいちゃん：「わしもテレビにくぎづけじゃったよ。<u>①57 年前のあのころ</u>がなつかしかったなあ。時代は変われど，感動は変わらずじゃ。スポーツはいいもんじゃ。」

花　　子：「私と同じくらいの10代の選手がメダルをとったときは，思わずガッツポーズしちゃった。女性選手もたくさん出場していたわね。」

太　　郎：「金メダルが27個，銀メダルが14個，銅メダルが17個，合計で58個のメダル。開催国ということもあるけど，日本は強いって思ったよ。」

おじいちゃん：「あのメダルは，わしの使ってた携帯電《けいたいでん》話《わ》からも作られているんだぞ。」

花　　子：「あのガラケーね。それ，『（　1　）鉱山』っていわれているものよね。」

太　　郎：「それに，聖火の燃料に（　2　）が使われていたよな。」

おじいちゃん：「開催中は，首都高速道路に<u>②ロードプライシング</u>もやってたぞ。」

花　　子：「<u>③環境にやさしい大会</u>をめざしたいろいろな取り組みにも感心したわ。」

太　　郎：「開会式の<u>④ピクトグラム</u>のパフォーマンス，閉会式の『ARIGATO』も印象的だったな。」

おじいちゃん：「57 年前は，『SAYONARA』で終わったんじゃよ。いつの時代も<u>⑤『平和の祭典』</u>であってほしいものじゃ。」

花　　子：「次のパラリンピックも楽しみだね。」

問1.　下線①について，次にあげることがらの中で，1960年代ごろの日本のようすをあらわしているものをすべて選び，番号で答えなさい。あてはまるものがない場合は「0」で答えなさい。

1．　水俣病《みなまたびょう》や四日市《よっかいち》ぜんそくなど四大公害病が社会問題となり，裁判が行われた。

2．　バリアフリー法が制定された。

3．　４人に１人が高齢者《こうれいしゃ》の時代となった。

4．　東海道新幹線が開通した。

5．　男女《だんじょ》雇用《こよう》機《き》会《かい》均等法《きんとうほう》が成立した。

問2.　文章中の『（　１　）鉱山』とは，不要になった携帯電話やパソコンなどの小型家電の電子機器にふくまれる金などのリサイクル金属のことをいいます。（　１　）にあてはまる語句を漢字2字で答えなさい。

問3.　文章中の（　２　）には，「究極のクリーンエネルギー」といわれるものが入ります。（　２　）にあてはまる語句を答えなさい。

問4.　下線②のロードプライシングとは，どのようなしくみですか。「日中の利用料金」「混雑」の語句を必ず使って説明しなさい。ここでいう「日中」とは，オリンピック競技が行われる前後の時間帯をさします。

問5.　下線③について，次の問いに答えなさい。

(1) 3R(スリーアール)のうち，Reduce(リデュース／ごみを減らす)にあたる取り組みの具体例を１つあげなさい。

(2) 次のSDGsのイラストの(　4　)にあてはまる語句をひらがな３字で答えなさい。

問6.　下線④のピクトグラムは，絵文字(図記号)とも呼ばれるもので，見ただけで内容がわかるようになっています。これは，だれもが使いやすいように，より便利さを求めた「□デザイン」のひとつです。□にあてはまる語句をカタカナで答えなさい。

問7.　下線⑤について，1945 年に広島に原爆《げんばく》が投下された直後に，放射性物質をふくむ雨を浴びて健康被害を受けたと国をうったえた裁判は「○○雨」訴訟《そしょう》と呼ばれています。○○にあてはまる語句を２字で答えなさい。

【理　科】〈第２回試験〉（45分）〈満点：100点〉

1　自ら光を発するものを光源といいます。例えば，太陽は自ら光を発しているので光源の一つであるといえます。また，光源が発した光を物体に当てることでかげを作ることができます。光源やかげについて，以下の各問いに答えなさい。

（1）光源の具体例を太陽以外で一つ答えなさい。

（2）光を反射することで光るものの具体例を一つ答えなさい。

（3）ある道具を使って日光を１点に集めて黒い紙に当て続けることで，火をつけることができます。その道具として正しいものを，次の（ア）～（エ）から一つ選び記号で答えなさい。

（ア）ガスバーナー　　（イ）直方体の水そう　　（ウ）虫眼鏡
（エ）トイレットペーパーのしん

（4）光の進み方には特ちょうがあります。どのような進み方をするか，簡単に説明しなさい。

（5）物体の北側に光源を置いた場合，かげができる位置は物体のどちら側になりますか。正しいものを，次の（ア）～（エ）から一つ選び記号で答えなさい。

（ア）東側　　（イ）西側　　（ウ）南側　　（エ）北側

（6）白い光が物体に当たることでできるかげの色は黒ですが，赤い光が物体に当たることでできるかげの色は何色になりますか。正しいものを，次の（ア）～（エ）から一つ選び記号で答えなさい。

（ア）黒　　（イ）白　　（ウ）青　　（エ）赤

（7）図１のように，ゆかに置かれた物体に対して上から45°の方向から光を当てた場合，どこまでかげができますか。正しいものを，次の（ア）～（ウ）から一つ選び記号で答えなさい。

図１

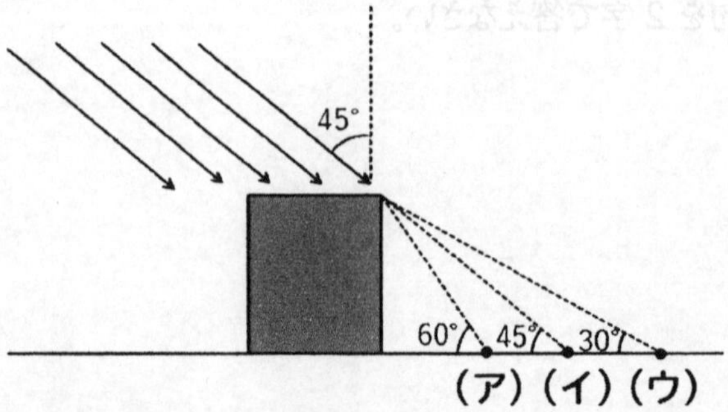

（8）（7）の状態から物体に光を当てる角度を変えていった場合，かげの長さはどのように変わりますか。簡単に説明しなさい。

(9) 部屋の中で，ゆかに置かれた物体に対してある位置から光を当てるとかげができなくなります。それはどのような位置ですか。簡単に説明しなさい。

2　＜実験１＞と＜実験２＞を行いました。以下の各問いに答えなさい。

＜実験１＞

① 空気を入れた集気びん中の酸素と二酸化炭素の量を気体検知管を用いて調べました。

② 図１のように，火のついた木を集気びんに入れて，木を燃やしました。

③ ②の木を取り出して，集気びん中の酸素と二酸化炭素の量を気体検知管を用いて調べました。

図１

(1) ①で気体検知管を用いて酸素と二酸化炭素の量を調べたときの結果として最も適当なものを，次の（ア）～（エ）からそれぞれ選び記号で答えなさい。

（ア）ほとんどない　（イ）約21%　（ウ）約50%　（エ）約80%

(2) ③で気体検知管を用いて酸素と二酸化炭素の量を調べたときの結果として最も適当なものを，次の（ア）～（エ）からそれぞれ選び記号で答えなさい。

（ア）ほとんどない　（イ）約18%　（ウ）約50%　（エ）約80%

(3) 酸素が不足している状態で木を燃やすと，二酸化炭素ではない有毒な気体が発生します。この気体の名前を答えなさい。

(4) 木ではないものを使って，＜実験１＞と同様な結果が得られるものを，次の（ア）～（オ）からすべて選び記号で答えなさい。

（ア）紙　（イ）鉄　（ウ）綿の布　（エ）かわいたパン

（オ）段ボール

＜実験２＞

しょう酸ナトリウムをさまざまな温度の水 100g にとけるだけとかし，その量を＜グラフ＞にまとめました。

＜グラフ＞

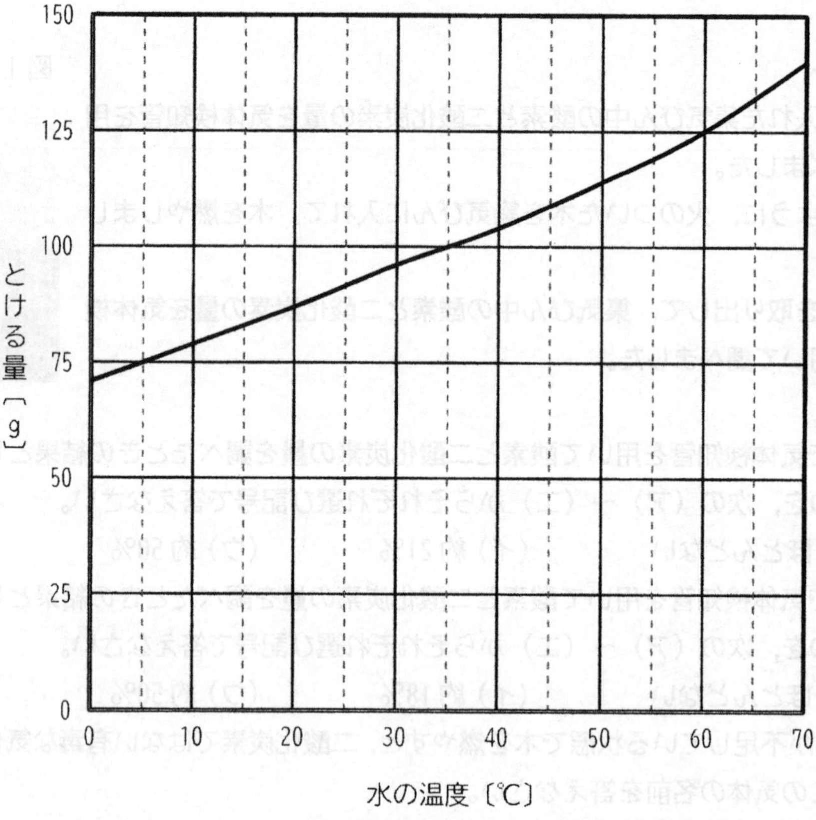

（５）35℃の水 75g にしょう酸ナトリウムをとけるだけとかしました。この水よう液のこさは何%ですか。

（６）次の水よう液ＡとＢを混ぜて，水よう液Ｃを作りました。この水よう液Ｃのこさは何%ですか。小数第一位を四捨五入して整数で答えなさい。

水よう液Ａ：60℃で 20%のしょう酸ナトリウム水よう液 100g

水よう液Ｂ：60℃の水 20g に，しょう酸ナトリウムをとけるだけとかした水よう液

（７）（６）の水よう液にはあと何 g のしょう酸ナトリウムをとかすことができますか。

3 メダカについて，以下の各問いに答えなさい。

（1）次の文はメダカのオスとメスの見分け方について述べたものです。文中の空らん①，②に当てはまる言葉をそれぞれ答えなさい。

メダカのオスとメスは体の形で見分けることができる。オスの（　①　）は切れこみがあり，さらに，（　②　）はメスよりもはばが広く，平行四辺形に近い形をしている。

（2）メダカと同じ呼吸の仕方をする生き物を，次の（ア）～（ク）から三つ選び記号で答えなさい。

（ア）マグロ　　（イ）タコ　　（ウ）ペンギン　　（エ）カメ

（オ）アザラシ　　（カ）クジラ　　（キ）カモノハシ　　（ク）タツノオトシゴ

（3）メダカの飼い方として誤っているものを，次の（ア）～（エ）から一つ選び記号で答えなさい。

（ア）水そうの水は，くみ置きの水道水を使う。

（イ）水そうは直射日光のあたる明るいところに置く。

（ウ）卵《たまご》がつきやすいように水草を入れる。

（エ）水がにごったら，半分くらいの量をくみ置きの水とかえる。

（4）オスとメスを同じ水そうで飼ったところ，しばらくしてはらに卵《たまご》をつけたメスを見つけました。次の各問いに答えなさい。

① 卵《らん》と精子が結びつくことを何といいますか。

② メダカの受精卵は水中で育ちますが，ヒトの受精卵は女性の体内のどこで育ちますか。

③ ヒトと比べて，メダカのような魚類は一度に多くの卵《たまご》を産みます。その理由を答えなさい。

（5）ふ化したばかりの子メダカは，2~3 日のあいだ自分でエサを食べません。その理由として最も適当なものを次の（ア）～（エ）から一つ選び記号で答えなさい。

（ア）子メダカは弱く，エサを食べる体力もないから。

（イ）親メダカがエサを与えてくれるから。

（ウ）はらに養分をたくわえているから。

（エ）自分で養分を作り出すことができるから。

（6）水草は昼間，光を用いて水中に酸素を出す働きや水をきれいに保つ役割があります。その効果を高めるために，夜に大量の水草を水そうにいれたところ，翌日多くのメダカが死んでしまいました。そのようになったと考えられる理由を答えなさい。

4 日本付近の気象について，以下の各問いに答えなさい。

（１）6月下旬ごろ，日本列島近くに停たい前線が見られます。この前線を特に何といいますか。

（２）多くの台風は北上し日本付近までやってくると東に進路を変えます。これは，日本列島上空に強い風が西から東へふいているためです。この風を何といいますか。

（３）雲と同じように，地表付近で細かい水てきがうかんでいるために見通せるきょりが1km 未満となる天気を何といいますか。

（４）台風は日本の南の海上で発生したあるものが発達してできます。この「あるもの」とは何ですか。

（５）晴れた日の夜は雲が少なく熱が地球の外ににげるため，くもりの日に比べて気温の下がり方が大きくなります。そのため，よく晴れた冬の日の朝は冷え込みがきびしくなります。この現象を何といいますか。

（６）平成 25 年から，警報の基準をはるかに超える大雨や暴風，高潮などに対して発表される最大限の警かいの呼びかけを何といいますか。

（７）天気は空全体を 10 としたときの雲の量で決めます。雲の量がどれくらいのときを「晴れ」としますか。最も適切なものを，次の（ア）～（エ）から一つ選び記号で答えなさい。

（ア）0～5　（イ）0～6　（ウ）0～7　（エ）0～8

（８）冬型の気圧配置のときは，どの方向から風がふきますか。次の（ア）～（エ）から一つ選び記号で答えなさい。

（ア）北西　（イ）南西　（ウ）北東　（エ）南東

（９）ある山のふもとの気温は 24.4℃でした。そこから高さ 2200m ある山頂では気温は何℃ですか。ただし，気温は 100m 上しょうするごとに 0.6℃ずつ下がるものとします。

(10) 下の表は，東京と青森の１年間の月別平均気温〔℃〕をまとめたものです。それぞれの年平均気温は何℃ですか。小数第二位を四捨五入して小数第一位まで答えなさい。

	1月	2月	3月	4月	5月	6月	7月	8月	9月	10月	11月	12月
東京	3.9	4.8	8.0	13.5	18.2	21.2	25.2	27.3	24.0	17.1	11.7	6.7
青森	－2.4	－1.8	1.3	7.4	14.1	16.6	20.9	22.2	19.1	10.9	6.1	0.5

(11) 下の表は，気温とほう和水蒸気量の関係をまとめたものです。武蔵くんの部屋の温度は 20℃で，そのときの空気 1m^3 中の水蒸気量をはかったら 9.4g でした。このときの部屋のしつ度は何％ですか。小数第一位を四捨五入して整数で答えなさい。

気温〔℃〕	0	5	10	15	20	25	30
ほう和水蒸気量〔g〕	4.8	6.8	9.4	12.8	17.3	23.1	30.4

【英　語(筆記)】〈第２回試験〉（35分）〈満点：リスニングと合わせて100点〉

〈編集部注：この試験は筆記のほかに10分のリスニングがあります。リスニングの問題は未公表につき掲載しておりません。〉

Ｉ　各文《かくぶん》の(　　　)に入れるのに最《もっと》も適切《てきせつ》なものを，ＡからＤの中から１つ選《えら》び，記号《きごう》を○で囲《かこ》みなさい。

1. You should not stop studying just because it's summer (　　　).

A. times　　**B.** hot　　**C.** vacation　　**D.** long

2. Son: What kind of (　　　) was my grandfather?

Mom: He was very serious.

A. person　　**B.** people　　**C.** style　　**D.** sport

3. Today, many people learn Chinese as their (　　　) language because they think it is very useful.

A. English　　**B.** speak　　**C.** second　　**D.** child

4. Don: I heard Nancy couldn't finish reading the book.

Joe: That's right. It was too (　　　) for her.

A. famous　　**B.** lazy　　**C.** difficult　　**D.** popular

5. Jane studied in the library (　　　) school.

A. while　　**B.** across　　**C.** to　　**D.** after

6. Many people go to (　　　) after they graduate from high school.

A. airport　　**B.** college　　**C.** hospital　　**D.** theater

7. Ron: (　　　) don't you come to the party next week?

Bob: Sounds great. I'd love to!

A. Please　　**B.** Why　　**C.** How　　**D.** What

8. Take this (　　　). You'll feel better.

A. hospital　　**B.** medicine　　**C.** a doctor　　**D.** a nurse

9. Andy could not sleep very well (　　　) he was worried about the exam the next day.

A. during　　**B.** and　　**C.** because　　**D.** if

10. Please come to the meeting (　　　) you are free tomorrow.

A. if　　**B.** for　　**C.** because of　　**D.** with

11. Pat: Can you tell me your (　　　)? I want to send you a Christmas card.

Jan: Of course!

A. name　　**B.** address　　**C.** parents　　**D.** birthplace

12. Meg: The train is leaving in five minutes. I think you (　　　) go now.

Kay: You're right. I'll see you soon.

A. mustn't　　**B.** can　　**C.** should　　**D.** will

13. Ann: How often do you play basketball?

Sam: Well, I play basketball at (　　　) three times a week.

A. least　　**B.** afternoon　　**C.** hard　　**D.** morning

14. The window was (　　　) by the children playing outside.

A. broke　　**B.** break　　**C.** breaking　　**D.** broken

15. Dan: Where did you (　　　)?

May: Chicago. I had delicious pizza there.

A. went　　**B.** go　　**C.** visited　　**D.** gone

II　各文《かくぶん》の(　　　)に入れるのに最《もっと》も適切《てきせつ》なものを，AからDの中から１つ選《えら》び，記号《きごう》を○で囲《かこ》みなさい。

1. Ann: Hi, Jim. How's your brother in Los Angeles doing?

Jim: (　　　)

A. He was a math teacher.

B. I'm happy.

C. This isn't easy.

D. He's fine, thanks.

2. Kim: Samantha won the school speech contest.

Tom: That's great. (　　　)

Kim: OK!

A. It's crowded.

B. It wasn't easy.

C. Let's have a party for her.

D. It was last week.

3. Joy: Dad, I want to make some cookies. Do we have any eggs?

Dad: (　　　) I'll go look.

A. I'm not sure.

B. I like cookies.

C. Here you are.

D. I'm not hungry.

4. Bob: This is a funny photo. Where was it taken?

Tim: (　　　) We had so much fun.

A. That's my niece.

B. I bought a new camera.

C. At Alex's house.

D. Last month.

5. Man: Can I help you?

Sam: Yes. I'm looking for Musashino Park.

Man: (　　　) You can't miss it.

A. It's time to go.

B. It's next to the post office.

C. That's nice of you.

D. I don't know it.

6. Ken: Which shirt should we buy for Mom?

Meg: (   )

A. I want to pay in cash.

B. Can I try this on?

C. I like the blue one.

D. It's too small.

7. Son: I just finished my homework. Can I go to David's house now?

Dad: (   ) Have fun!

A. Of course.

B. OK, I will.

C. Yes, I can.

D. No, thanks.

8. Ron: I got this new video game for my birthday. It's really fun.

Liz: I want to borrow it when you're finished. (   )

Ron: Sure.

A. How are you doing?

B. Is it yours?

C. Can I?

D. Good idea.

9. Ken: The taxi is here. Hurry up, Amy.

Amy: OK. (   )

A. I'll drive.

B. I missed it.

C. I left it in the car.

D. I'm ready to go.

10. Mom: I'm getting sleepy. Could you make some coffee, please?

Jan: (　　) No problem.

A. Sure, Mom.

B. Have a good day.

C. I'm not thirsty.

D. No, I can't.

III　次の各問《かくとい》の答えとして最《もっと》も適切《てきせつ》なものを，AからDの中から1つ選《えら》び，記号《きごう》を○で囲《かこ》みなさい。

以下は，Musashino History Museum のチラシです。

Musashino History Museum
Spring Exhibition

~The History of Toys in Japan~

・Open from 9 AM to 6 PM.
・Closed on the first and third Tuesday of every month.
・The museum closes two hours early on weekends.

Main exhibit: "Toys in the Edo period"
2nd floor exhibit: "Toys in the Meiji period"
3rd floor exhibit: "Toys in the early Showa period"
4th floor exhibit: "Toys during World War II"

・Visitors are allowed to take pictures.
・No food or drinks.

Admission fees

Adult: 400 yen
Child: 200 yen

1. What time does the museum close on Saturday?

A. 6 PM
B. 5 PM
C. 4 PM
D. 3 PM

2. How much does it cost for two adults and one child to see the exhibit?

A. 500 yen.
B. 1,000 yen.
C. 1,500 yen.
D. 2,000 yen.

以下はKosukeとMarcoのメールのやり取りです。

From: Marco Greco
To: Kosuke Takai
Date: May 3, 2021 02:13
Subject: We are visiting Kyoto next spring!

Hi Kosuke,
How is your new life in Italy? My family will visit your hometown of Kyoto next spring, and I want some advice. We saw all the famous tourist spots last summer, so this time we want to visit places local people go. If you know any good Zen temples, we'd love to visit one! Also, please tell me where we can try local food. Thanks a lot!
Marco

From: Kosuke Takai

To: Marco Greco

Date: May 5, 2021 19:55

Subject: RE: We are visiting Kyoto next spring!

Hello Marco,

My new life here in Italy is great! It is so exciting that you're going back to Kyoto! Daisen-in Temple is not very famous, but it is popular among the locals. You can eat lots of good food at Nishiki Market, but it may be very crowded with tourists. If you want to eat something local, Sanjo Arcade is the best place. By the way, I'm planning to go home from March 10th to March 25th. If you are visiting Kyoto during that time, let's meet!

Kosuke

From: Marco Greco

To: Kosuke Takai

Date: May 8, 2021 20:19

Subject: RE: RE: We are visiting Kyoto next spring!

Hi Kosuke,

Thank you so much for your email! This is great information. I can't wait to visit the Zen temple and try the local food. I'm sorry, but I won't be able to see you because we're planning to visit in April. Still, I can't wait to go to Kyoto! I'll send you pictures when we get there. Again, thanks so much, Kosuke!

Marco

3. Why does Marco's family want to visit local places in Kyoto?

A. Because they don't like crowded places.

B. Because they saw the famous places last summer.

C. Because they do not enjoy local places.

D. Because they can't stay long.

4. Where will Marco's family probably visit during their stay in Kyoto?

A. Kosuke's house.

B. Nishiki Market.

C. Daisen-in Temple and Sanjo Arcade.

D. Marco's grandparents' house.

5. When will Marco visit Kyoto?

A. Next spring.

B. For 10 days.

C. For one week.

D. March 10th.

以下は夏休みについての文章です。

Summer Vacation

I'm Masashi. I'm a high school student in Tokyo. I just returned from the greatest summer vacation ever! I spent one week in Furano, Hokkaido. My best friends, Kaito and Yuji, went with me. We stayed in a nice cabin in a national park, and it wasn't that expensive. We had a balcony with a mountain view.

We visited many places. My favorite place was the *lavender fields. Furano is famous for growing beautiful flowers in summer. The fields had four different types of lavender. I'm really interested in flowers, so I had a very good time. The lavender field was so big. You couldn't see the end of it! Kaito got tired of walking around the field and said, "Let's take a break and rest."

We also had a bunch of good food while we were there. The hamburgers were delicious. Yuji's favorite part of the vacation was fishing in the Sorachi River. The water in the river was so clear. Yuji even jumped in the river! We had so much fun, and we're talking about our next vacation now.

注）lavender: ラベンダー

6. What city did they go to for summer vacation?

A. Tokyo.
B. Hokkaido.
C. Furano.
D. Sorachi.

7. How long was their trip?

A. Four days.
B. Four weeks.
C. One day.
D. One week.

8. What is Furano famous for?

A. Flowers.
B. Hiking.
C. Hamburgers.
D. Fish.

9. Who got tired of walking in the field?

A. Masashi.
B. Kaito.
C. Yuji.
D. No one.

10. What did Yuji like the best?

A. The lavender fields.
B. Fishing.
C. The hamburgers.
D. The cabin.

問五、――線⑤「私はまだ自動車の運転免許をもっていません」の後に続くタクシーの話で筆者が伝えたかったことの説明として、最も適切なものを次のア～オの中から選び、記号で答えなさい。

ア、筆者が講演などで移動する際にいつもタクシーを使っているということを紹介し、タクシーは必ずしも安全な乗り物ではないので気をつけた方が良いということを伝えている。

イ、斜面に車を停めると万有引力の法則に従って車が動いてしまうということを紹介し、世の中にある法則を知っていると身の回りの事柄がよく分かるようになるということを伝えている。

ウ、無責任な運転手のせいで筆者が危うく事故に巻き込まれるところだったということを紹介し、責任感を身につけるためには様々な知識を身につけなければならないということを伝えている。

エ、大きな事故でも起こらない限り車の仕組みを知ろうとは思えなかったということを紹介し、車に興味がなくてもサイドブレーキの位置くらいは覚えておくべきだということを伝えている。

オ、筆者が車の仕組みを知らなかったために動き出した車を止められなかったということを紹介し、ものを知らないということはなんの力も持たないのと同じ意味だということを伝えている。

問六、――線⑥「働く人びとが社会に関して無知のままでいることをもっとも喜ぶのは支配階級です」とありますが、それはなぜですか。その理由の説明として、最も適切なものを次のア～オの中から選び、記号で答えなさい。

ア、働く人びとが社会に関して無知でいてくれれば、自分たちをとりまく社会がどのようなものか、わざわざ教える必要はないから。

イ、働く人びとが社会に関して無知でいてくれれば、学ぶ時間を与える必要はなく、自由と人権を獲得させることが出来るから。

ウ、働く人びとが社会に関して無知でいてくれれば、与えられた仕事をこなすだけで、支配や抑圧に抵抗しようと考えることはないから。

エ、働く人びとが社会に関して無知でいてくれれば、進歩的知識人のおかげで社会科学が発展して、より利益が見込めるから。

オ、働く人びとが社会に関して無知でいてくれれば、働く人びとと支配階級との戦いは飛躍的に前進し、民主主義につながるから。

問七、本文中で筆者の考える「自由」とはどのようなものですか。文中の語句を用いて五十字以内で説明しなさい。（句読点や記号を含む場合は、一字に数えます）

Ｂ　ワンマンな

ア、他人の世話をすることを嫌い、一人前とはいえない

イ、他人を守るために、自分を犠牲にすることができる

ウ、他人を管理する立場で、責任者として全体を見る

エ、他人と生活することが出来ずに、一人で生きている

オ、他人の意見をかえりみず、自分の思うままにふるまう

問二、——線①・②の対義語の組み合わせとして、最も適切なものを次のア〜オの中から選び、記号で答えなさい。

ア、①…受動的　②…消極的

イ、①…自動的　②…対極的

ウ、①…不動的　②…対極的

エ、①…自動的　②…消極的

オ、①…受動的　②…対極的

問三、——線③「それ」とは具体的に何を指していますか。文中より五字以内で抜き出しなさい。（句読点や記号を含む場合は、一字に数えます）

問四、——線④「支配と従属の関係が逆転する」とありますが、それはどのようなことですか。最も適切なものを次のア〜オの中から選び、記号で答えなさい。

ア、主人が奴隷に依存して生きる能力を高めることが出来ない一方で、奴隷も主人によって労働を与えてもらわないと生活することが出来ず、共に依存する関係となり奴隷解放を前提とした労働環境へと変化するようになるということ。

イ、主人が奴隷を働かせることで自分の労働能力をみがいていく一方で、奴隷は常に主人にこき使われるだけで生活のすべてを主人に頼り、支配関係にある主人の財産を奴隷の自己形成のために浪費するようになるということ。

ウ、奴隷が主人から様々な技術を教わったあとに解放されていく一方で、主人は奴隷の解放を食い止めるために社会変革の運動を起こし、主人自身の労働による自己形成の意味を強調するようになっていくということ。

エ、奴隷が労働の中で様々なもののしくみを認識して生きる能力を高めていく一方で、主人は奴隷に依存するだけで何の技術も身につけることが出来ず、支配しているはずの主人が奴隷なしでは生活が成り立たなくなるということ。

オ、奴隷が支配する側の主人から様々な能力を与えられて労働能力をみがいていく一方で、主人も従属する側の奴隷から材料の性質や加工の仕方を学び、いつのまにか力関係が逆転して奴隷が主人を支配する関係となるということ。

した。

駆け降りてきた運転手。ドアを開けて、

「お客さん、びっくりしはったでしょう」

幸い大きな事故にはなりませんでしたが、ほんとうにびっくりしました。

友人にこの話をしたら

「どうして、サイドブレーキを引かなかったのか」といわれたのですが、サイドブレーキがどこにあるのかも知りません。知らないということは、ほんとうに無力です。

無知は無力、知は力ですね。そして無知は不自由、知ることは自由への道です。

自然にはもともとそれぞれ特有のしくみと法則があって、人間がそれを知っていようといまいと関係なく動いています。万有引力の法則は発見される前からありました。地球上どこでも物体は落下します。

だから空を飛びたいという願望をどんなに強くもっても、この法則を無視して飛べるものではありません。

この法則をしっかり認識して、法則にのっとって熱気球やグライダー、飛行機やジェット機をつくりだし、空を自由に飛びまわれるようになりました。

万有引力の法則のような自然のなかに貫かれる法則やしくみを正しく認識し、それを利用するところにはじめて空を飛ぶ自由はなりたつのですね。

思想・信条の自由とか、集会結社の自由など社会的な自由、長い長い歴史のなかで、支配と抑圧に屈せず勇気をもって立ち上がり、働く人びとがたたかってかちとってきたのです。

過酷《かこく》な労働で疲れ果て、学ぶ時間さえ与えられず、文字を読むことも書くこともできないまま、ただひたすら生きるだけの毎日を送っていた働く人びとにとって、自分たちをとりまく社会がどんなもので、どのような法則で動いているのか長い間分かりませんでした。

しかし、民衆の抵抗運動の前進と進歩的知識人の研究の深まりのなかで社会についての認識が深まり社会科学が発展しました。

どうすれば自由と人権を獲得できるのかが明らかになれば、たたかいは飛躍《ひやく》的に前進します。社会についても無知は無力です。だから、⑥働く人びとが社会に関して無知のままでいることをもっとも喜ぶのは支配階級です。自由と民主主義は、社会科学の学習を基礎にたたかいによって一歩一歩実現していくものなんですね。

（中田進『自分らしさの発見』新日本出版社）

問一、═線A・Bの語句の文中での意味として、最も適切なものを次のア～オの中から選び、それぞれ記号で答えなさい。

A もっぱら

ア、おもしろく

イ、ひたすら

ウ、ぞんざいに

エ、まねをして

オ、大切そうに

しそうな顔。輝いていますね。学ぶことが大好きです。

　人間はだれでも、長い時間をかけて少しずつ学んで生きる力を獲得します。

　五〇〇万年の歴史のなかで人間が認識した膨大《ぼうだい》な知識と技術のほんの一部ではありますが、父母やきょうだいや保母や教師をはじめ多くの人の援助のもとに学んで大きくなります。学ぶことは本来、楽しいことなんですね。そして③それは自由とも本質的に結びついています。

　自由というと、なにものにも束縛《そくばく》されないで自分の思い通りに行動することと思っている人が結構います。人間にとってだれからも束縛されないということはとても大事なことですね。

　ところで、子どものときからいっさい「束縛」されず、学校にも行かず、勝手気ままに大きくなったとしましょう。字は書けない読めない。計算はできない。まともに話もできない。このような子がほんとうに自由といえるでしょうか。大人になってもこれでは働くことも困難で、収入もままならず、きっと不自由でしょうね。そうだとすると、ただ単に束縛されないだけが自由の条件ではないようです。

　英会話を自由にペラペラしゃべることができる。自由にクルマを運転できる。自由にピアノがひける。楽譜《がくふ》が自由に読める。こうした自由は努力して学習し、はじめて獲得できるものです。

　ヘーゲルというドイツの哲学者が「主人と奴隷《どれい》の弁証《べんしょう》法」という、興味深い理論を展開しています。

　主人は奴隷を支配し奴隷を働かせ、奴隷の労働の成果を手に入れる。それにたいして、奴隷は主人に服従し主人の命令に従ってひたすら主人に奉仕する。

　奴隷は苦労して働くなかで、材料の性質や加工の仕方を学んでいきます。自然の法則を認識し、自分の労働能力をみがきます。奴隷はだれに頼らなくても生きる力を身につけます。

　一方、主人の方は、奴隷のつくったものをAもっぱら消費するだけで、奴隷に頼り、奴隷なしに生きていけません。

　④支配と従属の関係が逆転するんですね。もちろん、労働さえしていれば奴隷は解放されるとはいっていません。社会変革の運動のなかではじめて解放されることを前提に、労働による自己形成の意味を強調しているのです。

　たとえばBワンマンな亭主と奥さんの関係で見ると、えらそうに命令ばかりし、料理・洗濯から身の回りの家事のいっさいを奥さんに押しつけているうちに、亭主は家事ができない人間になり、奥さんにすっかり頼ってしまうということですね。一方奥さんの方はせっせと働いているうちに、家事労働の能力を身につけます。

　やはり人間は苦労して学んではじめて自由を手にする事ができるのですね。

　労働は自由を拡大し、人間の主体性を確立します。労働があらゆる人間的なものを培《つちか》ってきました。

　⑤私はまだ自動車の運転免許をもっていません。あるとき講演に行くためにタクシーに乗りました。急な斜面で車を止めた運転手。車から降りて、道をきくためかタバコ屋さんにいきました。そのとき突然、車が動きだしたのです。あっというまに坂の下。建築中のプレハブに激突して止まりま

問四、X にはどのような言葉が入りますか。最も適切なものを次のア～オの中から選び、記号で答えなさい。

ア、悪戦苦闘
イ、七転八倒
ウ、四苦八苦
エ、試行錯誤
オ、一念発起

問五、――線②「異様なものを見るような目つき」とありますが、この時の「母」の気持ちの説明として、最も適切なものを次のア～オの中から選び、記号で答えなさい。

ア、小学一年生の幼い娘が、父親ほども年の離れた喫茶店のマスターと親しくなっている様子に怒りを隠しきれないでいる。
イ、家の外に出ることを嫌がる娘が、自分の知らないところで喫茶店のマスターと顔なじみになっている様子に戸惑っている。
ウ、登校拒否をしている娘が、親に内緒で一人で喫茶店に出入りし常連客になっている様子に不安を感じている。
エ、人と話すことが苦手な娘が、初めて会った喫茶店のマスターに自分の好みをはっきりと主張した様子に驚いている。
オ、祖母を亡くして落ち込んでいる娘が、楽しそうに喫茶店のマスターと好みの飲み物について話している様子に安心している。

問六、――線③「恐怖」とありますが、「わたし」にとってどのようなことが恐怖だったのですか。それを具体的に説明した部分を文中より四十五字以内で探し、その初めと終わりの五字を抜き出しなさい。（句読点や記号を含む場合は、一字に数えます）

問七、――線④「死者の思い出が生者の生を豊かにする」とありますが、それはどのようなことですか。五十字以内で説明しなさい。（句読点や記号を含む場合は、一字に数えます）

三

次の文章を読んで、後の問いに答えなさい。

人間は生後二週間でお母さんの顔と声が分かるようになるといわれています。生まれたときから人間は自分のまわりの世界を理解し、世界に働きかけようと①能動的に生きているのですね。

ハイハイをするようになると、もう手当たり次第につかんでは口にいれ、振り回し、眺めたり放り投げたり、まわりのものに大いなる関心を抱き、②積極的に働きかけます。

やがてことばを獲得しお話ができるようになると、これなに？、どうして？、なぜそうなるの？と好奇心をもってなんでも知ろうとします。こうした疑問にていねいにまわりの大人たちが応答し、心のこもった対話をすることが、新たなことばの獲得と知識の習得につながります。保育園、幼稚園で習った遊戯《ゆうぎ》や歌を、みんなの前でみせたり聞かせてくれる幼児の楽

※アッパッパ…夏に女性が着る、だぶだぶの簡単服。

問一、——線A・Bの語句の文中での意味として、最も適切なものを次のア〜オの中から選び、それぞれ記号で答えなさい。

A 窮《きゅう》地に陥《おちい》った

ア、追い詰められて、苦しい状況にはまりこんだ
イ、必死に努力することで、弱い立場から抜け出した
ウ、元の状態に戻ってしまい、苦しい状況となった
エ、困った立場になりかけたが、もちこたえた
オ、金銭的な余裕がなくなり、困り果てた

B ことなげに

ア、大げさな様子で
イ、興味のない様子で
ウ、何事もないような様子で
エ、事情を知っている様子で
オ、大事なことを話す様子で

問二、[1]〜[3]には、どのような言葉が入りますか。最も適切なものを次のア〜オの中から選び、それぞれ記号で答えなさい。

ア、しかし
イ、あるいは
ウ、ところで
エ、つまり
オ、だから

問三、——線①「両親に両手を取られてつりさげられるようにして出かけた」とありますが、これはどのような様子ですか。最も適切なものを次のア〜オの中から選び、記号で答えなさい。

ア、一人で小学校へ行くことを怖がる「わたし」が、一歩ずつ恐る恐る歩いている様子。
イ、入学式を楽しみにしていた「わたし」が、楽しそうに飛び跳ねながら登校している様子。
ウ、小学校へ行くのを嫌がる「わたし」が、なかば強制的に連れていかれている様子。
エ、小学一年生で身長が低い「わたし」が、両親の間にブランコのようにぶら下がっている様子。
オ、初めての集団生活を不安がる「わたし」が、両親に一生懸命元気づけられている様子。

「砂糖をちょっと入れると、うんまいんだ」

小さな声で言って、祖母は少し震える手で、ホットミルクにグラニュー糖を入れて混ぜてくれた。甘いホットミルクはたいへん美味《おい》しかった。

店には独特の風貌《ふうぼう》の、変わった人たちがいたけれども、そのころは彼らが変わっているとすら思わなかった。祖母は誰とでも愛想よく接していた。ただ、方言でしゃべるのが恥ずかしかったのか、ほとんど言葉を発することなく、笑顔でうなずいたり、

「へえ」

とも、

「ええ」

とも聞こえる相槌《あいづち》を打ったりしていた。店の常連たちは、祖母と特別に話があるというわけではなく、それぞれ勝手に言いたいことを言って、帰っていくような連中だったから、祖母が話そうと話すまいととくに気にもかけなかった。ただ、優しい、愛想のいい笑顔を向けてくれる老婆《ろうば》のことが、嫌いではなかったらしい。いつのまにか、祖母は店の仲間の一人になっていたのだった。

なぜ、わたしがあの店に居着いてしまったのかは、いまだにわからない。祖母といっしょに行ったその最初の日から、特別な店だったというのも間違いではないと思う。それでも、たった一人でそこに行くことが平気になるほどに、店を自分の陣地《じんち》のように思い始めたのはなぜなのだろう。

「あんた、ここにいても発作は起きないの?」

コーヒーを飲みながら、母がわたしに訊ねた。発作というのは、べつに病気でもなんでもなくて、わたしが学校で③恐怖に駆《か》られて叫びだしたことを指す。たびたび、わたしは恐怖にとりつかれて、唐突《とうとつ》に落ち着きをなくすことがあったのだ。

樽の中で、わたしは首を上下に振った。

母は、何か考えるような目をして、カップに再び口をつけた。

母は結局、勤めていた病院を辞めて、わたしのそばにいることにした。でも、わたしを学校に送り、また迎えに行く日々の中で、なにがしか戦略を練ったのだと思われる。わたし自身も、集団生活に慣れるにつれ、学校は叫びだすほどの恐ろしいところだとは思わなくなっていったし、団地の数ある3LDKから我が家をえり分けるのがさほど難しいことだとも思えなくなっていった。

そして、あるとき、母は別の病院に仕事を見つけてきたのだった。母が家にいたのがどれくらいの期間だったのか、わたしにはもう思い出せない。気がついたときは、集団登校で学校に行き、帰りは一人で喫茶店に駆け込む毎日を送っていた。

一つだけ、思いあたることがある。喫茶店に行くとき、あるいは学校に行くときでさえ、わたしは一人ではないと思えるようになっていた。それは、とりもなおさず、祖母が死んだからである。

祖母自身は、電気が消えるように命の炎を消したのかもしれないが、たしかにわたしの心の中に入り込んだ。わたしは心の中の祖母と会話することを覚えた。

祖母は、わたしが生涯で初めて持った死者だった。④死者の思い出が生者の生を豊かにすることを、わたしは祖母を亡くしたとき初めて知ったのだった。

（中島京子『樽とタタン』新潮社）

母はぐるんと振り返った。

「義母《はは》は、先日、他界しました」

と、母は言った。

マスターは困ったように口を開けて、何かぼんやりしていたが、やがて落ち着きを取り戻して、

「やあ、それは。ご愁傷さまでした」

とだけ言った。

「なんだよう、ばあさん、死んじまったのかい」

スポーツ紙に目を落としていた老小説家が目を上げた。ぞんざいな言葉の割には、大きなショックを受けているようだった。

ちりんちりんと鈴を鳴らして、神主と歌舞伎《かぶき》役者が入ってきた。

「おう、聞いたかい。タタンのばあさんが死んじゃったんだってよ」

老小説家が言った。

「え？　チビちゃんのおばあちゃまが？」

神主はいったん座った腰をびっくりして上げるほど驚いて、

「あら、いつ？」

と、誰にともなく訊ねた。

「ちょっと前です。三月の頭です」

戸惑いながら、母は答えた。次から次へと現れる男たちが、みんなして祖母を知っていることに、たいへんな衝撃を受けたらしい。

「お悔《くや》み申し上げます。そりゃ、知らなかったなあ」

鉢の開いた頭をした、ちょっと見てくれのいい若い男までが、そう言って母に頭を下げるのだった。

わたしは久々に来た店で、すっかりリラックスして樽の中に座っていた。

ほんとうにどうしてだかさっぱりわからないのだが、わたしはこの店の赤い樽の中にいれば、団地の中の自分の家にいるのと同じくらい安心できた。初めて祖母と二人で店に足を踏み入れたときから、不思議に落ち着かせてくれる空気が存在したのだ。

祖母は、

「体がなまるから、散歩だ」

と言っては、腰に手をあててゆっくりゆっくり、どこへでも行った。団地の敷地を出て、わたしの手を引いて横断歩道を渡り、ニンジン畑の間の道を行って坂を下って、煙草屋《たばこや》の先にこの店を見つけたときは、悪戯《いたずら》を思いついたような顔をして、

「入ってみるか」

と、わたしに笑いかけた。

生涯のほとんどを田舎で過ごした七十代の祖母が、喫茶店に入ってコーヒーを注文する姿を思い出すと、やはり奇妙な気持ちになる。けれども、あのころわたしはまだ小さかったし、明治生まれ、田舎育ちのおばあさんが、コーヒーを飲むのが似合わないなんてことを考えるだけの予備知識もなかった。

それに、いくら明治生まれとはいえ、彼女なりに戦後の日本を生きており、コーヒーにも紅茶にも馴染《なじ》んでいたとしても、なんらおかしいこともないはずだ。祖母はしげしげメニューを見つめ、自分のためにブレンドコーヒー、わたしにはホットミルクを注文した。ホットミルクというものを、わたしはこの店で初めて飲んだのだと思う。

家から一歩も出ずに過ごしたのだ。母方の祖母が呼ばれてきたり、母の妹が世話にやってきたりした。家にさえいられれば、一人にしておいてもさほど問題がないことがわかって、食事やおやつを用意して出かけた母が帰るまで、一人で過ごしたこともある。

ずっとそのままにしているわけにもいかないので、少し落ち着いてから、母がなんとか職場の都合をつけて毎日登校につきあい、下校時に迎えに来るという方法をしばらく続けることになった。小学校に入れたら、放課後は学童保育で面倒を見てもらえば仕事を続けられると思っていた母はA窮地に陥った。

いくつかの方法が X されたが、わたしの中の恐怖は去らず、母はもう仕事を辞めるしかないと思ったのだという。

ある日、学校の帰りに母はわたしといっしょに喫茶店に立ち寄った。ランドセルを背負った子どもと放課後にコーヒーを飲みに行くなんてことは、あまり勧められることでもなさそうだけれど、母はよほど疲れていたのだろう。

ちりんちりんと、ドアについた鈴が鳴った。

カウンターの中のマスターが顔を上げた。

「お好きなところへどうぞ」

と、マスターが言った。

母はわたしを促《うなが》して、窓際の席に腰掛けた。

わたしは母の正面には腰を掛けずに、まっすぐ部屋の隅の赤い樽《たる》に向かった。

「こっちに来て。ちょろちょろしないで」

母は言った。

「いいんですよ。あそこ、気にいってるから」

カップをリネンで拭《ふ》きながらマスターが言った。

母はヘンな顔をした。そして、黙って自分にはコーヒーを、わたしにはオレンジジュースを注文した。

「ホットミルクもできますよ」

と、マスターが言った。

「ホットミルクがいい」

と、わたしは注文した。

「あいよ」

と、マスターが言った。

母は、今度こそ、②異様なものを見るような目つきで、わたしとマスターを交互に見つめた。そして、腹から絞《しぼ》り出すような声でわたしに訊《たず》ねた。

「あんた、ここに来たことがあるの?」

「おばあちゃんとね」

Bことなげに、マスターは言った。

「おばあちゃんと?」

わたしは樽の中に腰掛けて、ゆっくりうなずいた。しかし、母にはその姿が見えなかったのだろう。彼女は大股《おおまた》で歩いてやってきて、樽の中を覗《のぞ》き込んだ。

「あんた、おばあちゃんと来たの?」

「しばらくみえないんで、どうしたかなと思ってたんですよ」

マスターが代わりに答えた。

北関東の田舎のことで、青麦がそよぐあぜ道を抜けて、雑木林を背負った大きなお寺にたどり着いた光景が、脳裏にかすかに残るような気がするのも、後になって葬儀の写真を見せられたからかもしれない。

祖母が「ぱっと」消えたのかどうか、わたしは知らない。祖母の死生観が果たして的を射ているのかどうかも、よくわからない。祖母は来世を信じていないようだったが、わたしはどこかで信じている。

この世に存在したことがある人々が、それぞれにいちばん好きな姿で、いちばん好きな人たちと、和やかな来世を送るようなことを想像してみるけれど、そうした想像じたいが、死者ではなく生者であるわたしによる創作である以上、祖母の言う、

「ぴっと、ここんところに入る」

ということなのかもしれない。

少なくとも祖母は、わたしの胸に入り込み、そのままずっと出て行かずにここにいる。いまとなるとときどきしか思い出さないけれども、「ここんところ」から出ていなくなってしまったことは一度もない。

藍色の注アッパッパを着て、素足に下駄を履《は》いて、白い髪をお団子にまとめた祖母が、ずっとわたしの胸の中にいる。

[1]なぜ祖母の話をしたかといえば、わたしが団地から外に出ていくことにずっと恐怖感を抱いていたことと関係がある。まるで長い長い前置きを書いたようなことになっているけれども、厳密には前置きというわけでもないからかまわないだろう。

小さいわたしにとって、団地を出るのは恐怖だった。[2]、団地の中にいることすら、安心はできなかった。つまり、団地の個々の家はそっくりの形をしていて、どこにも似たような家族が暮らしていて、いつ、わたしの家族と入れ替わってしまうかわからない。両親と祖母のいる、あの小さな3LDKが、わたしの唯一《ゆいいつ》の安心できる場所であり、それ以外のところへは恐ろしくて行けなかった。幼稚園すら、一日で退園した。これがわたしの幼少期である。

両親といっしょなら、[3]祖母といっしょなら、バスにも乗れたし、電車で出かけることもできた。しかし、家族と離れて独りでどこかへ行くなんて、考えただけで恐ろしいことだった。

そのわたしが、小学校に入学する羽目に陥《おちい》るのである。

事前にいろいろなことを、言いきかされてはいたに違いない。しかし、巣穴の中の定位置のような3LDKを出て、家族とも離れて、得体《えたい》の知れない集団生活に入ることなど、当時のわたしには想像を絶する恐怖だったと思われる。

入学式には、母ばかりではなく父も会社を休み、①両親に両手を取られてつりさげられるようにして出かけた。

翌日からは、集団登校といって、団地の一角に同じ小学校に通う児童が集まって、六年生をリーダーに徒歩で学校へ出かけることになっていたが、足が震えて昏倒《こんとう》しそうになっているわたしを、困った班仲間は置き去りにして行ってしまった。半日だけ休みを取って、わたしの様子を見ていた母は、困惑しながら小学校に送り届けたが、母の姿が見えなくなると、わたしは恐怖で叫びだし、一年生の教室を妨害した。

わたしは最初の数週間を登校拒否して過ごした。両親の出かけた家で、

二〇二二年度 武蔵野大学中学校

【国語】〈第二回試験〉（四五分）〈満点：一〇〇点〉

一 次の問いに答えなさい。

問一、――線の漢字の読み方をひらがなで答えなさい。

① 作法を見習う。
② 本番で実力を発揮する。
③ かぜで悪寒がする。
④ 電車の警笛が鳴る。
⑤ 厳かな雰囲気がただよう。

問二、――線のカタカナを漢字に直しなさい。

① 具体的な例をアげる。
② 実験でジョウリュウ水を作る。
③ 身がチヂむ思い。
④ 彼を学級委員にオす。
⑤ 仏像をオガむ。

二 次の文章を読んで、後の問いに答えなさい。

大親友だった祖母を、わたしは小学校入学の数週間前に亡くした。

亡くなる少し前から、祖母は田舎の伯父の家に戻っていたのだと母は言う。そうでなければ、わたしの家で祖母の入院やら、葬式やらの面倒を見たことになるわけで、たしかに、そんなことをした覚えはない。

けれど、祖母がいないのなら、両親が仕事に出かけた家で自分が何をしていたのかがよくわからない。団地のほかの家に預けられたりしたら、わたしは大騒ぎしただろうし、母が病院の勤務を休んでまで、わたしといっしょにいたということもないはずだ。

一度、母に問い合わせてみたことはあるのだが、どうしたんだったかしらねえ、ともかくなんとかしたのよ、とかなんとか、適当なことを言われて、きちんとした答えが返ってこなかった。

葬式は、田舎の家で行われた。

あの葬列も、いまはなかなかもう見られない。死んだ者の血縁者で、年長の者から順番に持ち物を決めて、喪主《もしゅ》である伯父が位牌《いはい》を持ち、四男のわたしの父がお骨を首から下げて、ほかの人が、お団子やらお花やら、七夕を思わせるような色とりどりの飾り、松明《たいまつ》、いろいろな物を持って、お墓まで練り歩くようにして行ったのを覚えている。

葬列の前のほうは男性ばかりで、親族の女性は葬列の一番後ろからついていく。わたしは母に手を引かれて、わけもわからず葬列の最後に加わった。あのころの田舎の道は、まだアスファルトで舗装《ほそう》されていなくて、春の生暖かい風が土埃《つちぼこり》を舞い上げる中を、ぞろぞろと連なって歩いて行った。

2022年度

武蔵野大学中学校 ▶解説と解答

算 数 ＜第２回試験＞（45分）＜満点：100点＞

解 答

1 (1) 10 (2) 2 (3) 15 (4) 41.3 **2** (1) 180ｇ (2) 9個 (3) 675 (4) 14年前 (5) 100m (6) 648m² (7) 金曜日 (8) 時速12km (9) 91個 (10) 10通り (11) 757cm² (12) 40 **3** (1) 60個 (2) 116個 **4** (1) 分速60m (2) 30分間

解 説

1 四則計算，逆算，計算のくふう

(1) $192 \div (42+18 \div 3) \times 5 - 10 = 192 \div (42+6) \times 5 - 10 = 192 \div 48 \times 5 - 10 = 4 \times 5 - 10 = 20 - 10 = 10$

(2) $\frac{1}{6}+\left(1\frac{1}{3}\times 0.5+0.25\right)\times 2=\frac{1}{6}+\left(\frac{4}{3}\times\frac{1}{2}+\frac{1}{4}\right)\times 2=\frac{1}{6}+\left(\frac{2}{3}+\frac{1}{4}\right)\times 2=\frac{1}{6}+\left(\frac{8}{12}+\frac{3}{12}\right)\times 2=\frac{1}{6}+\frac{11}{12}\times 2=\frac{1}{6}+\frac{11}{6}=\frac{12}{6}=2$

(3) $1-\left(\frac{1}{2}+\frac{1}{3}+\frac{1}{10}+\frac{1}{\square}\right)=0$ より，$\frac{1}{2}+\frac{1}{3}+\frac{1}{10}+\frac{1}{\square}=1-0=1$，$\frac{1}{3}+\frac{1}{10}+\frac{1}{\square}=1-\frac{1}{2}=\frac{1}{2}$，$\frac{1}{10}+\frac{1}{\square}=\frac{1}{2}-\frac{1}{3}=\frac{3}{6}-\frac{2}{6}=\frac{1}{6}$，$\frac{1}{\square}=\frac{1}{6}-\frac{1}{10}=\frac{5}{30}-\frac{3}{30}=\frac{2}{30}=\frac{1}{15}$ よって，$\square=15$

(4) $4.13\times 3+0.413\times 10+41.3\times 0.6=4.13\times 3+4.13\times 1+4.13\times 6=4.13\times(3+6+1)=4.13\times 10=41.3$

2 濃度《のうど》，つるかめ算，和差算，年齢《ねんれい》算，通過算，面積，周期算，速さ，整数の性質，場合の数，表面積，約束記号

(1) 10％の食塩水420ｇにふくまれる食塩の重さは，420×0.1＝42(ｇ)である。食塩水に水を混ぜても食塩の重さは変わらず，42ｇの食塩が水を混ぜたあとの食塩水の７％にあたるので，食塩水の重さは，42÷0.07＝600(ｇ)になる。よって，混ぜた水の重さは，600－420＝180(ｇ)である。

(2) もしも，１個550円のモンブランを15個買ったとすると，代金は，550×15＝8250(円)になり，8250－6900＝1350(円)多くなる。モンブランからチーズケーキに１個かえると代金は，550－400＝150(円)少なくなるので，1350円少なくするためには，1350÷150＝９(個)だけチーズケーキにかえることになる。よって，チーズケーキは９個買うことになる。

(3) 連続する３つの整数のうち最も小さい整数を□とすると，３つの整数は□，□＋１，□＋２となり，その合計が2022だから，□＋□＋１＋□＋２＝2022より，□×３＝2022－１－２＝2019，□＝2019÷３＝673となる。よって，３つの整数のうち最も大きい数は，673＋２＝675である。

(4) 現在，ＡさんとＢさんの年齢の差は，47－25＝22(歳《さい》)であり，２人の年齢の差は常に22歳のまま変わらない。Ｂさんの年齢がＡさんの年齢の３倍であったとき，22歳の年齢の差はＡさんの年齢の，３－１＝２(倍)にあたるので，このときのＡさんの年齢は，22÷２＝11(歳)となる。よって，

Ａさんの年齢が11歳だったのは，25−11＝14(年前)である。

⑸　ある列車が500mのトンネルを通り抜《ぬ》けるのに30秒かかり，300mの鉄橋を通過するのに20秒かかるから，この列車は，500−300＝200(m)進むのに，30−20＝10(秒)かかるので，この列車の速さは秒速，200÷10＝20(m)になる。すると，列車がトンネルを通り抜けるのに秒速20mで30秒間進んだ距離《きょり》は，20×30＝600(m)になる。よって，列車がトンネルを通り抜けるのに進む距離は(トンネルの長さ)＋(列車の長さ)だから，列車の長さは，600−500＝100(m)である。

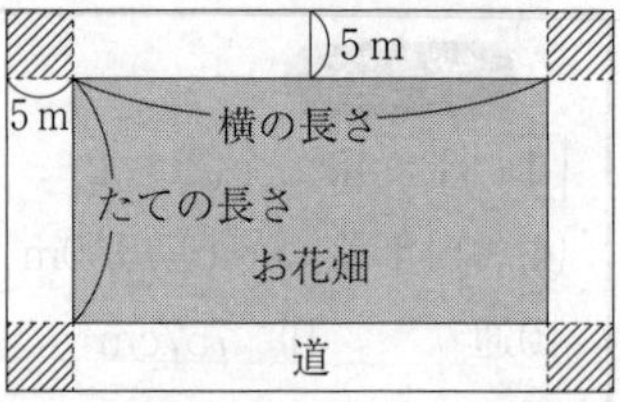

⑹　右の図で，640m^2の道の面積から，角の１辺の長さが５ｍの正方形の道の面積を４つ引くと，640−５×５×４＝540(m^2)になる。この面積は，お花畑のたての長さを□ｍとおくと，横の長さは□×２ｍにあたるので，５×□×２＋５×(□×２)×２＝540と表せる。よって，□×10＋□×20＝540，□×(10＋20)＝540，□×30＝540となり，たての長さは，□＝540÷30＝18(m)で，横の長さは，18×２＝36(m)になる。よって，お花畑の面積は，18×36＝648(m^2)である。

⑺　７月５日から８月６日までは，(31−５＋１)＋６＝33(日間)にあたり，33÷７＝４余り５より，４週間と５日間である。よって，５日間の曜日は月，火，水，木，金より，８月６日は金曜日である。

⑻　(往復の平均の速さ)＝(往復の道のり)÷(往復の時間)より求められる。また，家から学校までの道のりを１kmとすると，往復の道のりは，１×２＝２(km)で，往復の時間は，１÷15＋１÷10＝$\frac{1}{6}$(時間)になる。よって，往復の平均の速さは時速，２÷$\frac{1}{6}$＝12(km)になる。

⑼　１から100までに11で割り切れる整数は，100÷11＝９余り１より，９個ある。よって，１から100までの整数の中に11で割り切れない整数は，100−９＝91(個)ある。

⑽　大小２つのさいころを同時に投げるとき，目の和が９以上になる場合の(大，小)の組み合わせは，(３，６)，(４，５)，(４，６)，(５，４)，(５，５)，(５，６)，(６，３)，(６，４)，(６，５)，(６，６)の10通りである。

⑾　１辺が10cmの立方体の表面積は，10×10×６＝600(cm^2)である。この立方体から半径５cmの円柱をくりぬくと，立体の表面積は円柱の側面積分だけ増《ふ》え，円柱の底面積２つ分だけ減ることになる。よって，この立体の表面積は，600＋10×3.14×10−５×５×3.14×２＝757(cm^2)である。

⑿　〈A，９〉＝445より，A＋(A＋１)＋(A＋２)＋(A＋３)＋(A＋４)＋(A＋５)＋(A＋６)＋(A＋７)＋(A＋８)＋(A＋９)＝445，A×10＋１＋２＋３＋４＋５＋６＋７＋８＋９＝445，A×10＝445−(１＋２＋３＋４＋５＋６＋７＋８＋９)＝445−45＝400となる。よって，A＝400÷10＝40である。

３　方陣算

⑴　ある規則にしたがって並《なら》んでいる碁石《ごいし》について調べると，１番目は黒が，(２−１)×４＝４(個)あり，２番目は１番目の外側に白が，(４−１)×４＝12(個)あり，３番目は２番目の外側に黒が，(６−１)×４＝20(個)ある。これより，４番目は３番目の外側に白が，(８−１)×４＝28(個)，５番目は４番目の外側に黒が，(10−１)×４＝36(個)並ぶとわかる。よって，５番目のとき，黒の碁石は全部で，４＋20＋36＝60(個)である。

⑵　一番外側に並ぶ黒の碁石の数について調べると，１番目に４個，３番目に20個，５番目に36個

…となっていて，はじめは４個で，16個ずつ増えていることがわかる。よって，黒の碁石を全部で480個使うとき，４＋20＋36＋52＋68＋84＋100＋116＝480より，一番外側に並ぶ黒の碁石の数は116個になる。

4 グラフ―流水算，つるかめ算

(1)　9 km＝9000m，21km＝21000mで，問題文中のグラフより，あけみさんが乗った船はＡ地点から30分間で9000m上流に進んだので，上りの速さは分速，9000÷30＝300(m)である。また，106分から156分までの，156－106＝50(分間)に21000m下流に進んだので，下りの速さは分速，21000÷50＝420(m)である。ここで，(上りの速さ)＝(静水時の船の速さ)－(川の流れの速さ)，(下りの速さ)＝(静水時の船の速さ)＋(川の流れの速さ)だから，(川の流れの速さ)＝｛(下りの速さ)－(上りの速さ)｝÷２より求められる。よって，川の流れの速さは分速，(420－300)÷２＝60(m)である。

(2)　船は，Ａ地点からＢ地点までの21000mを上るとき，途《と》中《ちゅう》でエンジンが止まったので106分かかった。もしも，エンジンが止まらずに，分速300mで106分進んだとすると，進んだ距離は，300×106＝31800(m)になり，31800－21000＝10800(m)長くなる。そこで，１分間エンジンを止めたことにすると，300＋60＝360(m)下流にもどることになるので，エンジンが止まった時間は，10800÷360＝30(分間)である。

社　会　＜第２回試験＞（45分）＜満点：100点＞

解　答

1 **問１**　**番号**…②，**県庁所在地**…盛岡(市)　　**番号**…③，**県庁所在地**…仙台(市)　　**問２**　**記号**…イ，**河川名**…最上川　　**問３**　④，①　　**問４**　カ　　**問５**　(1)　b　　(2)　ウ　　**問６**　(1)　リアス海岸　　(2)　イ　　(3)　(例)　地震の時に津波の被害にあう可能性がある。私ができることは，高台などの避難する場所とそこまでの行き方を確認しておくことである。(家族で避難方法や集合する場所などを話し合っておく。)市町村や県，国ができることは，高い場所に避難する場所をつくっておくことである。(防災無線などで住民にすみやかに避難を呼びかけることができるようにしておく。)　　**問７**　**国名**…フランス，**位置**…③　　**2**　**1**　和同開珎　　**2**　富本銭　　**3**　宋　　**4**　菱垣廻船　　**5**　両替商　　**6**　関東大震災　　**問１**　ウ　　**問２**　エ　　**問３**　イ　　**問４**　ア　　**問５**　ア　　**問６**　エ　　**問７**　ウ　　**問８**　ア　　**問９**　(例)　室町時代になると，それまで以上に商業がさかんになったが，日本では貨幣がつくられておらず，輸入にたよっていた。その後，中国から輸入される貨幣だけでは足りなくなって，戦国大名などにより国内でも貨幣をつくるようになった。　　**3**　**問１**　１，４　　**問２**　都市(鉱山)　　**問３**　水素　　**問４**　(例)　高速道路の「混雑」を減らすために，「日中の利用料金」を高く設定して，夜間の利用料金を安くするしくみ。　　**問５**　(1)　(例)　容器を捨てず中身を詰め替えできる製品を使う。レジ袋を使わずマイバッグを持参する。食べ残しをしないようにする。など　　(2)　つかう(責任)　　**問６**　ユニバーサル(デザイン)　　**問７**　黒い(雨訴訟)

解　説

1 東北地方についての問題

問１　地図の①は青森県，②は岩手県，③は宮城県，④は秋田県，⑤は山形県，⑥は福島県である。このうち，県名と県庁所在地名が同じでないところは２県あり，岩手県の県庁所在地が盛岡市，宮城県の県庁所在地が仙台市である。

問２　松尾芭蕉《まつおばしょう》が東北地方を旅した際に著した「奥の細道」の中にある俳句で，流れが速い最上《もがみ》川のことを詠《よ》んでいる。最上川は，⑤の山形県南境の吾妻《あづま》連峰から，米沢・山形・新庄盆地を流れ，庄内平野で日本海に注ぐ川で，球磨《くま》川，富士川とともに日本三大急流の１つに数えられる，流れの速い川である。

問３　ブナの原生林が広がることで世界自然遺産に登録されている白神山地は，青森県と秋田県の県境，秋田県北西部と青森県南西部に位置している。

問４　図１は青森県，次いで長野県で収穫量が多い。りんごは青森県の津軽平野，長野県の長野盆地などで生産がさかんである。図２は山梨県，次いで福島県で収穫《しゅうかく》量が多い。ももは山梨県の甲府盆地，福島県の福島盆地などで生産がさかんである。

問５　(1)　秋田新幹線の区間は盛岡から秋田までで，途中停車駅の１つである大曲《おおまがり》では，夏の花火大会が有名である。そこから車で30分ほど行ったところに横手盆地があり，横手市では冬の年中行事として，かまくら祭りが行われる。　(2)　タケシさんが訪れたのは，ｂであり，問題文中にも「冬は雪が多く降り」とある。冬に北西の季節風の影響《えいきょう》を受けて雪などの降水量が多い，日本海側の気候が表れているのは，ウの雨温図である。

問６　(1)　山地がしずんでできた，出入りの複雑な海岸地形をリアス海岸という。地図に見られる三陸海岸は，日本の代表的なリアス海岸の１つである。　(2)　リアス海岸は山地がしずんでできたために，湾《わん》の周りは山に囲まれていて，風の影響を受けにくいので波が静かである。このため，養殖《ようしょく》漁業に適している。　(3)　リアス海岸の湾はせまく，地震により津波が発生すると湾内に津波が押し寄せることになり，津波の被害が大きくなる。津波が発生した場合，個人としては，高い場所に逃げることが最も大切である。そのために，ふだんから避難《ひなん》する場所とそこまでの行き方などを確認して，すぐに避難できるようにしておいた方がよい。国や地方自治体に対しては，できるだけ高い場所に避難場所を確保しておくことや，津波により避難する必要性があることをすみやかに住民に伝える手段の確保などが求められる。防潮堤《ぼうちょうてい》など津波を防ぐ物を築くことも大切であるが，2011年に発生した東日本大震災の時には，高さ10メートルの防潮堤を築いていた地域でさえ，想定を超える津波が押し寄せ大きな被害が出たところもある。ふだんから，地域で避難訓練を行うことも大切である。

問７　2024年に夏季オリンピックが開催《かいさい》される都市は，地図３中③のフランスのパリである。写真の建物は，パリにあるエッフェル塔である。なお，①はポーランド，②はドイツ，④はスペインである。

２ 貨幣《かへい》についての問題

１　武蔵《むさし》国(現在の埼玉県のあたり)で銅が見つかったことから，708年に国内でつくられた貨幣が和同開珎である。

２　かつては和同開珎が日本でつくられた最初の貨幣とされていた。しかし，その後，日本書紀にも記されていた富本銭という貨幣が発見され，これが日本でつくられた最初の貨幣となっている。

３　平清盛は貿易の利益に目を付け，宋(中国)と貿易を行った。これを日宋貿易という。宋からは宋銭(銅銭)などが輸入され，日本からは砂金や硫黄《いおう》，刀剣などが輸出された。

４　江戸時代に，江戸と大阪の間の輸送に用いられた船は２種類ある。さまざまな物を運ぶのが菱《ひ》垣廻船《がきかいせん》である。船が荷物でいっぱいになるのを待ってから出航するので，運ぶのに時間がかかる。主に日本酒などを運び，速く運ぶことを目的とした船が樽廻船である。

５　金・銀・銅の３種類の貨幣を交換したり，お金を貸したり預かったりするなど，今の銀行のような仕事を行っていたのが両替商である。

６　1923年９月１日に発生したのが関東大震災である。死者・行方不明者は10万人を超え，建築物の被害も大きかったが，経済的にも大きな打撃を受けた。

問１　710年に元明天皇によって奈良の平城京に都が移されるが，その前の708年に都であったのは，694年に持統天皇が都とした藤原京である。

問２　奈良時代につくられた歴史書は「古事記」と「日本書紀」である。そのうち「古事記」は日本最古の歴史書である。アの「万葉集」は奈良時代につくられた日本最古の歌集，イの「大鏡」は平安時代につくられた歴史書，エの「大日本史」は江戸時代につくられた歴史書である。

問３　大判とは大型の判金という意味で，金でできた貨幣，金貨である。小型の物を小判という。天正大判が最初につくられた大判で，天正という元号の時に，豊臣秀吉の命令でつくられた。

問４　源頼朝・義経兄弟の父である源義朝を平清盛が破った戦いは，1159年におきた平治の乱である。イの保元の乱は，1156年におきた，天皇と上皇の対立などが原因による戦いである。ウの壬申《じんしん》の乱は，672年におきた，天智《てんじ》天皇の後継《つ》ぎをめぐる戦いである。エの承久《じょうきゅう》の乱は，後鳥羽《ごとば》上皇が鎌倉幕府をたおそうとして1221年におきた戦いである。

問５　奈良時代に，行基によってつくられたと伝えられているのが大輪田泊《おおわだのとまり》である。平清盛が修築して日宋貿易を行う港として利用した。現在の神戸港の一部である。

問６　徳川氏の一族である大名を親藩，関ヶ原の戦い以前から徳川氏に従っていた大名を譜代大名，関ヶ原の戦い前後に徳川氏に従った大名を外様大名として，江戸幕府は大名を３つに分けた。親藩の中でも，直系が途絶えた際に将軍の後継ぎを出せる３つの大名家を御三家といい，紀伊(紀州)，尾張，水戸がこれにあたる。

問７　明治政府により官営工場の八幡《やはた》製鉄所が建てられたのは福岡県である。筑紫《つくし》山地も九州山地もともに九州地方にある山地であるが，福岡県にあるのは，九州北部に位置する筑紫山地である。

問８　日本の郵便制度は，明治時代の1871年に前島密《ひそか》によって始められた。前島密は現在の１円切手に描かれている。イの飛脚制度，ウの歌舞伎《かぶき》はともに江戸時代に始まった。エの映画については，日本で初めて上映されたのは，1896年とされている。

問９　和同開珎の後にも貨幣はつくられたが，国内ではほとんど流通しなかった。平安時代後期の日宋貿易により宋銭が輸入され，鎌倉時代に流通するようになり，室町時代には日明貿易により明銭が流通するようになった。室町時代になるとそれまで以上に商業がさかんになったが，幕府による貨幣はつくられておらず，輸入にたよっていた。戦国時代のころには中国から輸入される貨幣だけでは足りなくなって，戦国大名が独自に図２のような貨幣をつくるようになった。江戸時代になると，江戸幕府は貨幣をつくり，貨幣制度を統一した。

3　**東京オリンピックについての問題**

問１　1960年代ごろの日本は，重化学工業がさかんになり，経済がめざましい発展をとげた。この時期のことを高度経済成長期という。重化学工業の発達とともに公害も発生し，四大公害病などが大きな社会問題となった。1964年には東京オリンピックが開催され，それに合わせて東海道新幹線や名神高速道路が開通した。

問２　携帯《けいたい》電話やパソコンなどには，部品にレアメタルとよばれる貴重な金属や金などが使われている。使用済みの携帯電話などを回収してこれらの金属を取り出せば，鉱山から採集したのと同じことになる。使用済みの携帯電話などは，都市部に多くあることから，都市鉱山とよばれるようになった。

問３　水素は，酸素と反応させることで，発電したり，熱エネルギーとして利用できるようになる。使用するときに二酸化炭素をまったく排出しないので，「究極のクリーンエネルギー」とよばれる。

問４　東京オリンピック・パラリンピックが開催されるにあたり，大会期間中に，選手や関係者をのせた車が交通渋滞にまきこまれないようにすることが望まれた。そのため大会期間中は，東京都内の首都高速道路の利用料金を日中はふだんより高めにして交通量を抑え，逆に夜間は安く設定した。

問５　(1)　３Ｒとは，ゴミの量を減らすReduce(リデュース)，１度使った物をすぐに捨てずに何度も使用するReuse(リユース)，使用した物をそのまま捨てずに資源にして再び製品にするRecycle(リサイクル)の３つのことをいう。そのうち，ゴミの量を減らすReduce(リデュース)のための取り組みとしては，マイバッグやマイボトルを使うことや，詰《つ》め替《か》えできる製品を使う，計画的に買い物をしてむだな物を買わない，簡易包装《かんいほうそう》の製品を選ぶ，といったことがあげられる。　(2)　SDGs(エスディージーズ)とは，2015年に開かれた国連開発サミットで採択された「持続可能な開発目標」のことで，17のゴール(目標)と169のターゲット(達成基準)がある。そのうちターゲット12は，「つくる責任・つかう責任」である。

問６　健常者や障害者，右利きの人や左利きの人，大人や子どもなど，だれもが同じように使える製品や利用できる施設などをデザインしたり設計したりすることをユニバーサルデザインという。

問７　1945年８月６日，アメリカ軍により広島に原子爆弾が投下された。この後，放射性物質をふくむ黒い色の雨が降った。この雨をあびたり，黒い雨が混ざった水を飲んだり，付着した物を食べたりした人が被曝《ひばく》した。この黒い雨による健康被害を戦争被害として国に訴《うった》えた裁判が「黒い雨訴訟《そしょう》」である。

理　科　＜第２回試験＞（45分）＜満点：100点＞

解　答

1　(1)　(例)　豆電球　(2)　(例)　月　(3)　(ウ)　(4)　(例)　まっすぐ進む。　(5)　(ウ)　(6)　(ア)　(7)　(イ)　(8)　(例)　物体に光を当てる角度を高くすると，かげは短くなる。　(9)　(例)　ゆかに対して垂直に光を当てるとき。　2　(1)　**酸素**…(イ)，**二酸化炭素**…(ア)　(2)　**酸素**…(イ)，**二酸化炭素**…(ア)　(3)　一酸化炭素　(4)　(ア)，(ウ)，(エ)，(オ)　(5)　50％　(6)　31％　(7)　80g　3　(1)　①　背びれ　②　しりびれ　(2)　(ア)，(イ)，(ク)　(3)　(イ)　(4)　①　受精　②　子宮　③　(例)　他の魚などに食べられるから。　(5)　(ウ)　(6)　(例)　水草が呼吸し，水中の酸素が減少したから。　4　(1)　梅雨前線　(2)　偏西風

⑶　霧　⑷　熱帯低気圧　⑸　放射冷却　⑹　特別警報　⑺　(エ)　⑻　(ア)　⑼　11.2℃　⑽　**東京**…15.1℃，**青森**…9.6℃　⑾　54％

解説

1　光についての問題

⑴　太陽や豆電球，蛍光灯《けいこうとう》のように，光を発するものを光源という。

⑵　月や金星などは，自ら光を発しておらず，太陽の光を反射《はんしゃ》して光っている。

⑶　虫眼鏡《めがね》の凸《とつ》レンズに日光を通すと，レンズの境目《さかいめ》で屈折《くっせつ》し，焦点《しょうてん》に集まる。日光を焦点に集めると，非常に高温になるので，焦点に黒い紙を置くと，こげて火がつく。

⑷　空気中や水中を進む光はまっすぐ進む(直進する)。

⑸　物体のかげは，光源の反対側にできる。物体の北側に光源を置くと，物体の南側にかげができる。

⑹　物体に光がさえぎられた部分に黒いかげができる。かげの色は，光の色には関係がない。

⑺　光は広がったり，曲がったりせず，まっすぐ進む。よって，物体の上から45度の方向から光を当てると，ゆかに対して，90－45＝45(度)の方向に進み，ゆかに当たる。

⑻　光源の高さを高くしていくと，物体のかげの長さは短くなっていき，光源の高さを低くしていくと，物体のかげの長さは長くなっていく。

⑼　物体の真上から，ゆかに対して垂直に光を当てると，物体のかげができなくなる。

2　木の燃焼と，しょう酸ナトリウムのとけ方についての問題

⑴　空気中にふくまれる酸素の割合は約21％であるのに対し，二酸化炭素の割合は約0.03～0.04％と非常に小さい。

⑵　木を燃やしたあとの集気びん中の気体にふくまれる酸素の割合は約18％と小さくなっているのに対し，二酸化炭素の割合は約４％と大きくなっているが，集気びん中の気体にしめる割合としては非常に小さい。

⑶　酸素が不足している状態で木を燃やすと，一酸化炭素という有毒な気体が発生する。一酸化炭素を吸いこんでしまうと，体中に酸素を運べなくなってしまい，危険である。

⑷　物が燃えるとき，光と熱を出しながら酸素とはげしく結びついている。木を原料とした紙や段ボール，綿花を原料とした綿の布，小麦を原料としたパンなどには炭素がふくまれており，この炭素が空気中の酸素と結びつくと，二酸化炭素が発生する。

⑸　問題文中のグラフより，35℃の水100gにとけるしょう酸ナトリウムの重さは100gなので，35℃の水75gにとけるしょう酸ナトリウムの重さは，$100\times\frac{75}{100}=75$(g)である。このときにできるしょう酸ナトリウム水よう液のこさは，$\frac{75}{75+75}\times100=50$(％)である。

⑹　水よう液Ａについて，20％のしょう酸ナトリウム水よう液100gにとけているしょう酸ナトリウムの重さは，$100\times\frac{20}{100}=20$(g)である。また，水よう液Ｂについて，60℃の水100gにとけるしょう酸ナトリウムの重さは125gなので，60℃の水20gにとけるしょう酸ナトリウムの重さは，$125\times\frac{20}{100}=25$(g)である。つまり，水よう液Ｂの重さは，20＋25＝45(g)である。水よう液ＡとＢを混ぜたときにできる水よう液Ｃの重さは，100＋45＝145(g)，水よう液Ｃにとけているしょう酸ナトリウムの重さは，20＋25＝45(g)なので，水よう液Ｃのこさは，$\frac{45}{145}\times100=31.0\cdots$より，31％で

ある。

⑺　水よう液Ｃにふくまれている水の重さは，145－45＝100(g)である。60℃の水100gにとけるしょう酸ナトリウムの重さは125gなので，さらにとかすことができるしょう酸ナトリウムの重さは，125－45＝80(g)である。

3　メダカの生態や飼い方についての問題

⑴　オスの背びれには切れこみがあるが，メスの背びれには切れこみがない。また，オスのしりびれは大きくて平行四辺形のような形だが，メスのしりびれはうしろが短くて三角形に近い形になっている。

⑵　メダカやマグロ，タツノオトシゴのような魚類やタコは，水中でえら呼吸を行う。なお，ペンギンのような鳥類，カメのようなハチュウ類，アザラシ，クジラ，カモノハシのようなホニュウ類は肺呼吸をする。

⑶　水そうを直射日光の当たるところに置くと，水温が高くなりすぎるおそれがあるので，直射日光の当たらない明るいところに置かないといけない。

⑷　①　メスの体内でつくられた卵《らん》と，オスの体内でつくられた精子が結びつくことを受精といい，このときにできるものを受精卵という。　②　ヒトの受精卵は，卵管のかべにある細い毛のようなものの運動によって，ゆっくりと子宮へ向かい，子宮にたどりつくと，子宮のかべに取りこまれる。これを着しょうという。　③　メダカのような魚類の卵《たまご》は，他の動物に食べられたり，卵の状態で死んでしまったりするので，一度に多くの卵を産む。

⑸　ふ化したばかりの子メダカは，はらに２～３日分の養分をたくわえているので，エサを食べず，じっとしている。

⑹　夜は，水草に光が当たらないので，光合成を行わず，呼吸のみを行う。大量の水草をいれると，水草は水にとけている酸素を吸収するので，水中の酸素の量が減少し，メダカが呼吸できなくなって死んでしまうことがある。

4　日本付近の気象についての問題

⑴　６月下旬ごろ，日本列島近くにできる停たい前線を梅雨《ばいう》前線といい，あまり動かないため，雨やくもりの日が続くことになる。

⑵　日本列島上空に１年中ふいている強い西風を偏西《へんせい》風という。偏西風の影響《えいきょう》で，日本周辺に接近した台風は，東へ進路を変える。

⑶　雲と同じように，地表付近で細かい水てきがうかんだ状態で，見通せるきょりが１km未満になった天気を霧《きり》という。なお，見通せるきょりがさらに長くなった天気をもや，見通せるきょりがさらに短くなった天気を濃霧《のうむ》という。

⑷　台風は，赤道付近の海上で発生した熱帯低気圧が発達し，中心付近の風速が秒速17.2m以上になったものである。

⑸　雲が空をおおっていると，地面から逃げていく熱は閉《と》じこめられるが，晴れた日の夜は，熱が地球の外に逃《に》げるので，地面が冷えやすくなり，気温が下がる。このような現象を放射冷却《れいきゃく》という。

⑹　警報《けいほう》の発表基準をはるかに超《こ》える大雨や暴風，高潮《たかしお》，大津波《つなみ》など，重大な災害の起こるおそれが高まっている場合に出される，最大級の警かいの呼びかけを特別警報という。

⑺　降水がなく，空全体を10としたときの雲の量が０～８のときの天気を晴れといい(とりわけ，０～１を快晴という)，雲の量が９～10のときの天気をくもりという。

⑻　冬には，西高東低型の気圧配置となることが多いため，北西から南東に向かって季節風がふくことが多い。

⑼　2200m上しょうしたときに下がる温度は，$0.6\times\frac{2200}{100}=13.2$(℃)なので，山頂での気温は，$24.4-13.2=11.2$(℃)である。

⑽　東京の年平均気温は，$(3.9+4.8+8.0+13.5+18.2+21.2+25.2+27.3+24.0+17.1+11.7+6.7)\div12=15.13\cdots$より，15.1℃である。また，青森の年平均気温は，$(1.3+7.4+14.1+16.6+20.9+22.2+19.1+10.9+6.1+0.5-2.4-1.8)\div12=9.57\cdots$より，9.6℃である。

⑾　20℃の空気のほう和水蒸気量は17.3g，空気$1\,m^3$にふくまれる水蒸気量は9.4gなので，この部屋の空気のしつ度は，$\frac{9.4}{17.3}\times100=54.3\cdots$より，54%である。

英語　＜第２回試験＞（45分）＜満点：100点＞

解答

Ⅰ　**1**　C　**2**　A　**3**　C　**4**　C　**5**　D　**6**　B　**7**　B　**8**　B　**9**　C　**10**　A　**11**　B　**12**　C　**13**　A　**14**　D　**15**　B　Ⅱ　**1**　D　**2**　C　**3**　A　**4**　C　**5**　B　**6**　C　**7**　A　**8**　C　**9**　D　**10**　A

Ⅲ　**1**　C　**2**　B　**3**　B　**4**　C　**5**　A　**6**　C　**7**　D　**8**　A　**9**　B　**10**　B

国語　＜第２回試験＞（45分）＜満点：100点＞

解答

一　**問１**　①　さほう　②　はっき　③　おかん　④　けいてき　⑤　おごそ(かな)　**問２**　下記を参照のこと。　二　**問１**　**A**　ア　**B**　ウ　**問２**　**1**　ウ　**2**　ア　**3**　イ　**問３**　ウ　**問４**　エ　**問５**　イ　**問６**　巣穴の中の～に入ること　**問７**　(例)　思い出とともに心の中に入り込んだ死者が生者の中で生き続け，一人ではないと生者が思えるようになること。　三　**問１**　**A**　イ　**B**　オ　**問２**　ア　**問３**　学ぶこと　**問４**　エ　**問５**　オ　**問６**　ウ　**問７**　(例)　苦労して働いて主体的に生きる力を身につけ，社会のしくみについて学び，たたかってかちとっていくもの。

●漢字の書き取り

一　問２　①　挙(げる)　②　蒸留　③　縮(む)　④　推(す)　⑤　拝(む)

解説

一　漢字の読みと書き取り

問１　①　いろいろな動作についての一定のきまり。　②　持っている力や特性を表にあらわすこと。　③　熱が出て起こる，ぞくぞくするような寒気。　④　危険を知らせたり，注意をうながしたりするために鳴らす笛。　⑤　音読みは「ゲン」「ゴン」で，「厳格」「荘厳《そうごん》」などの熟語がある。訓読みにはほかに「きび(しい)」がある。

問２　①　音読みは「キョ」で，「挙手」などの熟語がある。　②　液体を熱して蒸発させ，できた気体を冷やして，まざりもののない液体にすること。　③　音読みは「シュク」で，「縮尺」などの熟語がある。　④　音読みは「スイ」で，「推挙」などの熟語がある。　⑤　音読みは「ハイ」で，「参拝」などの熟語がある。

二　**出典は中島《なかじま》京《きょう》子《こ》の『樽《たる》とタタン』による。**恐怖《きょうふ》から小学校への登校を拒否《きょひ》した「わたし」だが，死んだ祖母が心の中に入り込んで一人ではないと思えるようになり，学校にも行けるようになる。

問１　**Ａ**「窮地《きゅうち》に陥《おちい》る」は，苦しい立場に追いこまれること。　**Ｂ**「こともなげ」は，とりたてて何ということもない様子。

問２　**１**　前には，「わたし」の大親友だった亡《な》くなった祖母のことが語られている。後には，「わたし」が団地の外に出ることに恐怖感を抱《いだ》いていたことが書かれている。よって，話題が変わることを示す「ところで」が入る。　**２**　前には，小さい「わたし」には，団地を出ることが恐怖だったとある。後には，かといって団地の中でも安心はできなかったとある。したがって，前後で相反する内容が置かれるときに使う「しかし」がよい。　**３**　バスや電車に乗れたのは，両親か祖母のいずれかといっしょの場合だったのだから，前後のどちらかを選ぶことを示す「あるいは」が合う。

問３「わたし」は自宅や家族から離《はな》れることが恐《おそ》ろしくてできず，幼稚園《ようちえん》にも行けなかったと前にある。当然，小学校に行くことも拒否したため，嫌《いや》がる「わたし」の手を取り，両親は無理矢理入学式に連れていったと思われる。したがって，ウがあてはまる。

問４　家族と離れて小学校に行くことが恐怖だった「わたし」が登校拒否になってしまったため，仕事を続けたかった母はしばらく登下校につきそうなどの方法を試した。このように，何度も試みては失敗しながら解決をめざすことを「試行錯誤」という。

問５　喫茶店《きっさてん》のマスターと「わたし」の会話を聞いた母は「わたし」たちが顔なじみらしいと気づき，家の外に出るのをひどく嫌がる「わたし」が，なぜ自分の知らないうちにマスターと知り合ったのかと戸惑《とまど》ったのだから，イがよい。このときは学校の帰りなので，「登校拒否」とあるウは誤り。

問６　ぼう線部①の前に，「巣穴の中の定位置のような3LDKを出て，家族とも離れて，得体の知れない集団生活に入ること」は，小学校入学時の「わたし」には想像を絶する恐怖だったのだろうと書かれている。

問７　ぼう線部④は，祖母を亡くした「わたし」が初めて知ったことである。「わたし」が嫌いだった学校に行けるようになったのは，祖母が死後に「わたし」の心の中に入り込み，想像の会話ができるほどにいきいきと生き続け，一人ではないと「わたし」が思えたからであることからまとめる。

三　**出典は中田《なかた》進《すすむ》の『自分らしさの発見』による。**自由とは単に束縛《そくばく》されないというだけではなく，苦労して学び，主体的に生きる力を身につけて獲得《かくとく》できるものだと述べている。

問１　**Ａ**「もっぱら」とは，いちずに，ひとすじにという意味。　**Ｂ**「ワンマン」は，自分の思うとおりにふるまうようす。

問２　①　自分から働きかけるようすをいう「能動的」の対義語は，受け身であるようすをいう「受動的」である。　②　自分から進んで物事をするようすをいう「積極的」の対義語は，自分から進んで行動しないようすをいう「消極的」になる。

問３　「それ」は直前にある内容で，「自由とも本質的に結びついてい」るものなので，直前の文中にある「学ぶこと」を指す。

問４　直前の三段落の内容から考える。主人が支配し，奴隷《どれい》が従属するのが本来の関係だが，奴隷が労働を通じてだれに頼《たよ》らなくても生きる力を身につける一方で，主人は奴隷なしでは生きていけず，支配者のはずが奴隷に依存《いぞん》してしまうのである。したがって，エがあてはまる。

問５　ぼう線部⑤に続き，タクシーの運転手が車から降りている間，車が動きだしたが筆者には止められなかったという話が語られる。車のしくみを知らなかったために車を止められなかった筆者は，知らないことの無力さを指摘《してき》しているので，オがふさわしい。

問６　ぼう線部⑥の直前には，後の内容の理由が前にあるときに使う「だから」があるので，前の部分に注目する。働く人びとが社会について無知である間は，自由や人権を獲得する手段もわからないが，社会について知ることで支配と抑圧《よくあつ》からぬけだせるのだから，ウが選べる。

問７　自由とは単に束縛されないということだけではなく，主体的になることで生きる力が身につく，「苦労して学んではじめて自由を手にする事ができる」，労働によって拡大される，「社会科学の学習を基礎にたたかいによって」実現されるものだ，などと筆者は述べている。こういった内容を字数内でまとめる。

Memo

出題ベスト10シリーズ

①国語読解ベスト10

②漢字合格の2790題

③計算合格の820題

④図形問題ベスト10

■過去の入試問題から出題例の多い問題を選んで編集・構成。受験関係者の間でも好評です！

有名中学入試問題集

●男子校編

●女子校編

■中学入試の全容をさぐる!!
■首都圏の中学を中心に、全国有名中学の最新入試問題を収録!!

※表紙は昨年度のものです。

算数の過去問25年分

■筑波大学附属駒場
■麻布
■開成

○名門３校に絶対合格したいという気持ちに応えるため過去問実績No.1の声の教育社が出した答えです。

都立中高一貫校 適性検査問題集

■都立一貫校と同じ検査形式で学べる！

●自己採点のしにくい作文には「採点ガイド」を掲載。

●保護者向けのページも充実。

●私立中学の適性検査型・思考力試験対策にもおすすめ！

スーパー過去問の 解説執筆・解答作成スタッフ（在宅）募集！

※募集要項の詳細は、10月に弊社ホームページ上に掲載します。

2025年度用

中学スーパー過去問

■編集人 声の教育社・編集部
■発行所 株式会社 声の教育社
〒162-0814 東京都新宿区新小川町8-15
☎03-5261-5061㈹ FAX03-5261-5062
https://www.koenokyoikusha.co.jp

※本書の内容についての一切の責任は当社にあります。内容・解説・解答・その他は当社ホームページよりお問い合わせ下さい。

ストリーミング配信による入試問題の解説動画

2025年度用web過去問　ラインナップ

■ **男子・女子・共学（全動画）見放題**
36,080円（税込）

■ **男子・共学　見放題**
29,480円（税込）

■ **女子・共学　見放題**
28,490円（税込）

● 中学受験「声教web過去問（過去問プラス・過去問ライブ）」（算数・社会・理科・国語）

3〜5年間　**24校**

過去問プラス

麻布中学校	桜蔭中学校	開成中学校	慶應義塾中等部	渋谷教育学園渋谷中学校
女子学院中学校	筑波大学附属駒場中学校	豊島岡女子学園中学校	広尾学園中学校	三田国際学園中学校
早稲田中学校	浅野中学校	慶應義塾普通部	聖光学院中学校	市川中学校
渋谷教育学園幕張中学校	栄東中学校			

過去問ライブ

栄光学園中学校	サレジオ学院中学校	中央大学附属横浜中学校	桐蔭学園中等教育学校	東京都市大学付属中学校
フェリス女学院中学校	法政大学第二中学校			

● 中学受験「オンライン過去問塾」（算数・社会・理科）

3〜5年間　**50校以上**

東京	青山学院中等部	東京	国学院大学久我山中学校	東京	明治大学付属明治中学校	千葉	芝浦工業大学柏中学校	埼玉	栄東中学校
	麻布中学校		渋谷教育学園渋谷中学校		早稲田中学校		渋谷教育学園幕張中学校		淑徳与野中学校
	跡見学園中学校		城北中学校		都立中高一貫校 共同作成問題		昭和学院秀英中学校		西武学園文理中学校
	江戸川女子中学校		女子学院中学校		都立大泉高校附属中学校		専修大学松戸中学校		獨協埼玉中学校
	桜蔭中学校		巣鴨中学校		都立白鷗高校附属中学校		東邦大学付属東邦中学校		立教新座中学校
	鷗友学園女子中学校		桐朋中学校		都立両国高校附属中学校		千葉日本大学第一中学校	茨城	江戸川学園取手中学校
	大妻中学校		豊島岡女子学園中学校	神奈川	神奈川大学附属中学校		東海大学付属浦安中等部		土浦日本大学中等教育学校
	海城中学校		日本大学第三中学校		桐光学園中学校		麗澤中学校		茗渓学園中学校
	開成中学校		雙葉中学校		県立相模原・平塚中等教育学校		県立千葉・東葛飾中学校		
	開智日本橋中学校		本郷中学校		市立南高校附属中学校		市立稲毛国際中等教育学校		
	吉祥女子中学校		三輪田学園中学校	千葉	市川中学校	埼玉	浦和明の星女子中学校		
	共立女子中学校		武蔵中学校		国府台女子学院中学部		開智中学校		

web過去問 Q&A

過去問が動画化！
声の教育社の編集者や中高受験のプロ講師など、
過去問を知りつくしたスタッフが動画で解説します。

Q **どこで購入できますか？**

A 声の教育社のHPでお買い求めいただけます。

Q **受講にあたり、テキストは必要ですか？**

A 基本的には過去問題集がお手元にあることを前提としたコンテンツとなっております。

Q **全問解説ですか？**

A 「オンライン過去問塾」シリーズは基本的に全問解説ですが、国語の解説はございません。「声教web過去問」シリーズは合格のカギとなる問題をピックアップして解説するもので、全問解説ではございません。なお、「声教web過去問」と「オンライン過去問塾」のいずれでも取り上げられている学校がありますが、授業は別の講師によるもので、同一のコンテンツではございません。

Q **動画はいつまで視聴できますか？**

A ご購入年度２月末までご視聴いただけます。
複数年視聴するためには年度が変わるたびに購入が必要となります。

よくある解答用紙のご質問

01

実物のサイズにできない

拡大率にしたがってコピーすると，「解答欄」が実物大になります。配点などを含むため，用紙は実物よりも大きくなることがあります。

02

A3用紙に収まらない

拡大率164％以上の解答用紙は実物のサイズ（「出題傾向＆対策」をご覧ください）が大きいために，Ａ３に収まらない場合があります。

03

拡大率が書かれていない

複数ページにわたる解答用紙は，いずれかのページに拡大率を記載しています。どこにも表記がない場合は，正確な拡大率が不明です。

04

１ページに２つある

１ページに２つ解答用紙が掲載されている場合は，正確な拡大率が不明です。ほかの試験回の同じ教科をご参考になさってください。

武蔵野大学中学校

【別冊】入試問題解答用紙編

禁無断転載

解答用紙は本体からていねいに抜きとり、別冊としてご使用ください。

※　実際の解答欄の大きさで練習するには、指定の倍率で拡大コピーしてください。なお、ページの上下に小社作成の見出しや配点を記載しているため、コピー後の用紙サイズが実物の解答用紙と異なる場合があります。

●入試結果表

— は非公表

年　度	回	項　目	国　語	算　数	社　会	理　科	英　語	２科合計	２科合格
2024	第１回	配点(満点)	100	100				200	最高点
		合格者平均点	69.5	62.4				131.9	—
		受験者平均点	64.0	55.0				119.0	最低点
		キミの得点							—
	第２回	配点(満点)	100	100	100	100	100	200	最高点
		合格者平均点	57.2	60.6	60.5	62.1	78.3	121.4*	—
		受験者平均点	50.0	49.0	56.7	56.8	76.1	105.1*	最低点
		キミの得点							—
		※ 国語・算数・社会・理科・英語から２科選択です(国語・算数のうち１科以上を選択)。							
2023	第１回	配点(満点)	100	100				200	最高点
		合格者平均点	54.9	72.6				127.5	—
		受験者平均点	51.0	66.4				117.4	最低点
		キミの得点							—
	第２回	配点(満点)	100	100	100	100	100	200	最高点
		合格者平均点	69.7	56.1	59.1	67.7	83.1	128.5*	—
		受験者平均点	64.1	46.3	55.5	61.3	79.5	113.9*	最低点
		キミの得点							—
		※ 国語・算数・社会・理科・英語から２科選択です(国語・算数のうち１科以上を選択)。							
2022	第１回	配点(満点)	100	100				200	最高点
		合格者平均点	58.3	59.2				117.5	—
		受験者平均点	54.3	54.1				108.4	最低点
		キミの得点							—
	第２回	配点(満点)	100	100	100	100	100	200	最高点
		合格者平均点	61.0	62.3	58.8	59.0	69.5	122.8*	—
		受験者平均点	55.1	57.7	54.7	58.2	66.2	113.2*	最低点
		キミの得点							—
		※ 国語・算数・社会・理科・英語から２科選択です(国語・算数のうち１科以上を選択)。							

※　表中のデータは学校公表のものです。ただし、２科合計は各教科の平均点を合計したものなので、目安としてご覧ください(*は学校公表のもの)。

2024年度　武蔵野大学中学校

算数解答用紙　第１回

番号		氏名		評点	／100

1

(1)		(2)	
(3)		(4)	
(5)		(6)	分　秒

2

(1)		(2)	個
(3)	人	(4)	g
(5)	日	(6)	12時　分
(7)		(8)	度
(9)	通り	(10)	km
(11)	個	(12)	cm^3

3

(1)	cm	(2)	秒後

(注)この解答用紙は実物を縮小してあります。Ｂ４用紙に123％拡大コピーすると、ほぼ実物大で使用できます。(タイトルと配点表は含みません)

〔算　数〕100点(推定配点)

1～3　各５点×20

二〇二四年度　武蔵野大学中学校

国語解答用紙　第一回

番号		氏名		評点	／100

一

問一　①　②　③　④　う⑤　ける

問二　①　②　③　ねる④　⑤

二

問一　A　B

問二

問三　問四　問五

問六　問七

三

問一　A　B

問二

問三　問四

問五

問六

問七

（注）この解答用紙は実物を縮小してあります。185%拡大コピーすると、ほぼ実物大で使用できます。（タイトルと配点表は含みません）

〔国　語〕100点（推定配点）

一　各2点×10　二　問1　各3点×2　問2　8点　問3～問6　各5点×4　問7　6点　三　問1　各3点×2　問2　6点　問3～問5　各5点×3　問6　8点　問7　5点

2024年度　武蔵野大学中学校

算数解答用紙　第２回

番号		氏名		評点	／100

1

(1)	
(2)	
(3)	
(4)	

2

(1)	g
(2)	m
(3)	分速　m
(4)	
(5)	個
(6)	cm^3
(7)	脚
(8)	円
(9)	9時　分
(10)	円
(11)	人
(12)	cm^2

3

(1)	
(2)	<考え方> <答え>

4

(1)	秒
(2)	<考え方> <答え> 分速　cm

（注）この解答用紙は実物を縮小してあります。Ｂ４用紙に133％拡大コピーすると、ほぼ実物大で使用できます。（タイトルと配点表は含みません）

〔算　数〕100点(推定配点)

1～4　各５点×20

2024年度　武蔵野大学中学校

社会解答用紙　第２回

番号		氏名		評点	／100

1

問１

県の数：	番号：

問２

（１）	位置：	県
（２）	位置：	県

問３

（１）	（２）
山脈	

問４

（１）		（２）	
（３）	（あ）	（い）	
（４）			

問５

（１）	
（２）	

2

問１

問２

問３

問４

（い）	（う）

問５　問６

問７

問８　問９

問10　問11

問12

（お）	（か）

問13

3

問１

（あ）	（い）
（う）	

問２　年

問３

問４

問５

問６　年　月　日

（注）この解答用紙は実物を縮小してあります。Ｂ４用紙に122％拡大コピーすると、ほぼ実物大で使用できます。（タイトルと配点表は含みません）

〔社　会〕100点（推定配点）

1　問１～問３　各３点×５＜問１，問２は各々完答＞　問４　(1)，(2)　各３点×２　(3)　各２点×２　(4)　３点　問５　(1)　３点　(2)　５点　2　問１　３点　問２　４点　問３　３点　問４　各２点×２　問５～問11　各３点×７＜問10は完答＞　問12　各２点×２　問13　３点　3　問１　各２点×３　問２，問３　各３点×２　問４　４点　問５，問６　各３点×２

2024年度　武蔵野大学中学校

理科解答用紙　第2回

番号		氏名		評点	／100

1

(1)	(2)	(8)

(3)	(4)	(5)

(6)	(7)

(9)

2

(1)	(2)	(3)
(4) ①	②	③
(5) ①	②	③
(6)	(7)	

3

(1)	(2)	(3)

(4)	(5) あ	い	う

(6)	(7)

4

(1) 一番	二番	(2)

(3)	(4)	(5)	(6)

(7)	(8)
(9)	(10)

（注）この解答用紙は実物を縮小してあります。174%拡大コピーすると、ほぼ実物大で使用できます。（タイトルと配点表は含みません）

〔理　科〕100点（推定配点）

1　(1)　2点　(2), (3)　各3点×2＜(2)は完答＞　(4)　2点　(5)〜(9)　各3点×5＜(9)は完答＞　2　(1)〜(3)　各3点×3＜(1)は完答＞　(4), (5)　各2点×6　(6), (7)　各3点×2　3　(1)〜(4)　各3点×4＜(2)は完答＞　(5)　各2点×3　(6), (7)　各3点×2＜(7)は完答＞　4　(1)〜(6)　各2点×7　(7)　3点　(8)　2点　(9)　3点　(10)　2点

2024年度　　武蔵野大学中学校

英語解答用紙　第２回

番号		氏名	

評点	／100

1

1		2		3		4		5	
6		7		8		9		10	
11		12		13		14		15	

2

1		2		3		4		5	
6		7		8		9		10	

3

1		2		3		4		5	
6		7		8		9		10	

（注）この解答用紙は実物を縮小してあります。Ａ４用紙に106％拡大コピーすると、ほぼ実物大で使用できます。（タイトルと配点表は含みません）

〔英　語〕100点（推定配点）

1　各２点×15　2　各３点×10　3　各４点×10

二〇二四年度　武蔵野大学中学校

国語解答用紙　第二回

番号　　氏名　　評点　／100

一

問一　①　②　③　④　⑤　しい

問二　①　②　③　④　⑤　いて

二

問一　A　B

問二

問三

問四　A　ではなく、

B　だから。

問五

問六

問七

三

問一　A　B

問二

問三

問四

問五　〜　もの。

問六

問七

（注）この解答用紙は実物を縮小してあります。177%拡大コピーするとほぼ実物大で使用できます。（タイトルと配点表は含みません）

〔国　語〕100点（推定配点）

一　各2点×10　二　問1　各3点×2　問2，問3　各5点×2　問4　各3点×2　問5　8点　問6，問7　各5点×2　三　問1　各3点×2　問2～問6　各5点×5　問7　9点

2023年度　武蔵野大学中学校

算数解答用紙　第１回

番号		氏名		評点	／100

1

(1)		(2)	
(3)		(4)	
(5)		(6)	

2

(1)	個	(2)	年後
(3)	%	(4)	ページ
(5)		(6)	個
(7)		(8)	度
(9)	通り	(10)	時速　km
(11)	3時　分	(12)	cm^2

3

(1)	m	(2)	分速　m

（注）この解答用紙は実物を縮小してあります。Ａ３用紙に156％拡大コピーすると、ほぼ実物大で使用できます。（タイトルと配点表は含みません）

〔算　数〕100点(推定配点)

1～3　各５点×20

二〇二三年度 武蔵野大学中学校

国語解答用紙 第一回

番号 | 氏名 | 評点 /100

一

問一 ① う ② ③ ④ く ⑤

問二 ① ② ③ ④ ⑤ える

二

問一 A B

問二 問三 問四 問五

問六

問七 〜

三

問一 A B

問二 問三 問四

問五

問六 問七

(注) この解答用紙は実物を縮小してあります。189%拡大コピーすると、ほぼ実物大で使用できます。(タイトルと配点表は含みません)

〔国 語〕100点(推定配点)

一 各2点×10 二 問1 各3点×2 問2～問5 各5点×4 問6 8点 問7 6点 三 問1 各3点×2 問2～問4 各5点×3 問5 8点 問6 6点 問7 5点

2023年度　武蔵野大学中学校

算数解答用紙　第２回

番号		氏名		評点	／100

1

(1)	
(2)	
(3)	
(4)	

2

(1)	g
(2)	km
(3)	秒速　m
(4)	
(5)	通り
(6)	本
(7)	個
(8)	枚
(9)	cm^2
(10)	個
(11)	個
(12)	度

3

(1)	枚
(2)	＜考え方＞
	＜答え＞　枚

4

(1)	cm
(2)	＜考え方＞
	＜答え＞　分後

（注）この解答用紙は実物を縮小してあります。Ａ３用紙に160％拡大コピーすると、ほぼ実物大で使用できます。（タイトルと配点表は含みません）

〔算　数〕100点（推定配点）

1～4　各５点×20

2023年度　武蔵野大学中学校

社会解答用紙　第２回

番号		氏名		評点	／100

1

問１

問２

ア	イ
市	市
ウ	
市	

問３

番号	河川の名前
	川

問４

問５

	①	②	③
(1)			
(2)			

問６

(1)	
(2)	

問７

(1)	(2)

2

(1)	(2)
(3)	(4)
(5)	(6)
(7)	

問１

問２　問３

問４　問５

問６

問７

問８

3

問１　問２

問３

問４

(1)		(2)

問５

より長期的な視野で議論を進められる議院として期待されているから。

問６

（注）この解答用紙は実物を縮小してあります。Ａ３用紙に157％拡大コピーすると、ほぼ実物大で使用できます。（タイトルと配点表は含みません）

〔社　会〕100点(推定配点)

1　問１～問５　(1)　各２点×10　問５　(2)　４点　問６　(1)　２点　(2)　５点　問７　各２点×２　2　(1)～(7)　各２点×７　問１～問５　各３点×５　問６　５点　問７　３点　問８　各２点×２　3　問１～問４　各３点×５　問５　５点　問６　４点<完答>

2023年度　武蔵野大学中学校

理科解答用紙　第２回

番号		氏名		評点	／100

1

(1) ア	イ	ウ	(2)
(3)	(4)		
(5)	(6)	(7) A	B

2

(1)	(2)	
(3)		
(4)	(5)	(6)
(7)	(8)	
(9)		

3

(1)	(2) ①	②	③	④
(3) ①	②			
(4) ①				
②				

4

(1)	(2) A	C	(3)
(4)	(5)	(6)	(7)
(8)			
(9) ①		②	(10)

(注) この解答用紙は実物を縮小してあります。A３用紙に158％拡大コピーすると、ほぼ実物大で使用できます。(タイトルと配点表は含みません)

〔理　科〕100点(推定配点)

1 (1)～(3)　各２点×５　(4)　４点　(5), (6)　各２点×２　(7)　各３点×２　**2** (1), (2)　各２点×２　(3)　４点　(4)～(6)　各２点×３　(7), (8)　各３点×２　(9)　４点　**3** (1)～(3)　各２点×９　(4)　各４点×２　**4** (1)～(7)　各２点×８　(8), (9)①　各３点×２　(9)②　２点　(10)　２点

2023年度　武蔵野大学中学校

英語解答用紙　第２回

番号		氏名		評点	／100

1

1		2		3		4		5	
6		7		8		9		10	
11		12		13		14		15	

2

1		2		3		4		5	
6		7		8		9		10	

3

1		2		3		4		5	
6		7		8		9		10	

(注) この解答用紙は実物を縮小してあります。Ａ３用紙に146％拡大コピーすると、ほぼ実物大で使用できます。(タイトルと配点表は含みません)

〔英　語〕100点(推定配点)

1　各２点×15　2　各３点×10　3　各４点×10

二〇二三年度　武蔵野大学中学校

国語解答用紙　第二回

番号		氏名		評点	／100

一

問一　①　　る　②　　③　　④　　す　⑤

問二　①　　②　　③　　④　　める　⑤

二

問一　A　　B　　問二

問三

問四

問五　　問六　　問七

三

問一　A　　B　　問二

問三　思考は　A　　ため、

B　　ということ。

問四　　問五　　問六　　問七

（注）この解答用紙は実物を縮小してあります。189％拡大コピーすると、ほぼ実物大で使用できます。（タイトルと配点表は含みません）

〔国　語〕100点（推定配点）

一　各2点×10　二　問1　各3点×2　問2　5点　問3　8点　問4～問7　各5点×4　三　問1　各3点×2　問2～問7　各5点×7

2022年度　武蔵野大学中学校

算数解答用紙　第１回

番号		氏名		評点	／100

1

(1)		(2)	
(3)		(4)	
(5)		(6)	

2

(1)	cm	(2)	円
(3)	%	(4)	点
(5)		(6)	時速　km
(7)	通り	(8)	分後
(9)		(10)	秒間
(11)	度	(12)	cm^3

3

(1)	時速　km	(2)	時　分

（注）この解答用紙は実物を縮小してあります。Ｂ４用紙に130％拡大コピーすると、ほぼ実物大で使用できます。（タイトルと配点表は含みません）

〔算　数〕100点（推定配点）

1～3　各５点×20

二〇二二年度　武蔵野大学中学校

国語解答用紙　第一回

番号		氏名		評点	/100

一

問一　①　②　む　③
④　⑤

問二　①　②　える　③
④　⑤

二

問一　A　B
問二　1　2　3　4
問三
問四
問五
問六　こと。
問七

三

問一　A　B
問二
問三　1　2　3　4
問四　能力。
問五
問六
問七

(注) この解答用紙は実物を縮小してあります。A３用紙に167%拡大コピーすると、ほぼ実物大で使用できます。(タイトルと配点表は含みません)

〔国　語〕100点(推定配点)

一　各２点×10　二　問１～問５　各４点×９　問６　５点　問７　４点　三　問１～問６　各３点×10　問７　５点

2022年度　武蔵野大学中学校

算数解答用紙　第２回

番号		氏名	

評点	／100

1

(1)	
(2)	
(3)	
(4)	

2

(1)	g
(2)	個
(3)	
(4)	年前
(5)	m
(6)	m^2
(7)	曜日
(8)	時速　km
(9)	個
(10)	通り
(11)	cm^2
(12)	

3

(1)	個
(2)	＜考え方＞ ＜答え＞　個

4

(1)	分速　m
(2)	＜考え方＞ ＜答え＞　分間

（注）この解答用紙は実物を縮小してあります。183%拡大コピーすると、ほぼ実物大で使用できます。（タイトルと配点表は含みません）

〔算　数〕100点（推定配点）

1～4　各５点×20

2022年度　武蔵野大学中学校

社会解答用紙　第２回

番号		氏名		評点	／100

1

問１

番号	県庁所在地
	市
	市

問２

記号	河川名

問３

問４

問５　(1)　(2)

問６　(1)　(2)　(3)

問７

国名	位置

2

1	
2	
3	
4	
5	
6	

問１　問２

問３　問４

問５　問６

問７　問８

問９

3

問１

問２　鉱山

問３

問４

問５　(1)

(2)　責任

問６　デザイン

問７　雨訴訟

（注）この解答用紙は実物を縮小してあります。182％拡大コピーすると、ほぼ実物大で使用できます。（タイトルと配点表は含みません）

〔社　会〕100点（推定配点）

1　問１～問５　各２点×11　問６　(1)　４点　(2)　２点　(3)　４点　問７　各２点×２　2　１～６　各２点×６　問１～問８　各２点×８　問９　４点　3　各４点×８

2022年度　武蔵野大学中学校

理科解答用紙　第2回

番号		氏名		評点	/100

1

(1)	(2)	(3)
(4)		
(5)	(6)	(7)
(8)		
(9)		

2

(1) 酸素	二酸化炭素	(2) 酸素	二酸化炭素
(3)	(4)		
(5)	(6)	(7)	

3

(1) ①	②	(2)
(3)	(4) ①	②
③		
(5)	(6)	

4

(1)	(2)	(3)
(4)	(5)	(6)
(7)	(8)	(9)
(10) 東京	青森	(11)

(注) この解答用紙は実物を縮小してあります。208%拡大コピーすると、ほぼ実物大で使用できます。(タイトルと配点表は含みません)

〔理　科〕100点(推定配点)

1 (1)〜(3)　各2点×3　(4)　4点　(5)〜(7)　各2点×3　(8)，(9)　各4点×2　2 (1)，(2)　各2点×4　(3)〜(7)　各4点×5　3 (1)〜(4)②　各2点×6　(4)③　4点　(5)，(6)　各4点×2　4 各2点×12

2022年度　武蔵野大学中学校

英語解答用紙　第２回

番号		氏名		評点	／100

1

1	A	B	C	D
2	A	B	C	D
3	A	B	C	D
4	A	B	C	D
5	A	B	C	D
6	A	B	C	D
7	A	B	C	D
8	A	B	C	D
9	A	B	C	D
10	A	B	C	D
11	A	B	C	D
12	A	B	C	D
13	A	B	C	D
14	A	B	C	D
15	A	B	C	D

2

1	A	B	C	D
2	A	B	C	D
3	A	B	C	D
4	A	B	C	D
5	A	B	C	D
6	A	B	C	D
7	A	B	C	D
8	A	B	C	D
9	A	B	C	D
10	A	B	C	D

3

1	A	B	C	D
2	A	B	C	D
3	A	B	C	D
4	A	B	C	D
5	A	B	C	D
6	A	B	C	D
7	A	B	C	D
8	A	B	C	D
9	A	B	C	D
10	A	B	C	D

（注）この解答用紙は実物を縮小してあります。Ａ３用紙に167％拡大コピーすると、ほぼ実物大で使用できます。（タイトルと配点表は含みません）

〔英　語〕100点(推定配点)

1　各２点×15　2　各３点×10　3　各４点×10

二〇二二年度　武蔵野大学中学校

国語解答用紙　第二回

番号		氏名		評点	／100

一

問一　①　②　③　④　⑤　かな

問二　①　②　げる　③　む　④　す　⑤　む

二

問一　A　B

問二　1　2　3

問三　問四　問五

問六　～

問七

三

問一　A　B　問二

問三

問四　問五　問六

問七

（注）この解答用紙は実物を縮小してあります。A３用紙に164％拡大コピーすると、ほぼ実物大で使用できます。（タイトルと配点表は含みません）

〔国　語〕100点（推定配点）

一　各２点×10　二　問１～問４　各４点×７　問５～問７　各５点×３　三　問１，問２　各４点×３　問３～問７　各５点×５

Memo

Memo

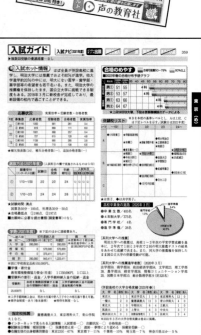

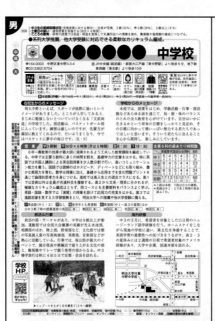